國家古籍整理出版專項經費資助項目

李贄全集續編

張建業 主编

山中一夕話

顏彦 整理

首都師範大學出版社

圖書在版編目(CIP)數據

李贄全集續編．山中一夕話/(明)李贄編著;張建業主編;顏彦整理．—北京：首都師範大學出版社，2023.7

ISBN 978-7-5656-7555-3

Ⅰ.①李…　Ⅱ.①李…②張…③顏…　Ⅲ.①李贄(1527-1602)—文集②筆記—中國—明代—選集　Ⅳ.①B248.915-53②Z429.48

中國國家版本館 CIP 數據核字(2023)第 094287 號

李贄全集續編/張建業　主編

山中一夕話

顏　彦　整理

項目統籌　楊林玉　　責任編輯　來曉宇
責任印製　李　然　　編輯助理　鄭婭楠
封面設計　王征發

首都師範大學出版社出版發行
地　址　北京西三環北路 105 號
郵　編　100048
電　話　68418523(總編室)　68982468(發行部)
網　址　http://cnupn.cnu.edu.cn
印　刷　中煤(北京)印務有限公司
經　銷　全國新華書店
版　次　2023 年 7 月第 1 版
印　次　2023 年 7 月第 1 次印刷
開　本　710mm×1000mm　1/16
印　張　18.5
字　數　249 千
定　價　78.00 元

目録

山中一夕話上集　卷三

山中一夕話上集　卷四

山中一夕話上集　卷五

山中一夕話上集　卷六

山中一夕話上集　卷七

山中一夕話下集　卷一

山中一夕話下集　卷二

山中一夕話下集　卷三

山中一夕話下集　卷四

山中一夕話下集　卷五

山中一夕話下集　卷六

山中一夕話下集　卷七

附録

整理説明

《山中一夕話》十四卷，明李贄輯。是書初名《開卷一笑》，後經删改，定名《山中一夕話》。《澹生堂藏書目》《蕉軒續録》皆見著録。

是書凡上下二集，每集各七卷。首有三台山人行書序，云所載皆「宇宙間可喜可笑之事，齊諧遊戲之文」，可「豁其襟懷，娱其心志」，亦可有補於世。上集專集詞賦傳文，所記《麻子賦》《瞎子賦》等專諷人身體貌之短，《懼内經》《娼妓述》等主批妒婦娼妓之惡。又如《麯蘖生傳》《傾國生傳》《孔方生傳》《忿戾生傳》等特嘲酒色財氣。《圍童命書》《破騌帽歌》等則出以方言，與《金陵六院市語》《開男風曉諭》等篇目合展吴地風俗。再如《十二姬傳》《三友傳》等寓文人雅趣於修辭行文之間。正是機鋒笑柄，自嘲嘲人，無愧「快書」之謂。下集廣采歷代名人軼事，其卷一專載蘇軾笑料，余卷諸説典故畢集，敘鬼神，談道術，記風俗，呈文采，寄才情於嬉笑怒駡之中，諭勸誡於嘲謔調刺之間，既可爲各朝文人儒士生平事迹備考，亦可見歷代社會生活之圖景。

是書明清皆有刊本傳世。初以《開卷一笑》爲名刊行，卷首原有李贄、屠隆二序、慧顛題辭、例及附録，卷端題「卓吾居士李贄編集」「一衲道人屠隆參閲」。後書賈將原序、題辭、例及附録删去，上集第

一、第三兩卷顛倒，並新增三台山人序，卷端題「卓吾先生編次」「笑笑先生增訂，哈哈道人較閲」，改名爲《山中一夕話》刊行，其間篇章時有挖改及舛亂脱漏。據《中國古籍總目》，我國大陸收藏機構僅收藏有《山中一夕話》，分十四卷本、十二卷本和七卷本等不同版本，十二卷本爲十四卷本的删節本。據「日本漢文文獻數據庫」，《開卷一笑》於日本内閣文庫、東京都立大學中央圖書館市村文庫等處有藏本。

此次整理以《續修四庫全書》影印《山中一夕話》十四卷本爲底本，對校美國哈佛大學圖書館藏明末梅墅石渠閣刻《山中一夕話》十四卷本、日本内閣文庫藏紅葉山文庫舊藏明刻《開卷一笑》十四卷本、日本内閣文庫藏林羅山舊藏明刻《開卷一笑》十四卷本、國家圖書館藏清光緒四年上海申報館鉛印《山中一夕話》十二卷本及國家圖書館藏日本寶曆五年和刻本。

凡底本与對校本不同處，擇善而從，加以訂正；對校不能解決的，校以他書，間有采録。本書各篇的摘録來源難以遽定，故在他校本的選用上，我們主要依據兩條原則：一爲年代上盡量選擇明代及以前成書且版本較早、本書作者可能參照者。二爲篇章文句整體上較爲接近者。以上兩點綜合考慮，酌情而定。引用各書時注明卷次，以便查核。采用書目大體據作者卒年次序録於「彙用書目」。

底本與石渠閣本蓋出同版，但底本下集卷六末缺頁，故《陳東權州事》《王祚問卜》《元發戲答廣淵》三篇，據石渠閣本補録。紅葉山文庫本、林羅山本上集卷三，《瞎子賦》後爲《左丘明歌》，《踰脚賦》在卷末，底本、石渠閣本卷一，《踰脚賦》置於《瞎子賦》後，脱《左丘明歌》。紅葉山文庫本上集卷六末篇《送擠文》，底本、石渠閣本、林羅山本俱缺。蓋爲《開卷一笑》删改爲《山中一夕話》時出現的舛亂，現將《左丘明歌》《送擠文》及《開卷一笑》原有的序、例等作爲附録，據紅葉山文庫本補充於書後，以備讀者利用。

底本中版刻訛字、俗字皆徑改，字形過於混亂的，做必要的歸並，以利閱讀。底本中雙行夾注改爲單行，已分段落皆據實照録。

此次整理校點，止以本書語義疏通爲限，错誤或不當之處，敬請讀者批評指正。

整理者　二〇二三年三月

彙用書目

［戰國］荀況《荀子》，宋刻本。
［漢］班固《漢書》，宋慶元元年刻本。
［南北朝］劉義慶《世説新語》，明嘉靖十四年嘉趣堂刻本。
［南北朝］沈約《宋書》，明萬曆二十二年南京國子監刻本。
［唐］房玄齡等《晉書》，明南京國子監遞修本。
［唐］歐陽詢《藝文類聚》，宋刻本。
［唐］白居易《白孔六帖》，明刻本。
［宋］李昉《太平御覽》，四部叢刊景宋本。
［宋］李昉《太平廣記》，明許自昌刻本。
［宋］李昉《文苑英華》，明刻本。
［宋］黄昇《中興以来絶妙詞選》，宋淳祐九年刻本。
［宋］葉夢得《避暑録話》，明津逮秘書本。
［宋］曾慥《高齋漫録》，清守山閣叢書本。

[宋]劉克莊《後村集》，宋刻本。
[宋]張端義《貴耳集》，明萬曆十二年歷代小史本。
[宋]祝穆《古今事文類聚》，中華再造善本景元武溪书院刻本。
[宋]羅燁《醉翁談録》，宋刻本。
[元]脱脱等《宋史》，百衲本二十四史。
[明]程敏政《篁墩程先生文集》，明正德二年刻本。
[明]黄省曾《五嶽山人集》，明嘉靖刻本。
[明]田汝成《西湖遊覽志餘》，明嘉靖二十六年刻本。
[明]楊慎《升菴集》，明刻本。
[明]何良俊《語林》，明嘉靖刻本。
[明]何良俊《四友齋叢説》，明萬曆七年張仲頤刻本。
[明]賈三近《滑耀編》，明萬曆刻本。
[明]李詡《戒菴老人漫筆》，明萬曆刻本。
[明]李贄《初潭集》，明萬曆刻本。
[明]陳耀文《花草粹編》，明萬曆刻本。
[明]湯日昭《(萬曆)温州府誌》，明萬曆三十三年序刻本。
[明]王同軌《耳談類增》，明萬曆三十一年刻本。
[明]陳繼儒《陶朱公致富奇書》，清康熙三十六年郁郁堂刻本。

［明］蔣一葵《堯山堂外紀》，明萬曆刻本。
［明］查應光《靳史》，明天啓刻本。
［明］卓人月《古今詞統》，明崇禎刻本。
［明］馮夢龍《山歌》，明崇禎刻本。
［清］褚人穫《堅瓠集》，清康熙刻本。
［清］沈雄《古今詞話》，清康熙刻本。
［清］潘永因《宋稗類鈔》，清文淵閣四庫全書本。
［清］曹寅《全唐詩》，清文淵閣四庫全書本。

序

「與君一夕話，勝讀十年書。」謂話果勝於書乎？ 不知積話成書，無書非話；因書及話，無話非書。奈今人讀書者多，善話者少，祇緣未得快書，豁其襟懷，娱其心志，以致名言日減，佳話無聞。春光明媚，偶遊句曲，遇笑笑先生於茅山之陽，班荆道及，因出一編，蓋本李卓吾先生所輯《開卷一笑》。删其陳腐，補其清新，凡宇宙間可喜可笑之事，齊諧遊戲之文，無不備載，顔曰《山中一夕話》。予見之，不禁鵲喜。竊思人生世間，與之莊言危論，則聽者寥寥；與之謔浪詼諧，則歡聲滿座。是笑徵話之聖，而話實笑之君也。先生名書，其謂是歟？ 嗟乎，世之論卓吾者，每謂《藏書》不藏，《焚書》不焚，徒災梨棗。詎意《藏書》《焚書》之外，復有如許妙輯！ 予固知句曲茅山爲洞天福地，此中多異人，人多異書，不謂邂逅得此。此書行世，行看傳誦海宇，膾炙塵寰，笑柄横生，談鋒日熾。時遊樂國，黼黻太平，不爲無補於世。謂話果勝於書乎？ 謂書果勝於話乎？ 書與話，是一是二，未易爲兩。昔人觀山中一局棋，歸來已經隔世，若得《山中一夕話》，又不知幾更甲子矣。十年書寧足道耶！

三台山人題於欲静樓

山中一夕話上集　卷一

髫髫賦

鵝湖生

人身惟元首至尊，遺氣以毛髮爲重。絲青價貴，雲緑名高。蟬鬢翠眉，點綴佳人景緻；美髯華髮，助成才子風流。不幸髫以蟲生，毛因瘡廢，初生曰癬，漸熾成風。眉間脱却，蓋來摧敗雙雙柳葉；額上搜將，雪下飄殘點點梅花。數縷絨絲，若衰草生於秋嶺；一枚高髻，如蜥螺沿在東瓜。綽號油灰，尊稱錫掇。膿漿淋下，渾如蠟燭珊岡；毛髮蜕完，真是葫蘆結頂。積垢與蒼山而並峙，餘津對碧水以俱流。薄蝠蠅兒，一鼓而飲者數百；嚴尖疥子，成羣而入者萬千。暗内思量，嗽不得諸般痛痒；人前談笑，較不得别樣妍媸。頂則甘摩，手無可拔。網巾雖細，深悲頂線難收；帽子或寬，全仗耳根無恙。雙螺難挽，貂蟬毾冠之聚何爲；一轉徒存，虎豹犬羊之名曷辨。翠翹金鳳，都委塵埃；紕帕尤包，强爲收束。至德坊前，扺子獨憐我鬢之無緣；九江關上，篦箕徒羡他人之有用。坐對乎賓客，常思摸耳搔頭；形肖乎尼僧，不會傳經誦佛。漆身爲癩，妄希豫讓之忠；鬻髮供喪，終媿趙姑之孝。豈能如冉子之見稱於尼父，僅可若息春之給役於牛丞。借使學張敞之巧粧，眉欲畫而難得；假令如裴度之遇賊，帽雖厚而還傷。邀軍功於倭虜之衝，尊頭不保；救火災於直突之變，爾頷先焦。慨一疾之既成，嗟百方之無效。縱有扁盧之高技，焉能使落髮之更生？雖逢海上之仙方，何以致餘殃之盡脱？是誠廢人之無賴，而君子之所惡者也。嗚呼！天質不齊，適值賦形之雜；人爲有害，浪傳胎毒之遺。故《禮》謹不毛，匪獨征乎曠土，而《易》稱寡髮，無非矜不成人。惟嗟嘆之無窮，肆咏歌之是繼。其詞曰：「人之生兮，受天地之中。毛髮骨爪兮，皆造化之所鍾。矧元首之尊兮，非羣體之攸同。奚獨子之首兮，無毛髮之可容。慨大造之賦形兮，獨弗純於爾躬。豈水旱之不常兮，苗削其榮；抑牛羊之牧相尋兮，野無蒙茸。爍爍其光兮，疑皓魄之當空；濯濯其潔兮，配牛山之孤峰。吁嗟乎！爾貌則揚兮，爾軀則雄。爾目匪盲兮，耳則匪聾。何以僉謂之棄人兮，非謂其以至尊之體而爲蛆蟻之所家，蝨蠹之所宫乎！」

歪頭賦

蘇蕩生

《書》稱「元首」，《禮》重「頭容」，爾貌偏歪戴於爾躬。閻羅天子賦形，不曾討得頭顱端正；親娘十月胎教，不曾習得相貌莊嚴。牽連嘴角欹邪，帶累眉尖矗仄。逢人語，何嘗抗首以隞詞；與人交，未免回面而致敬。時非緝事，而耳類竊聽；手不執柯，而目惟睨視。望望然，恒若有所求而不致；渺渺兮，常如有所待而不來。沐尚未乾，握髮偏宜短臂；書雖不讀，埋頭似覺潛心。偶倦而奮臂欠伸，依依稀稀，縮頸鱉之扒岸；乘閑而竦肩徐步，彷彷佛佛，無頭鬼之現形。擁膝尸居，酷似降龍羅漢；舉頭遥望，儼如踢斗魁星。有時而束髮免冠，稻穜包横閣乎其背；有時而整容加帽，西瓜皮穩貼乎其肩。聽啾唧之秋蛩，不須傾耳；對蒼茫之寒日，甚便仰觀。日起供飧，舉筯沾唇須粒數；客來共飲，持觴到口卒難乾。鴛鴦帳裏調情思交頸，枉埋冤枕頭爲碍；虎豹營中密語欲附耳，錯懊恨肐膊相懸。鬧市間，香腮欲托；臨風處，横睇無端。謂其學王生之眺平原兮，而不見其氣沮；謂其傚羊祜之望峴山兮，而不見其淚傾；謂其法梁公之瞻雲兮，而跡未離乎故土；謂其擬相如之題柱兮，而手未染乎霜毫。倘遇威武震疊之時，難責之以直項之大節；脱逢法度森嚴之地，安望其有正色之高風。祝欽明曲喪其儀，孽由自作；許敬宗傾側其貌，性本天成。顧愷之懶畫恁般狀貌，毛延壽難描這樣儀容。諺曰「鷄鋤壁上蚊」，可謂比方極切；又云「鴨望天邊雁」，足稱想像入神。余惻然憫焉，而警之以詞，詞曰：「歪爾頭兮貌不揚，正爾身兮美自章。胡必强項若楊賜兮，斯奕世而傳芳。」

麻子賦

鵝湖生

腮紅似杏，臉白如梨，自從脱了娘胎，不曾拍破面皮。無端好肉生瘡，乃致百孔千痍。凸疤箇箇兮，如老蓮蓬之吐子；腐肉礌礌兮，如爛石榴之去衣。大班環目兮，如玻璃雙嵌乎寶石；碎星滿鼻兮，如螞蟻攢乎田雞。黑垢污形兮，如結底踏乎灰土；黃塵拂面兮，如蒲包累了糠粞。勃然變色兮，如稗子欲小遺而皮皺；欣然歡笑兮，如娼家生粉毒之班毬。有時而偃卧兮，如癩頭黿之僵死；有時而俯伏兮，如偷瓜蝎之爬泥。翹首佇望兮，如羊肚石奮起乎山頂；臨淵垂視兮，如玻獅橘倒掛乎柔枝。仰以觀於天兮，如星圖點渾天之象；俯以察於地兮，如格盤圈分野之區。素富貴行乎富貴兮，八寶十二珠粧成在額；素夷狄行乎夷狄兮，九溪十八洞擺列於眉。鳥跡蝸蜒，點綴許多景致；蟻巢蛆穴，翻成百樣蹺蹊。有疑其醉卧而釘靴揣破，有疑其奢麗而交綴珍珠，有疑其吃冷糲而班煿，有疑其炮卜流而傷痍，有疑其受刑多而皺肉，有疑其炙艾多而損皮。噫！癩蝦蟆尚有蟾酥可採，何如我瓮其鼻而香臭無知。到不如丘中之束麻，尚有根之可數；又不若南山一頃豆，尤有粒之可齊。邵康節宋代名儒，算不出許多數目；毛延壽漢朝工畫，描不就這樣希奇。不知父母交感之從容，何故而淋漓於薄面；不知痘師菩薩之齪慳，胡爲而撥此一籮於微軀。嗚呼！刀瘡易没，痘疹難醫，人人有面，爾獨如斯。若非重見閻羅，安得换骨而脱皮乎？西鄰醜婦聞之，掩袂而嘆曰：「人皆白面我獨班，貌不揚兮枉少年。無毛空費畫眉力，有坎還愁傅粉難。千圈萬點總疤瘢，把鏡欲照心先酸。渾似琉球入中國，何面更立人世間。」吁嗟乎！生男生女有胎毒，開乳須當稀豆丹。

瞎子賦

金昌生

人有五官，分陰分陽，目之本體，炯炯生光。奈何相貌宫弱，兼之疾厄星强，前世損人雙目，冤魂求報於閻羅王，俾爾睛枯眼閉，雙瞽傍徨。天何狀而云青，土何物而稱黄？不知日月是圓是方，不識爹娘面短面長。火真熱而何曾亮，花不知色而知香。紅潭潭半夜而日出，黑湫湫白晝而三更。幼而小學少儀，末由得而翻閲；長而五經諸史，何能取而覽觀。揣結子之棲樹兮，恨櫻桃園之未熟；咬細心之堅燭兮，罵胡蘿蔔之良僵。踏地要識高低，只靠棒頭點槼；弈棋能别勝負，全憑指頂分方。縱有金谷梁園，攙出來無緣玩賞；即有商彝周鼎，聞人説道是文房。靜聽畫角起樵樓，始知日色之已暮；忽聞簷前有雨滴，方信天氣之乍陰。元夕張燈開懷時，召親友歡娱，那見燈光爍爍；中秋賞月怡情處，呼兒童嬉戲，安知月色濼濼。春暮倚杖踏青，隨衆人稱贊桃能紅而李能白；秋深携笻撫景，和諸賓稱賞橘正緑而橙正黄。冬夜厮養燃爐，乃解懷而自慰曰：「遇此嚴寒，緣何有這般煖氣。」夏日奚奴打扇，顧撫掌而稱快曰：「當此酷暑，何處來這樣清風。」坐列珠履三千，焉分貴賤；簇擁金釵十二，安辨妍媸。任以倉官，則無所不納；俾爲都督，則毒過三千。《周易》卦講得口酸，猶説課書難曉；《百中經》傳得頭痛，還愁命理茫茫。上樣的僅可做學工而擊鼓，下稍來只堪充孤老而催糧。石菖蒲種了千盆，何救瞳神反背；青魚膽裝來一担，豈能明目如常。不如比目魚兮，尚且半邊生眼；不如咤眼馬兮，猶有兩隻青盲。悠悠然萬古如長夜，眇眇兮何處是吾鄉？亂曰：針有眼兮，吾弗能穿。鏡善照兮，與我無緣。西施嫫姆，誰醜誰妍。晝夜不分兮，歲歲年年。鬢青眉黛兮，明獨弗全。朱唇皓齒兮，瞽也徒然。嗟嗟乎天！

蹁脚賦

吴門生

形無獨而有對兮，足下雙雙。胡君之肢節弗全兮，脚因病而短長？踏地知高低兮，苦脉絡之牽繃。行寸路而亦難兮，户庭之内如羊腸。走上地屏來，手欲扳乎門闌；跨將户檻過，力思借乎笻杖。涷底皂靴穿不得，單緣踹蹶；鵝毛鞠子踢不起，只爲筋傷。下床而索履兮，止用脚尖挑剔；攀梯而上閣兮，全憑手法高强。呼童扶入林間，如釣田鷄于樹裹；與客同行陌上，似踏狗跳于康莊。載酒遊春兮，怕登山而躑躅；燒香祈福兮，愁上殿而良僵。縱有猛虎相驅，難以跳一泓溝缺；即使大盗相侵，豈能踰三尺垣牆。提起脚頭來，趾未移而踏踏；立得肘跟定，氣方展而洋洋。步步如踏金蓮，咫尺皆連雲之棧；行行若避驄馬，須臾亦九坂之塲。蹢蹁兩聲，知是蒙君過訪；踟躕數武，何堪與子徜徉。虎跳者固是健兒，鶴步者亦勝爾之郎當；蹉橇者固是神明，穿屐者亦竊比于仙郎。嗟嗟！足本平而獨蹁兮，形骸不臧。殘疾由天或由人兮，吾且與爾分方。初脱胎而先蹁脚兮，是天之殃。如以疾病而致然歟，君或無良。願言踏實地以順天兮，旋視履以考祥。無行險以僥倖兮，跛躍于嶮巇叵測之鄉。

毛裏眼賦

鵝湖生

誰無毫以飾目，爾毛何以偏長。細草叢中，秋波汪汪，雙雙黑荳，茆茨蓋藏。樓簑衣兮及寸，龍眼核兮微光，訝荆棘兮難剪，悼眸子兮無良。心之神兮若斯毦，血之餘兮一何昌。辨色于崇朝兮，嗟小明而蒙昧。篝燈于清夜兮，慨近視以蒼茫。睡起而眵未除兮，如馬鬣之帶乎蜂蠟；傷心而淚且下兮，如蛛絲之蒙彼露瀼。目即重瞳兮，可憐深入乎不毛之地；光雖如炬兮，奈何包含于多刺之塲。「泰」有茅兮茹不拔，「離」爲目兮明誰揚。豈猫兒眼價高兮，故深藏而不市；抑兔兒眼光細兮，將欲蓋而彌彰。睛宜黑而乃黄兮，如琉璃之沉于蔓卉；白宜潤而反死兮，如礬石之種乎菖蒲。縱然有水晶葡萄兮，恨囿棘圍之内；就使是多花貪色兮，惜非滑澤之眶。到不如田螺頭兮，吐出胸中之跎踏；又不如瞎元帥兮，泯其睫上之鋒芒。豈鼃鼁之目畏蜂蚊兮，假衣毛以爲衛；抑猿狙之眼惡安静兮，挾芒刺以猖狂。狐善覘兮，毛深而温厚；鵖能視兮，叫月而傍徨。嗚呼！人身一五行，五行一陰陽。金木之星，本體煌煌。内常直兮外乃臧，曖昧其中兮，視乃眇吂。横睇乎燕居兮，若篷之障而罔知四顧之有人；凝眸於暗室兮，如簾之垂而安見皎皎之彼蒼。匪毛之罪兮，目實不祥。願言反視而收精兮，永閉兮而莫張。

大鼻賦

吴門生

凡肇造乎人形，必端倪于鼻祖。父運驫胚之陽貨，兒傳放樣之土星。回種恢肥，山根邋遢。準頭平廣，如垂半段瓠瓜；孔竅寬洪，堪貯兩枚蘿蔔。醋糟三斗，包藏尚似空瓶；乾鰗五觔，扒挖何須纖指。傷風喘氣，數聲疑撼野之驢；臨水照形，二洞訝如船之藕。或以爲波獅橘子，或以爲發酵饅頭，或以爲蝦籠雙懸，或以爲醋篘倒掛。酒酣加赤，如苹實在楊子江中；鰗鮃還拖，如吊桶在虎丘山上。麻斑跎踏，蹲徑尺之田雞；腦漏鏖糟，淋一缸之冷糊。蒼蠅飛進飛出，疑遊兩處城門；老僧看去看來，只少一雙鐘鈕。若比之金剛菩薩，反覺目隘耳微；或倣之開路方相，番嫌頭小面狹。只好配豬頭之餂聽，豈能如象鼻之卷舒。笑蝦蟆之鼊以無聞，羨鱘魚之脆而可食。彷彿乎未繩之犢，依希乎打氣之毬。雙雙行竈無烟，開門向地；兩兩會同無柄，吹息同雷。翁仲不言酸，徐阿哥之齋竈；土王能嗅氣，巨無霸之知香。冷掛伶仃，如瀉二條溝缺；靜聽呼吸，如摇兩部風車。若是倒生，可作罰酒並傾之飲器；假令横設，便如白雲歸洞之投壺。縱然屈受了百頓拳頭，何愁無孔出氣；便教嗽嗆了一升炊飯，也知有路通喉。嘘齁驚五路之神，打噴撼三山之鬼。漆此截筒爲二鹵，秈囪千鍾；裁其下管當連環，價錢萬倍。豈是木雕而泥塑，闊斧大刀；還由天鑄與地鎔，洪鈞巨冶。自號土都居士，人稱鼻海先生。聊屬予言，以介爾福。

歪嘴賦

鵝湖生

凡人生之有殘疾兮，類皆出于前緣。矧五官之有口兮，將以飲食而語言。君子以此善萬物之味兮，胡爲乎唇齒之弗端。聖人以此代天言兮，嗟爾之吻舌何其偏。對嘉賓而東西坐兮，口常朝北而朝南。抱阿嬌而偃仰卧兮，要親嘴而鴛頸須彎。時乎把酒于花間兮，盃欹吸于腮邊；時乎吹火于廚房兮，鬢故倚于竈前。側躬而晏息兮，乃説地而談天。人唾君之面兮，欲報而唾己之肩。歪邪偏駁，何物肖焉？或比于鳥嘴銃，或譬諸櫻桃糰，或以爲夜壺様製，或以爲羅漢風顛，或以爲喫西瓜而照様，或以爲刻螺盃而翻兎，或以爲楊梅瘡而毒僻，或以爲服輕粉而皮牽。覩君面以笑談兮，殊未聞相向之言。漫毆君以折齒兮，誤以爲牙顴之拳。向南北以吹洞簫兮，自稱引鳳凰于西天。相地角以卜年兮，迺弗應乎山根。有時鼓舌而張唇兮，如豬頭割下而横懸。有時執筆而呵凍兮，如娼家斜插而旁穿。有時醉酒而嘔吐兮，如大酒瓶之傾乎臭水。有時傷風而噴鼽兮，如錫瀆壺之灌于花園。皮左寬而右急兮，肉東長而西珊。宜對鼻而反對耳兮，肩脇爲經而胸腹爲權。豈祖墳之點穴不正兮，祥乎齒頰奚其然？抑父母交感于雷霆之夜兮，俾爾滋口舌于人間。啞者讓爾爲兄兮，缺者與爾齊班。瞎者與爾不對兮，聾者扳爾爲干連。面前諂諛逢迎兮，則嘴頰之欹邪，誠哉心險而貌陋；背後教唆調弄兮，則口齒之弗端，允矣行惡而形殘。嗚呼！造物弄人，有開必先。前世説非而説是，今生有嘴而獨偏。作短賦以贈君兮，願言掩邪口而毋多譚。

化鬍疏 前引

沈石田

兹因趙鳴玉髡然無鬍，姚存道爲之告助於友周宗道者，較量叢密之際，分取十鬣，補諸不足，請沈君啓南作疏以勸之。疏曰：「伏以天閹之有刺，地角之不毛。『鬍』『需』同音，今其可索。有無以義，古所相通。非妄意以干，迺因人而舉。康樂著舍施之迹，崔諶傳播種之方。惟小子十莖之敢分，豈先生一毫之不拔。惟有餘以補也，宗道廣及物之仁；乞諸鄰而與之，存道有成人之美。使離離緣坡而飭，我當榾榾擊地以拜。君對鏡生歡，頓覺風標之異。臨河照影，便看相貌之全。未容輕拂於染羹，豈敢易撚於覓句。盛矣荷矣，珍之重之。敬疏。」

咎鬚文并白

吴匏庵

姬仲子始冠，有問以年數者，對之，未嘗不以爲詐。一日覽鏡，始悉其狀，蓋其過在鬚也，爲文以咎之。

「噫！吾語汝鬚。人之一身，五臟是俱，惟腎之餘，乃爲汝鬚。汝鬚之生，種類亦殊，兩頰曰髯，口上曰髭。汝居口下，其垂如胡。然汝于人，出必有候，不少不老，不先不後，而獨何故？即爲我有，初焉萋萋，勃然滿口，綢繆連延，紛紜雜揉。其密如林，其豐如蔀，其直如戟，其蓬若帚。既非清眉之映目，豈若黰髮之在首。不取人悦，徒增我醜。見者稱呼，率加以叟。即告以年，罔不曰否。既駭生客，亦惑故友。陷我于詐，舍汝安咎？彼其耳目口鼻，各有所司，天君有命，奉職無虧，汝鬚之生，則異於斯。泰然而垂，百無一爲，且今猶可。逮寒暑幾易，日月載馳，汝將變黑爲白，如抽繭絲。感光景之迅速，適足以增老大之悲。我不汝咎，咎將安施？」言已，忽見有人緇衣玄裳，頎然長身，率衆而前，自稱鬚神，曰：「我屬躁進，敢爾有犯。適辱切責，度不可賧。脱容盡言，九死何憾。當夫張筵設几，賓客交互，讓汝左席，職我之故，我何負於汝？五達二岐，步履從遊，讓汝一武，繄我之由，我何負於汝？宜叔而伯，宜弟而兄，以有我在，孰輕汝稱，我何負於汝？汝今顧以區區老少之故咎我，我負汝耶，汝負我耶？且耳聽目視，鼻嗅口食，雖爲汝役，實爲汝賊。嗜彼臭味，眩于聲色，蠱惑心志，曾無紀極。亦有人生，不免襁褓，得見垂白，歡忻絶倒。凡我有言，豈自斧藻。和藥剪我，而君臣義篤；煮粥燎我，而兄弟情真。燃我于持燭之頃者，可窺人之量；拂我于會食之際者，即受人之嗔。怒之輒張，足以壯帥將之勇氣；撚之而斷，足以役詩人之吟魂。種以數莖而拜上將，垂焉至帶而位元臣。染我以藥，既見詠于唐士；纏我以帛，尤足重於晉人。閹寺薰腐之餘，我即與之絶；沙門寂滅之教，我不與之親。具此羣行，汝豈弗知。況我雖微，亦汝親枝，不敢毁傷，古訓是遺。我不汝咎，反我咎爲？能削即削，奚費説辭。」少焉，隱然不見，仲子驚悟。靜焉思之，深自悔悟。掀髯一笑，歡好如故。

髯鬚賦

滑稽生

人有髭鬚，疎秀則貴，身乏神氣，密短乃生。鬱鬱若春田之苗，離離若緣坡之竹。連肩落索，倉卒不見耳根；滿面蓬鬆，造次難尋鼻孔。混名「猱獅狗」，綽號「簑衣蟲」。或黄毛，或赤鬚，形色各别；或板刷，或糊箒，肖貌不同。上髯、下髯、半髯，不用錐鑽插入；長髯、短髯、虬髯，非由鑿孔敉成。覿面迎來，但見眉間眼瞕；逢人講話，忽聞毛裏聲傳。噉酥糖星星糝糝，一似麩皮撲面；吃糊粥淋淋漓漓，渾如瓴鐸垂胸。❶披風領禦寒，貂尾共兩頤一色；坐茂林避暑，松毛映兩頰相輝。晚上牙床最可憎，難共朱顔貼肉；曉臨寶鏡真堪笑，根隨黑鬢連腮。土地廟裏判官，但少執筆；真武堂中使者，只欠掮旗。戴簪冠，咒符水，天師出世；擁戈矛，披甲胄，鬱壘轉身。水次徐行，行旅爭瞻神偃至；禪林聽講，講僧共訝達麽來。對賓客而濡毫，縱然垢膩盈臺，不須拂拭；謁親朋而頓首，便是塵埃遍地，安用掃除。劉琰尊稱「蝟毛」，崔諶賤呼「馬尾」。設使策名於宋武，定目爲羊；假令取道於安陵，必嘲爲羝。好鬚如李緯，大拜奚堪；多髯若郄超，入幕可醜。褚彦回遇山陰公主，徒招如戟之嫌；楊内翰與丁謂同官，且來擎地之誚。東坡學士，借樊須而戲

❶「胸」，底本作「腦」，據紅葉山文庫本改。

謔，聽者解頤；山谷老人，援于顒以談諧，❶聞者撫掌。堪鄙張華之纏帛，獻笑陸雲；安得雲長之錦囊，見貽曹操。要結今生孌幸，效嫪毐拔鬚爲官；欲修來世因緣，向空門施鬚供佛。

疙舌賦

凡人有生，容貌既具，聲音始出。胡爲發言，乃爾舌疙。聞者輾然而笑，指口譁然而譏曰：「惟口出好。《書》有明徵，《辭》有枝葉，《禮》垂大訓，《易》雖戒乎尚口，《詩》則詠夫如簧。婁敬以口舌得官，元載以敏給取寵。故以仲尼之聖，且貴便便；倘非文子之賢，奚取吶吶？言未出口，目眦幾裂；聲欲吐喉，耳頰發赤。舌若結而不舒，口如鉗而寢嘿。遇人不能道寒暄，臨事何嘗言黑白。當其法酒讌會，賓朋畢集，衆皆議論風生，爾故同乎瘖默。若夫策名天朝，垂紳正笏，公卿大夫，九官百職，或騁黃馬之劇談，或縱碧雞之雄辯。爾惟張目而視，昂首而聽。豈曰戒夫失言，乃口吟而不能語，又安怪朱雲見諷於惠莊，王汾取嘲於劉攽？」口乃啓齒掉舌而言曰：「口疙本諸性生，舌言非爲緘默。言之不出，君子欲訥，古訓昭垂，萬世不易。酈生鼎烹，蘇秦車裂，孽何自生？馳騁捷給，孰若緘口不言？少文厚質，縱不能抵掌而驚四座，自能慎樞機而無失。況深湛之思，珪璋之質，骨鯁之風，博洽之識，常以多言亂真，不以訥口而窒。眷屬之殷勤，戚里之晉接，鄉曲之是非，時政之得失，辯雖乏乎懸河，中常粲乎有別。太古之訓謨，中古之典籍，先世之詞章，昭代之故實，每有得於默識，又安事乎口述！下帷發藻，當官抗疏，即事陳詞，登高作賦，僅能援筆而就，恨非矢

❶ 「談」，紅葉山文庫本作「詼」。

口而出。子獨不聞諸古乎？ 周昌以期期而定漢儲，鄧艾以艾艾而興晉室，李固以蹇緩而位台鼎，竇鞏以囁嚅而稱質實。乃若絳侯之入北軍，相如之定巴蜀，韓非之善著書，揚雄之擬《周易》。盧柔好學解屬文，孔顗何嘗乏風力。孟郊染翰，而見者稱奇；孫晟緩頰，而聽者忘倦。彼諸君者，孰非口疙！ 文詞載在簡編，勳名垂於史册，子胡不思鼓舌相詆？」聞者懼然，杜口無謀。

矮子賦

滑稽生

人生宇宙間，長大稱魁傑，短小號僬僥。侏儒産於道州，傳派有自；巨靈貢於東郡，遺種至今。瑣瑣微容，曾入蔡邕之賦；區區蕞質，嘗爲楚國之賓。頭項及髀肋，攢在一處；耳目及手足，縮做一團。趺坐恰象土堆，起立渾如木橛。跨門檻兩手先扒，上榻床闊臀先掇。屋角頭挺身遥望，慳慳裹與石大郎齊肩；船稍上墊脚欠伸，略略兒長鐵櫓人半段。閑看嬰兒之嬉戲，不是頭顱加帽，定擬同儕；縱觀胡孫之踴馳，脱非繒帛衣身，斷呼一種。入室堪從狗竇，潛踪直走雞棲。見灰堆若見峻嶺，聲嘖嘖便道「極險極險」；上客厠如上岑樓，喘吁吁連稱「忒高忒高」。伸脚着草窠裏齁眠，貼然無碍；横身在沙盆中洗浴，綽然有餘。蕩口白綿紬汗巾，得幾條便堪製褶；閶門青捺織膝褲，討兩隻就可做裩。數莖髭鬚甫垂頭，常常掃着脚背；一雙靴管纔舉足，每每擦了頰腮。春日拉友尋芳，草叢中無踪可覓；清夜邀朋步月，人聚處無影可追。戴一尺長的羅巾，里巷間爭喝采，政長了一半姿貌；着三寸高的木屐，街坊上都稱贊，頓高了一倍儀容。捧幣謁親朋，波斯進貢；携囊參佛祖，布袋現形。趨蹌於開筵稱壽之前，共訝上界壽星也來作賀；蹣跚於建齋醮土之側，爭傳當坊土地真箇降祥。擺擺搖搖，無線索之木偶；傝傝傟傟，有知覺之泥孩。倘同徐福求仙，須防海鶴；若非陽城罷貢，安保山精。亂曰：短爾躬兮天之賦形，自暴自强兮向爾丁寧。郭解精悍兮禍延親族，裴度短小兮勳勒碑銘。

秃指賦

元賓子

於惟指頭，有甲斯佳，如何咬去，不留一些。君何毁父母之遺體，因此起衆人之嘲詆。若乃轆轆軸軸、哩哩瘸瘸，鎰鈍臃腫、❶連蜷囉巴，勝梧桐之未葉，賽木筆之無花。其斂也，捲雲角冠之放樣；其張也，闊齒鐵搭之初扒。似蒲鱔而無眼目，像秃虺而無尾靶。着骰盆兮即五秃爪之金龍，撩湯碗兮增雙脱靴之對鰕。腫一齊兮水刺，瘡十惡兮天虵。謂其爲櫓人兮，訝鑌鐵之何軟；用之爲鼓槌兮，非檀木之所車。肥皂不搓兮，排筆之未洗乎宿墨；鳳仙初染兮，擂槌之尚帶乎硃砂。大通薑老而脱幹，胡蘿蔔折其丫叉。推出門來兮，鍾乳石之斜懸乎玉洞。倚來簾上兮，如大蜒蝣之倒挂乎籬笆。霑塵土兮，即佛手之山藥；生膿膗兮，類起園之黄瓜。矗矗春葱，爲陸績之母所斷；纖纖春笋，爲孟宗之母所齘。至於水窠難掐、疥癩難揸、眼垢難挖、鼻齆難扒，好搬磚而弄瓦，難績枲而劈麻。孰响冰絃之琴瑟，孰鳴先撥之琵琶。生離離不可以解線結，滑泥泥止可以棲呵囉。但知有摘不斷之乾柴，而不知有撕得破之糟茄。對美人兮踢踶而難於把盞，遇嘉賓兮忸怩而焉能換茶。在西市則巖媪爲之懊惱，在海虞則孫郎爲之咨嗟。成湯得之兮就可爲桑林之禱，蔡經見之兮何至受方平之檛。已有中峰和尚之燃指矣，安有道陵天師之難香耶？亂曰：咬指甲者心最毒，贈君以此賦兮夫何差！

❶「鎰」，申報館本作「笨」。

山中一夕話上集　卷二

懼内經

鴛湖散人

《佛説怕老婆經》：老婆不是世凡人，他是什麼人？他是天上一座星。他是什麼星？他是一箇黑殺星、白虎星、天狗星、天賊星、天羅星、地羅星。不犯之時猶自可，犯了之時嚇殺人。順則和顔悦色，眼底生春；逆則風波當時起，平地起烏雲。花容變惡貌，那管枕邊人。「烏龜」隨口出，「天殺」不絶聲，捆縛同囚犯，揪髮像門神，拳頭如雨點，脚尖似流星。碗盞驀面撳，❶棒槌搥遍身，麪杖摟頭打，❷咬杓不暫停。剪刀來剪肉，簪柄戳斷筋，撈指與木楖，只當是常刑。皮肉紛紛碎，兩膀血淋淋，「親娘」連聲叫，開口怒轉增。如此情罪也不當苦，還有磨難後頭聽。金雞喔喔叫，慌忙扒起身，面湯與茶點，色色俱調停。日高三丈起，故意做娉婷，也不梳頭，也不穿袴，淫興一發作，隨處要打丁。每日三飡飯，戰戰復競競，❸日昃看看夜，打點聚精神。羅帳雖同宿，

❶「撳」，申報館本作「撳」。
❷「打」，底本作「杢」，據申報館本改。
❸「競競」，各本同，據文意當作「兢兢」。

常常着小心。雲雨須終夜，稍喝便生嗔。❶ 隨恨爹和媽，如何誤我身。思量無解法，竭力儘奉承。要打便打，要跪便跪，要罵便罵，要立便立，要坐便坐，要蹲便蹲，若有一時弗依得，宿臭尿盆黄昏頂到大天明。更有一般最可惡，不容孝順雙親。老酒時酒吃得醺醺醉，肥雞肥鴨囫圇吞。數斤肉數斤魚，煮得半生半熟；不用筯不用叉，雙手拖來大塊抗。眼巴巴看他獨自吃，也不管父母當養，也不管兄弟當親，也不管祖宗當敬，也不管禮數當行，也不管朋情當好，也不管親誼當殷。只管胡行亂做，那管傷敗彝倫。無奈呼天號泣，驚動天上世尊。世尊坐雲端而爲説法曰：「怕老婆者聽吾法旨，汝妻本非人類，乃是狐狸變身，時值疾風暴雨，父母交感有娠，因此備諸惡毒，世上無可比倫。汝緣前世作孽，撞了這箇妖精。啖汝一身骨髓，斷汝一世六親。打罵休言苦楚，還防淫亂醜聲。吾有真言，汝宜拱聽。偈曰：『陰陽始判，男女搆精。夫婦既合，唱隨禮分。夫爲妻綱，牝雞無晨。胡爲懼内，天道曷存？婦有七出，孔伋已行。要離苦海，古訓宜遵。』南無怕老婆菩薩摩呵薩摩呵般若波羅蜜。」

捐皂旗經

吴山散士

爾時捐皂旗菩薩會集金剛婆、夜叉母、鬼王娘、軀山水母、鬼娘娘等，在于空中。觀見下方城郭鄉村市鎮，有等婦人，惡口毒舌，打罵丈夫，敗亂綱常倫理，全無四德三從，可惱可惡，可勘可究。隨召當坊土地來問緣由，土地對曰：「此等罪譴，各有緣故。有等愚蠢男子，不明理義，不曉世事，儀容醜陋，形象葳蕤，匹配

❶「喝」，申報館本作「停」。

美貌女子，聰明伶俐，説在人前，話在人後，多條裙子，少項頭巾，描得繡得，裁得做得，不遂所欲，毆滅夫主，欲尋私路，以致如斯。有等男子，貪婪賭賻，❶酗酒無度，困似猫團，睡似死狗，不與歡會，以致如斯。有等婦人，不遂其欲，生事尋端，一言不合，發憤爭鬬。動輒投河奔井，磕殺吊死。扒倒烟衝燒不得，撞穿鍋底煮不得，抓破面皮出不得，打折面杖敖不得，關了房門進不得，不容上床睡不得。江北河豚雌個大，武則天子女爲尊。皆因男子軟弱，以致平昔受渠所欺，以致如斯。」菩薩曰：「善哉善哉！此等男子，枉爲頂天立地。無些紀綱，治家不嚴，罰他北方部下做個伸頭縮頸六進六出矮波斯。此等婦人煞潑，罰他墮十八重地獄，托生來世盲聾殘疾，跪在十字街頭，搥胸跌脚，叫着『老爺奶奶』。皆因前生作業，得此果報，受諸苦惱。奉勸世間女子，廣生善念，敬順夫主，合家歡樂，作禮而退。南無佛説怕老婆掮皂旗經。」菩薩即説咒曰：「揭諦揭諦，波羅揭諦，波羅僧揭諦，菩提薩摩呵。」

夫五濁之世，衆生作業，種種非一。惟夫弱妻强，于紀最大。爾時菩薩來自西天，觀鑒下方，不忍顛倒，因發大慈大悲，説下此經，救度苦惱。世間此等男子，有能敬信此經，焚香捧誦，久之自覺膽氣粗壯、口嘴强梗。如遇老婆打罵，臨時默念，必然佛來呵護。此等女人，敬信此經，加于丈夫，若果誦至百千五藏之後，漸自猛省，雖有暴戾，可減一半。故佛説經咒曰：「是大神咒，是大明咒，是無上咒，是無等等咒。能除一切苦，真實不虚故。」即此經之謂。善男子、善女人，從今布施此經，普傳天下。怕老婆之家各供一本，方便之門，實無量功德也。尚其敬哉，毋忽！

❶「賻」，各本同，據文意當作「博」。

神授化妬經

如是我聞，阿難違佛遠遊，遇摩登伽，攝入淫席，執戀不舍，媾爲夫婦。摩登伽恃寵驕恣，鉗束阿難，不得自在。治之不可，去之不能，譬如騰蛇制於即帶，神馬困於覊繮。世尊願發慈悲，遣無漏大阿羅漢憍陳如等導引阿難，來參法會，觀天女散花。阿難目不交睫，世尊見其淫心發動，偏袒喝聲而作是言：「阿難，爾不聞之天地定位，陰陽流行，下躋上降，冲合化生。翕然神感，判然離形，是以天不失尊，地不失順。婦乘夫位，天地顛儀，倒授太阿，自取劌刺。阿難，目注成想，想識成愛，愛感成淫，淫通成戀，戀固成迷，迷極成畏。凡夫畏内，其迷有三：一曰色迷，二曰財迷，三曰名迷。燕爾新婚，摩躬接體，如蝶棲花，如蜂啜蜜。含垢忍辱，惟恐傷恩，以致婦惡鬅張，縱有剛腸，不可控制。聯婚巨室，百兩將之，金珠羅綺，車馬爛盈，賸馥殘膏，受其沾丐。含垢忍辱，惟恐傷恩，以致婦惡鬅張，縱有剛腸，不可控制。達官膴任，飾詐徼名，惡婦反唇，往往敗德。愷悌君子，鑑其覆轍。含垢忍辱，惟恐聲聞，以致婦惡鬅張，縱有剛腸，不可控制。」阿難聞佛教旨，汗流浹背，五體投地，叉手長跪而白佛言：「大悲世尊，宣揚慈訓，朗如發蒙。凡夫畏内，亦是業根，宿世姻緣，云何解脱？」佛言：「善哉善哉！色即是空，空於何戀？朱粉骷髏，膿血皮袋。爾能諦想，便發雄心。雖有花容，自當棄置。男子墮地，富貴自致，躬耕畝畝，何藉妻財？未聞猗頓陶朱，亦食内力。爾能諦想，便發雄心。雖有高貲，自當眇視。謹身節行，刑於寡妻。有孚威如，嗃嗃終吉。閨門雍肅，榮問自彰。未聞保名，首於掩慝。爾能諦想，便發雄心。後悔靡追，自當閑始。阿難，爾聞『三迷』，當知『四去』：一曰妬，二曰淫，三曰盜，四曰奢。斟酌『四去』，妬宜首行。不去妬婦，眷屬不寧；不去妬婦，子孫不生；不去妬婦，門户不成；不去妬婦，淫亂不經；不去妬婦，鼠盜不懲；不去妬婦，奢費不貞。」阿難聞佛教旨，蹙額顰首，長跪叉手而白佛言：「大悲世尊，夫婦大倫，去非得已，願假佛力，提唱真言，化彼嚚頑，同歸善域。」佛言：「善哉善哉！阿難，爾有善心，不忍破倫，惟求默化，吾爲汝説，汝當諦聽。」乃揮麈尾，朗誦神咒：「唵喃多唵喃多波羅唬囉朵那潑抹那賀賀婆婆訶。」❶

丫鬟賦

丫鬟本供奉侍，閑常亦可陶情。喜的是官人靜中着眼，怪的是娘行閙裏關心。終日眉來眼去，何時暮雨朝雲。沉吟半晌，頃刻計生。休想青天白日，須是黑夜黄昏。不待娘行睡穩，怎得半刻離身。方望紅輪西墜，又巴玉兔東昇。紅梅快擺合歡夜宴，金菊隨備潔淨浴盆。秋蓮急急香薰錦被，冬菊快快掩閉朱門。專候娘行就枕，❷只等瞑目凝睛。東邊寥寥犬吠，西邊僁僁人聲，番來覆去，好夢難成。看看鐘鳴鼓响，聽得一枕鼾聲，側耳低頭打聽，却像老狐聽冰。忽聽一聲咳嗽，嚇得冷汗如淋，幸喜姻緣當合，娘行睡思沉沉，未敢抽身竟起，且自忍氣吞聲。出被時做箇金蟬脱殼，欵欵輕輕；下牀時做個滄浪濯足，小小心心。他那裏潛潛等等，我這裏悄悄冥冥。一心誠如火急，怎敢亂踹胡行；兩手向前按摸，隄防着撞物驚人。不像丐兒討飯，也像伯牙撫琴。漫自軀回蛇顧，又慮螳捕蟬鳴。念切艸窩布被，那想鳳枕鴛衾。霎時餓蠅見血，更

❶「淫亂不經」之「不」，「爾有善心」之「爾」，「汝當諦聽」之「諦」，「波羅唬囉」之「唬」，底本皆殘損，據紅葉山文庫本補。
❷「專」字底本殘損，據紅葉山文庫本補。

如虎戀深林。奈何雲雨方合，驚起了床上天尊，高喊「天殺亡八那裏」，狠罵「這些賤婢難生」。也不顧羞羞露出，只要扒起急急施行。快備拶指兩副，又要木檞三根。官人上天無路，丫鬟入地無門。這壁廂低頭苦腦，那壁廂齒咬舌伸。官人告曰：「一夜鬧情風月，番做洞房胡越，娘行且自停嗔，聽唱《玉芙蓉》一隻：『情知理內虧，跪倒塵埃地，望娘行任奇施爲。渾身摘打皆由你，切莫揸傷臉上皮。休淘氣，且將息自己。從今後，再不敢暫時離。』」娘子答曰：「喬才亦可嗟，躲在薔薇架，喚丫鬟與我扯過那冤家。將他跪在燈兒下，十指尖尖撇面揸。你全不怕，把山盟當耍，怒得我冷汗淋身手脚麻。」詩曰：「冤家竊婢已成精，半夜搔頭似賊形。枕上不成蝴蝶夢，床前常作鷺鷥行。輕言又恐喉嚨响，緩步猶防脚骨聲。今日真情俱敗露，五更直打到天明。」

丫鬟嘆

滑稽生

前世裏不修，罰在大人家做個丫頭。青早起來，娘子的鑑裝兒、鏡架兒、洗臉的湯兒、嗽口的水兒，都是奴家一人收管。到晚來，鋪着牀兒，疊着被兒，排着枕兒，燻着香兒，都是奴家一身支持。一日起來，那得片時閑遊。小娘兒又要搽粉，小官人又要梳頭，燒火的問我討柴，煎炒的又問我討油。多與他些，娘子又罵我是不知家火的臭肉；少與他些，那夥人睜着眼，變着臉，老鼠罵倉官「又不曾吃了你的」。到春來艷陽天氣，山茶花兒、牡丹花兒，何曾有一朵上頭；到夏來暑熱天氣，涼冰水兒、香薷飲兒、西瓜穰兒，何曾有一塊到口；到秋來清涼天氣，天邊雁兒、高樓月兒、東籬菊兒，何曾有一時賞玩；到冬來嚴寒天氣，湯婆子兒、知心的姊妹兒、恩愛的郎君兒，何曾有一個倍伴。有一日梳着頭兒，搽着粉兒，紮着脚兒，娘子又罵我是妖精的養漢。有一日故意鬔着頭兒，垢着臉兒，污着手兒，娘子又罵我齷齪的東西。又一日整整裏身上穿一套衣服，嬌滴滴頭上帶一朵花兒，我的官人又不顧人前人後捏上一把。房裏有一起長脚奴兒、矮丁香兒、胖屎肚兒、瘦骨臉兒，在我娘子面前般了舌頭。我那娘子又不是好心性的，聽了他的言語，就把銅火筯兒、趕麪杖兒、吹火通兒、齊眉棍兒，打得我一個七死八活，整整裏哭了一日。房裏有一起知事老來的媽媽們，勸我説道：「姐姐罷罷，大人家是這般模樣，守着小官人大了，看你愛你，就有在裏頭。」聽了他的言語，揩乾了眼淚，偷出娘子鑰匙來，開了廚門，取出火炙青荳兒、蜜浸橙丁兒、寧波的吐鐵兒、鎮江的魚鮓兒，盪一注金盤露兒，唱一隻《鎖南枝兒》與衆姐姐散悶一迴。唱：「前世事，没奈何。今生在此做妳婆，終日受奔波，無人可憐我。」唱罷曲兒，與衆姐姐説道：「方纔媽媽們勸我道：『守着小官人大了，看我愛我，就有在裏頭。』倘若不能勾時節，不如出着家兒，落着髮兒，對着佛兒，拈着香兒。熬得過，夾了這張毬兒；熬不過，私地裏與道人偷一偷兒。落得清閑自在，省得鎮日擔憂。」

閨怨歌

吴山散士

簾幕風柔日正和，春閨冷落姐難過。羅衣懶着，雲髻懶梳。姐兒身靠圍屏，手托香腮，眼觀好景。只見海棠初睡足，芳草緑茵鋪，紫燕銜泥尋壘，黄鸝出谷相呼。咦見踏青士女，花街成對，柳陌調歌。偏我好逑未遂，懊恨情多。縱然生得滿身容貌，年方十八，弗曾有夫！也有東家求親，西家討帖，怨殺我裏箇揀好嫌堪。占龜卜問，兜搭大箇爹娘，加添子舌尖嘴快個嫂嫂，弗肯體恤個姑姑，弗指望渠攛掇介兩句，倒打子多少退兵鑼，姐兒忍子滿肚皮腌臢臭氣，只得捉胸前頭挪介兩挪，天天蘇州人相打，叫子多少屈，重修桶鉢兩邊箍，姐兒無話苦處。思量起來，走到閻羅殿前，捉個三角眼、回回鼻、鬔鬆赤鬚、黄蠟樣個判官，搶落子伊癟頭巾，剥落子伊破皂靴，扯住子伊舊圓領，拍嘴兩個响耳光，奪渠手裏個婚姻簿，教伊從頭即一改，方便子世上多少怨女曠夫，送娘配子待詔，媒公配子媒婆。搬演戲文，須用男生女旦；回向功德，要搭和尚尼姑。宣卷個師娘配子傳香太保，打木魚個道友配子掛念珠個佛婆。彈琵琶個配子楊花小唱，三棒鼓個配子設帳游徒。擐青包個并來駝籠子，摇航船個對子做飯籮。絞面個阿姨配子篦頭個大舍，走索個小姐配來撮弄個阿哥。做花娘送與穿珠客，收生婆嫁來小兒科。招牌賣藥個配子挑船醫士，針線娘子撥來裁衣鋪如何？兑首飾個就做銀匠妻小，裹餛飩個便做子廚子家婆。女筭命個對頭就是劈面相，掉絲娘個蓋老就會織綾羅。酒店菜瓜配來衙門中朋友，勾欄妓者留來商客歡娛。燒鹽場上婦女嫁子挑煤個脚子，蘆蓆棚裏貨物自有趕脚個車夫。打鐵匠生男，做木匠生女，月子裏配子夫妻，正是釘打來木裏，所以媒人叫做執斧伐柯。扒烏龜個生女，弄蛇個生男，月子裏配子夫妻，正是龜蛇交泰，拜子祖師脚底下香爐。女先生贅子男師父，正是斯文一脉，也好訂正字眼差訛。捉魚娘嫁子樵柴漢，正是水火既濟，弗要管伊問答囉多。還有南北兩京三十六院，嬌嬌滴滴，弗曾梳弄個星美女，❶并妖妖嬈嬈，現接客個星小娘，盡數配來未婚娶個清苦秀才，也省得伊生錢做債，喜事蹉跎。只有一樣，做牽頭個老媽惡心癩㾄，捉渠綁縛子手脚，丢來南海灘上，送與日本國裏倭奴。弗惟凡人處置停當，就是上界神佛也要調和。東方朔該配西王母，吕洞賓該配何仙姑。善才該配龍女，太君該配彌陀。巫山神女便配子七總管，悉達太子應配來藍采荷。若要酒色相敵，李太白該對麻姑仙女；若論才貌雙全，文昌君單對月裏嫦娥。玉簫引鳳，良緣修得能到；劉阮思歸，福分畢竟弗多。

❶「梳」，底本作「疏」，據申報館本改。

西天竺國，自來南地生男育女；如來説法，幾曾教人弗要家婆？還要埋冤玉皇大帝一件，婚姻事豈可懊悔支吾？既然聽憑子媒人，許差子囡兒，只索無奈。要了趕個牽牛布袋，眼巴巴住來對河，弗如借張騫個浮槎，載幾塊泰山脚下個盤砣，築條長堤大岸，填住子天河裏個風波，等渠夫妻兩個黄昏做塊，早晨穿梭，歡天喜地，拍笑呵呵。織介千疋雲錦、萬疋花羅，多來啖好送個東鄰西舍二十八宿，着剩有過，免得弗伶弗俐，會少離多，直到七月七夜，拖帶人家，煎兩塊油酥。世間有多少弗平之事，只有夫妻一節熬磨。赤繩繫定，須是姻緣到底。冰人月老，弗要貪酒糊塗。假如朱淑真何故嫁村牛俗子？秦丞相那再討子長舌妖魔？侯夫人爲何使伊弗得好死？楚霸王那哼害個虞姬自截青螺？多少對頭弗好，人人叫屈。王昭君困子皮羅帳，蔡文姬吃子打辣酥。多少夫妻恩愛，中途分散。張麗華怨殺子胭脂井，楊貴妃怪盡子馬嵬坡。那間要用心檢點，品搭均匀。長娘須對大漢，鱉嫂要配矮哥。呆郎弗許渠殺好婦，美姐須等伊得標夫。鬍鬍該對秃頸，黄子併來麻婆，大鼻要搭闊嘴，秋猫眼須配夾肩跎。討個弗得爭長怨短，嫁個也無得嫌精道粗。姐兒再仔細思量，《大明律》上禁約，半把也是虚掛畫圖，只要有些才幹，便差些也弗在何。幾曾見偷香寄表誘引良家子女？問落子韓壽個令史。幾曾見爬牆跳壁先姦後娶？斷開子崔張帶被窩。幾曾見拐騙孤孀盜摸財物？捉子假彈琴個司馬。幾曾見用財逼姦致傷人命？打子桑樹底下秋胡。風流浪子，窈窕嬌娥，弗要是介閃閃縮縮！青春年少，枉自空辜。❶從今已後，上覆閻羅老子，分付判官阿翳，婚姻簿上立定規矩，夫妻道裏註定規模，十三歲已上就該出嫁，廿五歲左右好做外婆。

❶「辜」，底本作「幸」，據紅葉山文庫本改。

娼妓述

金陵游客

蓋聞好色恒情，冶容易溺。秦樓柳絮，常牽浪子之心；楚館蕣華，能蕩富翁之産。脱非識透煙花隊裏根苗，焉能不墮桃李叢中圈套。貪夫養女，七八歲重價貨與娼家；老鴇愛錢，十三四梳瓏包於嫖客。倚門賣俏，而媚比封狐；對客調情，而機深穽虎。夏不耕，秋不穫，全憑調脂弄粉以作生涯；冬不纑，春不織，惟靠舞榭歌臺做成門面。吹玉簫而敲象版，聾人耳的淫聲；張翠幰而披霓裳，昏人目的邪色。若是門無俊客，便請五行人燒利市，截門檻，百計祈禳；幸然室有佳賓，就同姊妹們點湯水，理絲桐，千方挽住。乍相逢，茶罷後，笑欣欣嬌着聲兒問云：「相公高姓，仙鄉何處？今日得見也是我的前緣。」久已後，被窩中，氣吁吁蹙着額兒便云：「家計艱難，媽值生日，這樣事情不好與你説得。」人叢裏，眉來眼去，裝做屬意嬌容；客背後，附耳低聲，點綴知心妖態。稱贊你們知趣，見面常談；賣弄自己真心，出口熟套。倘遇喜奉承的孤老，則花言巧語，贈香茶，投珍果，總是哄東西的危機；若逢愛風顛的俠兒，則詐怒佯嗔，抓指痕，打拳頭，莫非騙貲財的巧計。還有一班粉頭，絮叨叨説道某人與姐姐做衣服，某人與姐姐打首飾，這個姐夫曉得，不須提起。又有一箇後生，口喃喃説道某人要請姐姐遊山，某人要請姐姐玩景，只因相公在此，一例都回。日起小閣開筵，一任倚翠偎紅，直飲到月轉三更，猶説意還未暢，那管弄竭了青年子弟的精神；夜闌繡幃共枕，但憑顛鸞倒鳳，直睡到日高三丈，却嫌情正未舒，那管啉乾了白面郎君的骨髓。寄信寄書，乃發催錢之檄；贈巾贈扇，真抛引玉之磚。剪頭髮，豈不惜香雲，是索鈔的青絲細縷；燒臂香，豈不愛紈質，是釣財的火練鋼鈎。要守鸞儔，惱鴇兒拘束，屢約私奔，痴風漢錯認了至誠心，焉知窄小弓鞋，奚能挾重貲而踔遠？顧諧鳳卜，恨龜子作難，每尋懸縊，易心郎却信了真消息，誰知妖嬈尤物，胡肯向衰草以沉埋？　富賈思歸，則愈加繾綣，分袂處淚蘇蘇，不怕濕了白司馬青衫；情郎財盡，則日漸冷淡，上門時眼睜睜，何怪拂了潘茂才大袖。朝爲張郎婦，暮作李郎妻，安有半點兒禮義廉耻之良心；午伴越商眠，未同燕客卧，全没一些兒羞惡是非之真意。屢屢呼茶甚急，願堂上之速行；頻頻唤酒不來，厭房中之久坐。巫山雨罷，重勾粉以調絃；洛浦雲收，再捲簾以獻笑。結並頭蓮於終夜，馬上揚鞭；效比翼鳥於片時，江中撒溺。便包月，背地裏别抱琵琶；縱從良，轉身時更調琴瑟。甚者歡笑未終，意懸懸，常恐失迎了過門的浪蝶；紈袴纔鬆，心岌岌，又愁挫過了會房的游蜂。正如閙市裏的尿桶，人人可溺；恰似陸路上的健驢，個個可騎。更有科子名色，也習衒衒行藏，匪是丈夫的生計太貧，定因婦人的淫慾太濫。或本良家而甘爲潑賤，或由宦族而罔識耻羞，此皆極賤而可惡，至穢而可醜者也。奈何騷人墨客，每借譽於詩篇；學士鴻儒，或啓寵於杯酒。好音悦耳，共忻嬌鳥之鳴春；毒羽腐腸，罔解妖鴆之媒祟。卒致擔冰填井，以供樂事，萬鎰之鏹云亡；披霜帶月，以恣歡娱，千金之軀不保。不思年少嬌娘，便是淡掃蛾眉，咸稱雅素；長年老妓，總然濃粧塗抹，共笑壘堆。半腰裏家業蕭條，鳳頭簪賣了，繡羅衣典了，無擺佈去打抽豐，不辭登山而涉水，追思昔日的簫鼓畫船，曷勝嗚咽！　下稍來生計淡薄，賃房錢緊催，賒店帳坐催，没奈何只得趕集，未免追東而逐西，遥想曩時的門前鞍馬，能不悲傷！　倘削髮而爲比丘尼，色即是空；設出家而爲女道士，强名曰道。倒不如嫁作商人婦，也脱得翠袖風塵；又不如做箇老鴇兒，正可握紅裙韁鎖。如有年正青春，而二豎難作，醫之青囊，而一命頓傾。一條藁薦兮，便是送終的棺木；千仞深淵兮，乃是葬身的墳塋。

娼妓賦

渠本娼流，素非雅族。山鷄野雉，家莫能馴。路柳牆花，人皆可折。調脂弄粉，裝成嬌艷規模；蓮步柳腰，扮作輕盈體態。倚門賣俏，傍户招商。貪錢財，並不論貴賤高低；濫交接，全不顧尊卑上下。東家飲而西家宿，甘爲逐水之桃花；張家婦而李郎妻，願作章臺之楊柳。然而習染雖異，嗜慾則同，豈無眷戀俊俏之情，亦有綢繆可人之意。奈何撅丁愛鈔，勢驅美女弄奸心；老鴇圖錢，威逼嬌娥生巧計。是以歌舞地、風月場，擺一箇迷魂陣勢；教坊司、勾欄所，砌幾隻潑雪湯鍋。枕簟間暗藏劍戟，管絃内潛伏刀兵。初來財貨充盈，便作粉蝶戀花之狀；已而囊篋匱乏，頓興金蟬脱殼之謀。立海誓，訂山盟，皆是騙人圈套；燒香疤，剪青髮，總爲覓利虚情。臨别時假作短嘆長吁，出門莫記；送行酒强粧愁眉淚眼，轉足便忘。此乃妓家之故習，而子弟所宜龜鑑者也，可不戒哉！

金陵六院市語

風月中人

説不盡六院風景，更有一番議論與衆不同，若不細細推詳，難得一一通曉。談笑則訕字當先，舉動則者字爲尚。無言默坐者號爲出神，有謀未成者乃曰掃興。擴充知其整齊，稀調却爲莫語。好不言好而言現，走不言走而曰趫，討不言討而言設，打不言打而言超，唱不言唱而言謳，小不言小而言嗟。燥皮乃相戲之稱，垂頭實宿歇之意。趣鴇子極妙情懷，麻蒼蠅可憎模樣。謂冷淡爲秋意，言説謊作空頭。情不投者是不着人言，涉敗興者爲殺風景。眼裏火，見者便愛；嘗湯水，到處沾身。説闖寡門，笑彼空談而去；嘲吹木屑，嗔人不請自來。自一身而言，撒樓者頭也，兖骨者鼻也，聽老者眼也，爪老者手也，齒老者牙也，聽聆者耳也，撇道者脚也，嘻嚁者笑也，攘鎗者惱也，鎗者臉也，啜者嘴也，模鎗者搽粉也，高廣者肉香也，灑酥者出恭也，雜嗽者駡也，懷五者醜也。自稱呼而言，老媽兒爲波麼，粉頭爲課頭，樂人爲來果，保兒爲抱老，小娃子爲頂老，酒客爲列丈，老者爲採髮系，少者爲剪列血，夾爲瞎眼，駡玉郎爲麻面，繩兒爲鑾子，歹該爲獃音崖。子，矮而壯者爲門墩，長而大者爲困水。自飲食而言，稱訕老知其用茶，稱馨知其用飯，稱海知其用酒，稱直線知其用肉，咬趐知其用鷄，稱河戲知其用魚，稱碾知其吃食。自用物而言，衣服則曰袍杖，帽子則曰張頂，簪子則曰插老，銀子則曰杏樹，銅錢則曰匾兒，汗巾則曰模攘。至若埋夢即没有之意，扯淡即胡説之談，弄把戲以喻乎偷，朗兜以明乎大。方列趫與房裏去，聲音相近；設譃剪與討房錢，聲實相同。哥道是則曰馬回子拜節，問是誰則曰葛五媽害眼爛。嫖者呼爲高二，哄人者比之劉洪，行月經號爲紅官人，用絹兒呼作陳媽媽。有客妨占，嘲爲頂土；粉頭攢龜，名爲打玆。賺人以娘稱己，自道小名柳青。令客連念三注，誘此聲爲犬吠。千言萬語，變態無窮，乍聽初聞，朦朧兩耳，致使村夫懦子張目熟視，不解所言，徒爲彼之嗤笑。故略序此以告四方，休題他鄙俗不堪，須把他這一塲看破。

風月機關

柳浪館主人

男女雖異，愛慾則同。男貪女美，女慕男賢。鴇子創家，威逼佳人生巧計；撅丁愛鈔，勢催女子弄奸心。且如尋常識見，皆由繩準之中；設若奇巧機關，更出筌蹄之外。若不運籌，定遭設網。調情雖在未合之先，允物不待已索之後。若要認真，定然着假。對新妓勿談舊妓之非，則新妓生疑；調蒼姬勿憐雛姬之小，而蒼姬失意。痛酒勿飲，寡醋休嚐。寧使我支他，莫交他閃我。初厚決非本心，久濃方爲實意。欲買其心，先投所好，志誠感默，叫跳動狂。愛飲酒杯，常備劉伶之具；擅知詩句，多談杜甫之才。更要出語隨時，亦忌轉喉觸諱。伴黑者，休言白者之瑩；對貧者，勿誇富者之盛。大家規矩，自是不同；科子行藏，終須各別。駑駘遭遇，必藏騏驥之良；蚌蛤生輝，決蘊貝珠之貴。合意人出言便及，忤情客失口不談。偷鞋惹訕，剖帕見情。屢問不言由意背，纔呼即應爲親情。膠漆既投，倘遇言差休見責；雲萍初聚，如逢失禮莫生嗔。憎中曾致愛，訕久却成非。行事太寬，却爲寬中而見悔；存心稍窄，多因窄處反投機。逢人誇盛德，乃是常爲；對友數歸期，亦是熟套。自薄漸厚者久，初重後輕者疎，事要投機，言當中節。偏宜多置酒，莫怪不陪茶。串可頻而坐不可久，差宜應而債不宜詢。舉止輕盈終須賣俏，行藏穩重乃可從良。初會處色，久會處心。困妓慕財，時妓慕俏。情不在貌，色要擇人。爲情者嫫母可以同居，爲色者西施纔堪並處。走死哭嫁守，饒假意莫言易得；抓打剪刺燒，總虛情其實難爲。小非當釋，微愿須從。小非不釋，則巨患必興；微愿不從，則大事難成。俊友若携愁奪趣，餘錢多帶定遭差。村客遇俏姬，而俏姬情不在；中人請下妓，而下妓心反專。其趣在欲合未合之際，既合則已；其情在要嫁未嫁之時，既嫁則休。托朋友以寄意，賴漸訕以調情。孤老表子尚有偷期，才子佳人豈無密約。小信勿失，私語當聽。雛性易馴，一馴而易失；蒼心難好，一好以難灰。蹙額告乎家事艱，知其相索；鎖眉訴乎借貸廣，欲其相償。休認有意追陪爲有意，莫將無心言語作無心。虛囂者易跌，尊重者難調。誇己有情，是設掙家之計；説娘無狀，預施索鈔之方。留意於顧盼之内，發情於離别之間。只須應馬呼牛，最要手長脚短。彼若傳情須接應，不然失望；伊如逆意要知機，否則遭閃。交愈久而敬愈衰，此其本意；年漸深而情漸密，乃是真心。使鈔偏宜慷慨，討情全在工夫。潘安孔方同路，而使妓歡；翼德味道並驅，不遭人議。只可以片時之樂，而解往日之仇；不可以一朝之訕，而廢平昔之好。寄謎總佳，縱汝聰明多費想；復爐雖好，任君伶俐也遭虧。❶寧結無情猱旦，不嫖有意龜婆。討好則千日不足，搜過則一時有餘。乖人惟奪趣，痴客定爭鋒。訣言疊至知相索，訕語頻來定要開。跳槽難求實好，梳籠惟慕虛名。莫以勢壓，當以情親。頻頻喚酒不來，厭房中之久坐；疊疊呼茶之甚，願堂上之速行。口頭寄信非無意，眼角傳情實有心。題詩而寄意，歌曲以伸情。三年一歲添，半載兩誕遇。贈香茶，乃情之所使；投果核，則意欲相調。數四相求方見面，欲擡高價；再三反浼要扳情，別防有因。痴心男子廣，水性婦人多。他奸要識，鄰美休誇。久於舞榭，易結好緣；纔入歌臺，便生惡悔。枕席雖盡乎情，彼此各了其事。入門來大小皆驚，相見處僕僮亦喜。最要鴇歡，豈惟猱悦。棄屋借錢因戀色，其意安乎！披霜帶月爲扳情，是誰迷也？移春向幽僻，逐絮任飄飖。堆垛入秦樓，經營遊楚館。營運多方，已捹經年遊柳陌；行裝剛促，始知今夜宿花街。銀海邊許多美貌，朱唇中無限嬌姿。蒼生好色偏花鈔，老妓開門定貼錢。買心多費鈔，得趣便抽身。雜情頻換色，堅意不生心。一日三番酧厚意，十朝半月敘交情。隔年償宿債，間日抱花眠。揭短逞强投計策，忿鬬頓起實爲痴。識趣賞音携友樂，暮來朝去畏人知。酒筵逢歌唱，勿久他談；妓館挾朋遊，休言交易。談朋過失方是好音，誇友賢良決非佳兆。懸榻既下徐孺留，今猶如是；醴酒不設穆生去，古亦皆然。跳躍相迎真是厚，叮嚀致意豈爲疎。他人之異從姬説，乃指賣奸之路；已妓之私向友言，是開引賊之門。朝則茶，暮則酒，只爲孤老；貧能周，患能濟，乃是情人。初摭是其體面，久處決少

❶「伶」，底本作「佮」，據紅葉山文庫本改。

真情。吁氣多因心不愜；出神定有事相關。❶鴇子來陪，定然有故；友人替念，必受其私。日久佳人翻作道，年深子弟或成龜。寄信寄書，乃發催錢之檄；贈巾贈扇，真抛引玉之磚。薄倖者，雖日近而不親；有情者，雖日遠而不疎。交客千箇假如也，情在一人真有之。他有嫁娶之人我不解，爲伊填陷；我有剪燒之妓他不識，替我坫垓。久念不馴曾着閃，纔調即順恐非真。多情頻見面，薄倖少相逢。離合有期，憂同戚而笑同歡；索求無厭，少則與而多則許。探實言於倉卒，勘虛意於尋常。對王面趙，是亦可嫌；抱李呼張，此亦尤怪。替友殷勤爲探使，爲花牽引嫁東風。近離尚恐情疎，久別豈無心變。怨日色之落遲，以賓人意；恨鷄聲之報早，乃誘客心。迂言説謊，蓋不己由；發誓拈香，聽其自順。大凡着意，終是虛工；若到無言，方爲妙境。眉與目雖是相扳，口共心決然不應。梳洗尚新，想適間之寢起；杯盤排列，知刻下之邀賓。坐起不常，決心中之事忤；驚疑不定，恐意内之人來。外僕忽來知探信，家人屢至必相召。攢眉而嘆總是虛情，揉眼而悲却非本意。須是片時稱子建，不可一日無鄧通。黑頭鴇子偏多事，黄面佳人最没情。好色親三代，盛容僅十年。蒼頭子弟，世上多聞；白髮花娘，人間少見。搜枯令以報酒仇，認真情遂爲嫖縛。聲名出於衆，致使眼高；顔色不如人，慣將物賂。誘多方見厚，勸久反爲疎。棍嫖常議四王，鄒妓亦稱五虎。道有傍門，尚有洞曉；色無正路，是亦難知。燒剪頻而必濫，貲囊富而定貧。手口未能全，總設誓盟皆枉矣；性情不相合，雖成交往也徒然。子弟錢如糞土，粉頭情若鬼神。頻允物，擔冰填井；不使錢，掩耳偷鈴。聰俏更無虛度日，村愚常有空閒時。人物醜而家業趂，理無太足；形容美而情性愚，事不十全。有百年之夫婦，無一世之情人。填還滿而客便去，緣法盡而人自開。抱枕晝眠，非傷春即病酒；挑燈夜坐，不候約便思人。

❶「關」，底本作「開」，據紅葉山文庫本改。

聲氣相應，方是一心；彼此懷疑，定然反目。纔飲便呼巨杯，是催客去；倚門常望凝眸，爲盼人來。門户早關，必今宵之有客；尊卑晏起，決昨夜之無人。玉顔容易得，今可比之摘花；紅粉最難馴，古亦謂之縛虎。通宵快樂，猶如馬上執鞭；頃刻歡娱，却似江中撒溺。爲財者十常八九，爲情者百無二三。精神有限，難以久勞；聚散不常，且宜混俗。遭溺丈夫，不解隨於陷内；着迷君子，豈知落於彀中。搜引變態，不能有窮；既味是編，未必無補。

右附傳誦：

勸君休戀烟花榻，他家害人別有法。能取鼉龍項下珠，善卸天王身上甲。猛虎禁持若善羊，鳳凰退作無毛鴨。饒君生鐵鑄心腸，往或被他鎔作蠟。

《西江月》：

莫戀歌樓妓館，休貪美色嬌聲。分明是箇陷人坑，可嘆愚人不省！樂處易生愁怨，笑中真有刀兵。等閒失脚入他門，便是蝦蟆落井。

妓家祝獻文

伏以香焚寶鼎，燭插銀缸，奉請勾欄土地、教坊大王、烟花使者、脂粉仙娘。弟子某人生長九江之上，僑居聖帝之傍，因無生理，買良爲娼。今遇某時令節，啓建葷素道場，拜獻本司聖衆，願祈如意吉祥。大姑常接有錢孤老，二姐廣招多鈔才郎，三姐房中時時舞弄獅子，四姐床上夜夜捉對鴛鴦，五姐忙兜兜迎新送舊，六姐急忙忙脱袴寬裳，七姐鹽商包定，八姐絹客連椿，九姐願得富翁梳弄，十姐只求財主成雙。廚厦春梅秋菊，常接個幫閒落剩之客，走動阿三阿四，頻燒些洗脚洗手之湯。合家利市，永保安康。

火娼誦

大衆歌舞，當年第一流，無端今日別紅樓，可憐傾國傾城色，化作南柯一夢遊。恭惟寶函中物故某姐姐之靈。惟靈也，花容月貌，玉骨冰肌。天生成十分體態，描不盡一種嬌姿。着绿穿红，俏麗輕盈，真可愛；淡粧濃抹，娉婷婀娜，實堪奇。動人處，金蓮緩步徐徐；勾引處，翠袖飄揚濟濟。接孤樂，滿面春風生俏臉；臨床席，百般私語恣歡娛。朝爲張郎之婦，暮作李郎之妻。交頸貼胸，錦綉帳中連玉臂；淺斟低唱，綺羅筵上瀉瓊巵。假意留連，害殺那俏冤家牽腸割肚；虛情迷戀，哄殺那痴心漢夢想魂思。纏昏了俊書生漂流海角，弄窮了貴公子散落天涯。能斷送伶俐的破家蕩産，慣賺騙乖覺的棄子抛妻。賣風情，恩愛勝如金共玉；樂雲雨，相親恰似掌中珠。迎新客粧成笑臉，送舊客假作悲啼。迷魂湯湯熱心腸，陷人坑坑盡東西。只道生于百世，誰知夢斷一時。三魂杳杳渾無倚，七魄茫茫何所依。香疤子弟今何在，歃血郎君總是虛。暫丢下秦樓楚館，冷落了鳳管鸞簫。忘八子苦無活計，老鴇兒空倚門閭。可惜洛陽花似錦，今朝化作一團灰。嗚呼哀哉！嗚呼痛哉！空勞扇枕歌桃葉，無復筵前舞柘枝，素魄未昇兜率院，香魂猶繞教坊司。老僧有幾句真言，謹當持誦：「憶昔章臺柳，隨風脱故枝。西歸紅日落，東土白雲飛。翠館衾幃冷，紅樓燕雀稀。幽魂空耿耿，何日是歸期。」噫！紅蓮焰焰，燒了兩片精皮。

官妓入道募緣疏

陸宅之

京師第一部，教坊占排場，曾使萬人喝采；《道德》五千言，公案抽鎖鑰，只因片語投機。向林下得大道高風，指雲間問前緣福地。一跳身纔離了百戲棚中圈子，雙擺手便做箇三清門下閑人。赤緊地無是無非，到大來自由自在。識盡悲歡離合幻，打開老病死生關。交媾功成，陰陽炭燒空慾海；修持行滿，雌雄劍劈破愁城。七星冠剛替下鳳頭釵，合歡帶生紐做鹿皮袋。空非空，色非色，色即是空；道可道，名可名，強名曰道。往常時紅裙翠袖生綃帕，❶猛可里草履麻鞋匾皂縧。銷金帳冷落風情，養丹爐消磨火性。半世連枝帶葉，算從前，歷盡虛花；一朝剗草除根，到此際，方成結果。尋幾個烟霞外逍遥伴侣，抵多少塵埃中浮蕩男兒。存一點志誠心，百事可做；少幾處風流債，一筆都勾。試問他濁酒狂歌，爭如我清茶淡話。迷魂陣當時落陷，人負我，我負人，總是虛脾；玄關竅今日點開，心即道，道即心，無非妙用。牢着眼看烏飛兔走，急回頭怕鶴怨猿啼。五陵人買笑追歡，掉頭不顧；三島客談玄論道，稽首相迎。大都來幾個知音，多管是前生有分。玉樓花下千鍾酒，幾番歌《白苧》，遏行雲；紙帳梅邊一炷香，從此誦《黄庭》，消永日。桃花扇深藏明月影，椰子瓢長醉白雲鄉。皓齒細腰，打疊少年歌舞；錦心繡腹，宣揚老子經文。發科打諢，不離機鋒；課嘴撩牙，長存道眼。燒夜香，非尋佳配，披鶴氅，星月下，禮拜茅君；登春臺，不望遠人，駕鸞車，雲霄上，追尋蕭史。歌館化爲仙館靜，戲房番作道房幽。淨洗胭脂，見全真本來面目；輕敲檀板，聽步虛别是宫

❶「綃」，底本作「銷」，據申報館本改。

商。人盡誇七真堂上添個小孫姑，我只見五城山下册立新王母。不比尋常鉤子，曾經老大鉗鎚。百鍊不回，萬夫莫敵。疇昔微通一笑，白面郎爭與纏頭；如今頓悟三生，青眼客便當擡手。既不作入夢朝雲暮雨，也須撇等閑秋月春風。若加了蒲團上工夫，便可到蓬壺中境界。肯莊嚴一處千年香火，是成就到頭陸地神仙。金銀鈔等物，是必大塊子捨來；福禄壽利錢，擬定倍加兒還你。❶得道者多助，看琳宫寶殿，日月交輝；愛人者必親，仗玉磬金鐘，晨昏報德。

圍童命書

龍陽生

張東谷真是箇活靈神，曾在道前算着子箇小官人個爛錯。側頭擺腦，一張嘴，七囁八囁；搥臺拍凳，兩隻手，左輪右輪。説道：「聽講你閣下貴造，你是乙巳年戊辰月甲辰日主乙卯時辰。昨日有一箇南昌人下顧，格局替你一樣。我當時就有介一星疑心，咦弗知渠七顛八倒，有頭無腦，記錯子阿妹箇八字。咦弗知渠是添年減月，將男作女，試我老娘家箇眼睛。那了滿盤齊是紅鸞天喜，桃花殺重身輕，定主早歲發財發福，只怕中年弗大十分，弗會看命箇就嫌渠五行錯亂無主。我學生單取渠年卯上一合，合得介有情，衣禄食禄旺於丁卯，福德旺相勝似戊辰。一交十四歲流年，披頭在命，丰姿骨秀神清，十五歲交運，如同接木。没怪我説其年有柳星作梗，白虎星過度，教渠黄昏早晚前門後户，大凡盡要小心，要防避箇聞香哄氣箇騙子，要謹慎面前背後箇小人。渠箇恭裹要出介一箇血刃，還要進箇唾星。若要油是路水是路，大大小小箇順溜，你替我統

❶「倍」，底本作「陪」，據申報館本改。

肚拔腸，熬過介一箇災星。過此以往，通子渠箇後運，開子渠箇聰明。十六十七直交廿三廿四，一泒南方好運，食神旺相，財帛豐盈。渠乞近子箇欄杆星了有人來，背後叫好；進子箇捲舌星了有人來，當面相親。求財唾手可得，幹事轉背便成。漸有貴人着力，平添幾倍精神。一交廿五歲流年，辛丑運中管事，大凡世事齊覺道差馳子介一分，還有一塲濃血之灾來命裏。要見打身弗動，天醫應在越地，自有浙江魯秋泉來替你支分。直到三十邊際了，我替你再講箇遭下顧，再弗消得爾賜箇命金，今日只要爾出倘介二錢雪丢，再替我撒漫介一條汗巾。若要我有枝有葉，打通子後門了，講得爾爽爽利利，爾替我自貴自重，放開子肚量了，謝得我介一箇志志誠誠。爾來我板壁後頭請坐，等我叫阿長出來，關子箇大門。若有人來尋我，只說上岸郭老爺裏向退星。昨日徐七相公寄來箇瓶天池茶葉，爾替我香噴噴泡介一壺，間向箇舍舍㗂㗂。我老張乞嘴直了，招子多少人怪。我今日見子老弟介好了，那負爾箇盛情。我自小來曹先生手裏學命，一點便認得爾箇令尊，雖然幾年無來無往，說起來齊是至親。爾便弗來作成我講命，我兩耳朵裏一向有春，我儂舍甥也來外頭知花野味，常歸來說你箇做人，說你道弗做人。家得介赤癩自由心性得介怕人。說爾道六月盡要單扢雙羢襪，出浴缸就拖濕着條絹裙。說爾道石門綿紬衫提起來，就揩臺抹凳。蕩口蒲鞋，生嘣嘣踏倒子後跟。咦說爾道蜜犀簪無挨子一隻咦是一隻，沉速香爇了子一斤又是一斤。咦說爾道殺酒風了，跌瘸子趙良璧箇茶注，使性起來，攛碎子真哥窑箇花瓶，奪別人箇周柱香盒來無星結果，袋別人箇文衡山手卷弗幹得正經。學會子一身富貴相，忘記子自家舍出身。咦說道看見子有趣點箇小娘，綽得介弗照前後。看見子中意點箇下飯，喫得介一箇盡盤。將軍體面雖弗會照管，脾胃也要小心。還有一等弗從容朋友，乞箇無時運了來箇大人家來走走動動，爾勿知星道理，到要狎侮渠三分，渠是算長了弗聽爾計較，弗知道賺斷了爾脊筋。還有一等富貴公子，弗見爾稱呼聲大相了二相，開子口便是大老官人、二老官人，爾没道見千見萬了介大模大樣，正弗算計道渠是舍人，爾是舍人。放屁也弗看箇風色，燈臺也弗照箇自身。爾若弗嫌我老娘家箇多説多話，再講箇後運來爾聽聽。爾只來問邊三四年裏向，便看見外頭千難萬難箇世情。模樣看看改變，年紀漸漸上身，下頦上生子剔箒，肌膚上起子羅文，骨節盡變子鐵塊，兩腿盡着子鯮裙。關津渡口，蕩蕩增子千七，頭蹄四足，弗比前日介可人。面孔上乞黄鼠狼嘞子一碗血去，頭頂裏乞蛀蟲吃子半頂網巾。羅帽上生子一層油膩，羢襪上增子幾箇補丁。㩳改絹草衣裳，吊起來膀臢。南京履鞋，弗見子箇硬跟。鼻零丁打着來脚面上，癟皮蝨沿上子耳朵跟。失神失智，落頭落腦。柴米夫妻，替爾尋頭討腦；酒肉兄弟，捉爾努眼凸睛。爾只道一生一世，箇箇捉你掇臀捧屁，儸得知未曾未了，人人反面無情。今日咦思量，望望張大公子；明朝咦思量，抽抽李二官人。東家咦回子官人來外頭吃酒，西家咦回子相公還弗曾起身。渠個樣三兄四弟，受子爾多少攤州賣府，那問舍急事了，特遞替爾進去報名，直等箇遭路上相逢，趨上去要替渠唱喏。渠吃要存體面了，眼睛先看子青雲。曾記古詩説得好，『鬚出陽關無故人』。爾箇通贊生，能思量子張阿伯箇句説話，爾只道瞎賊箇爛錯，到是一箇人精傍介日脚。若要轉禍爲福，及早替我改舊從新，收拾起子爾身上脱通換通，革除挨子爾口裏箇時新喫新。下塘街上，賒兩雙客結底來爾儂新娘子扎扎；白蓮橋裏，拖兩領活冥衣來爾儂老阿媽㩳㩳。一年裏向再做介廿石米箇臘酒，教爾儂阿老來門前，和子呷生水，零碎賣來别人。好朋友有數相交幾箇，省兩箇銅錢來幹點正經。出隻手，拏倒子，拏倒子，把霍稿點箇蓋各用點心，鐸潞星促渠兩兩黄金，緊緊裏束來腰裏。我教爾做介一節絶妙箇事情，只等掛出子考取農民箇告示，乞出肉裏錢納子介一箇前程。爾來小官人行中，人道爾是退市去底，❶爾來外郎倘裏就道，爾出衆了超羣。粉底靴雙熟圓領，依舊撥來爾摇擺。三牙鬚白面孔，堪稱爾箇吏巾。爾自小聰明了弄得後

❶「去」，紅葉山文庫本作「丢」。

塲精熟，再統點工夫，學會子參詳切照，擬合不應且没算後日撥得房科好，恰只落得眼下稱呼好聽。有多少那話兒官昇子典史，有多少囝兒變子大人。弗知我張老官説得是也弗是，弗知老弟箇尊意聽也弗聽。我咦弗是在行人套子了，捉爾埋冤來里嗅爾。我咦弗是餘姚人算命了，捉箇《難經》來里騙人。只有一件大正經思量弗到，還是我老滯貨見識弗深。箇椿買賣，原弗該爾做，枉子我老娘家半日介費心，到後底撫按操巡江清軍兵備各上司衙門，有舍未完條件了起解爾去，風吹浪爾箇蕩，就要埋怨我張東谷，無星告話重新來，帶累我箇野菜餛。」

開男風曉諭

一笑子

北京外教坊蓮子衙衕，奉欽點男色長天下風齋都總管，爲選報小唱以便宦遊支應事。照得彌子奪衛宫之嬖，傳來翰苑清風；董賢分漢闔之娱，釀下瓊林别趣。豈陰陽之犯義，非男女之瀆倫。年少斯佳，標清益妙。二七以外，二八以内，正及青春；頭髮齊眉，頭髮披肩，休教白放。唇若塗朱，箇箇羡狡童中少艾；面如傅粉，人人誇才子内佳人。腰間物不諳知音，無嫌掛碍；穀道毛尚未出肉，最切精研。私下何消鑽穴踰牆，人前任取整冠納履。破體未曾經裩袴，從來潔淨；受精不成孕身才，只恁輕盈。陋死三路梳頭愚婦人，俗殺兩節穿衣蠢妮子。雅稱繡衾中朋友，絶是文房内夫妻。微用麝蘭而從容抵進，木樨花反臭爲香；多加津溜而欵曲施爲，荷包口有收無放。香背沾腦灣灣若螻，肥臀貼腹軟軟如綿。尾間粄肉柄，春幾下不輸枯樹盤根；玉柱帶皮枷，擺一回焉數隔山取火。無論僧道風流，半世全憑作妻子；試看士夫曠達，一日不可少此君。曉諭一出，仰各童人等，設遇匿年者，合令加冠；倘應出幼者，難容漏網。僅與數十皮錢，休云定慣；便包一年綺服，莫謂弘恩。兩下既已通情，一任便宜行事。或從背後插來，兩眼矇朧相地；或從面前放入，兩脚直竪向天。初起時，革去半推半就模樣；久戰後，憑做如醉如痴風麽。貪嘴小官，希圖醉飽，便是鎮日無休，也須凭几順受；貪得童子，只要錢鈔，縱然通宵不歇，自宜撫枕應承。如有抽送不及百數，祇應反已無能；甚至雲雨不消半刻，毋得推他太緊。與衆通知，各遵曉諭。

禁男風告示

一笑子

欽差振作民風，幹旋陽教，江門道清姦御史某爲禁革雞姦事。照得本院所轄地方，有等無耻惡少，慣一匿年不冠，恃貌婪財，髻挽紅絲，裙拖藍絹，兩浙有「弄苦春」之號，三吴多「撻豆腐」之名。非天使客之門子，安用以臀代毬；豈出家人之徒孫，何故將男作女。白紬褲寬繫後邊，以便作事；黄汗巾硬拴前件，惟恐人憎。傷成腹瀉，却云身上月經來；錯出丫油，自比陰中臊水發。方進而屁彈，龜頭吹塘灰之言，有所試也；既出而屎蒙，麈柄帶木樨之説，豈虚語哉。雖曰寬毬不如緊臀，實則男風損于女色。事關習染，理合作新。爲此示仰本惡除，前姑不究外。自曉諭之後，各應撫髀追痛，回首興慚。思腸胃乃藏食之區，穀道中豈容着一物；念肛門非受精之所，背皮上何堪載一人。拜下風者，終非大丈夫；屈雙膝者，不作奇男子。縱使今時無血色，恣意淫奔；管教他日有鬢眉，何顔相見。彼以腎莖入人糞門淫戲者，伏覩明條中一百之杖，既云確矣；此以糞門受人腎莖淫戲者，尚宜議欵于各杖之外，更有加焉。鞭背非刑，姑以懲俯背從人之罪；笞臀有律，再以示獻臀取辱之羞。須至示者。

山中一夕話上集　卷三

山人詞并白

吴門生

説山人，話山人，身着行衣頭戴巾，弗肯閉門家裏坐，肆多多，在土地堂裏去安身。土地菩薩看見子，連忙起身便來迎。土地道：「呸！出來我只道是同僚下降，元來到是你個些光斯欣。咦弗知是文職武職，咦弗知監生舉人，咦弗知是糧長斗級，咦弗知是總書老人，咦弗來裏作揖晝卯，咦弗來裏放告投文。耍子閧閧哩介挨肩了擦背，急逗逗介作揖了平身。轎夫個個儕做子朋友，皂隸個個儕扳子至親。帶累我土地也弗得安静，無早無晚介打户敲門，我弗知你爲傣個事幹，仔細替我説元因。」山人上前齊齊作個揖告訴：❶「我裏的的親親箇土地尊神，我哩個些人道假咦弗假，道真咦弗真，做詩咦弗會嘲風弄月，寫字咦弗會帶草連真。只因爲生意淡薄，無奈何進子法門。做買賣咦，吃個本錢缺少。要教書咦，吃個學堂難尋。要算命咦，弗曉得個五行生尅。要行醫咦，弗明白個六脉浮沉。天生子軟凍凍介一個擔輕弗得、步重弗得個肩膊；又生子百斘斘介一張説人話人、自害自身個嘴唇。算盡子個三十六策，只得投靠子個沈家裏山人。陪子多少個蹲身小坐，

❶ 《山歌》卷九無「個」字。

吃子我哩幾鏄煮酒餛飩，方纔通得一個名姓，領我見得個大大人。雖然弗指望揚名四海，且樂得榮耀一身，嚇落子幾鏄親眷，聳動子多少鄉鄰。因此上也要參參見佛，弗是我哩無事入公門。」土地聽得個班説話，就連聲罵道：「個些寫説個猢猻，你也忒殺膽大！你也忒殺惡心！廉恥咦介掃地，鑽刺咦介通神。我見你一匋進一匋出，袖子裏常有手本，一個上一個落，口裏常説個人情。也有時節詐別人酒食，也有時節騙子白金。硬子嘴丫了説道恤孤了仗義，曲子肚腸了説道表兄了舍親。做子幾鏄腰頭傴僂，難道只要鬧熱個門庭？你個樣瞞心昧己，那瞞得灶界六神。若還弗信，待我唱隻《駐雲飛》來你聽聽：『笑殺山人，終日忙忙着處跟。頭戴無些正，全靠虛幫襯。嗏！口裏滴溜清，心腸墨錠。八句歪詩，嘗搭公文進。今日胥門接某大人，明日閶門送某大人。』」山人聽子冷汗淋身，便道土地忒殺顯靈。大家向前討介一卦，看道阿能勾到底太平，先前得子一個聖笤，以後再打子兩個翻身。土地説道：「在前還有青龍上卦，去後只怕白虎纏身。你也弗消求神請佛，你也弗消得去告斗禳星，也弗消得念三官寶誥，也弗消得念救苦真經，我只勸你得放手時須放手，得饒人處且饒人。」

真若虛傳

教學生

濠城有先生真姓者，名實，字若虛，別號竹心。少年業舉子，遊黌校，好俠，多盍簪，頗有季良之風。然性拙且疎嬾，往往輕施，見逋于人。值數奇，中途遭蹶，繼有回禄之變。家遂落，親友無可附者，乃訓蒙，爲糊口計，時年半百矣。嘗作一詩以寄慨云：「衰年底事入書囚，贏得蕭蕭兩鬢秋。名利盡成蕉下鹿，生涯何異雨中漚。蔦蘿落落情難繫，禾黍離離恨未休。回首桑榆猶未晚，不妨再整舊風流。」其爲師也，不外飾，不徼名，不事宴遊，事以稱食，務期無愧於心。如煨榾柮，無爇地燒天之焰，雖歲杪猶夫春初，一有恒而已。先生喜博識洽聞，但性耿介不容物，語心術則若重門之洞開焉，以故每見禮於士君子，而不滿於匪人。先生亦初不以爲意也，鷦鷯一枝，鼴鼠自飽，屢空若懸罄然，先生則怡然自得。暇則託諸吟咏以自娱，曾有「夕陽回首連錐盡，一點靈臺自有天」之句，亦不自知其爲貧也。一日有感，嘗作一詩以自嘲，曰：「二三童子苦相依，鳥入樊籠不得飛。精力一生徒自費，修儀卒歲亦云微。盤中苜蓿常時見，門外風光總不知。世上萬般皆上品，看來只有訓蒙低。」節届清明，出郊散步，見花柳爭妍，禽鳥和鳴，陡覺興盡日書囚之感。偶見二童子肩挑野菜，行歌互答，先生嘆曰：「吾弗如也。」口占一律云：「花雨初晴淡淡風，尋芳曳杖畫橋東。韶華幾度塵囂裏，事業平生煨燼中。舉目忽驚春水緑，傷心忍覩夕陽紅。年來兩足多骨索，爭似行歌賣菜傭。」前望曲堤流水，半掩柴扉，有一美人，輕盈弱質，俊雅芳姿，倚門而望焉。先生至，則迎拜之曰：「相公何來？」若素相識者。先生正不知其故，詢之乃一妓者，姓何名韞玉，遂邀入蘭房。粉飾極其精麗，圖書四壁，皆名公筆也。先之以苦茗，繼之以香醪，饌羞具且甘旨。締觀之温潤而栗然，可愛可親，不啻劉阮之入天台也。先生贈之以詩云：「流水橋西半掩扉，有人如玉自含輝。笑看明月爲歌扇，醉倚閒雲作舞衣。金谷潛隨珠比緑，昭陽不與燕爭飛。懸知善價還須待，此日何妨識者稀。」與之論談，且深諳文墨。先生羨曰：「人生世間如輕塵弱草，不過欲圖快樂耳。如卿者，朝寒食，夜元宵，一生受用不盡。」韞玉愀然答曰：「儂家道路下賤不必言，然非巧言令色不足以動人，非貪昧隱忍不足以容人，非隨波逐流則亦不足以羈縻人。吾性質直，每與此相反，是以不免鞍馬冷落耳。」先生首肯者數四，嘆曰：「何其言之曲而中若此哉！」因賦一詩以自遣曰：「自分荒齋一角巾，也於佳節作遊人。闌情月上河橋柳，拂面風來紫陌塵。白髮何妨悲蹇拙，紅顔却亦嘆沉淪。天涯流落知多少，司馬青衫濕淚痕。」韞玉始知先生乃爲先生者，訝曰：「吾聞爲師者，開絳帳坐臯比，立雪坐春風者，敬之若神，今胡爲乎發此嘆也？」先生曰：「不然。師有大小，時有遇不遇，余豈若是儔哉？余惟集左右生徒數十輩，内多幼小無知、冥頑不靈者。《記》曰：『善學者，師逸而功倍。不善學者，師勤而功半。』功倍者不以爲多，功半者輒以爲少。莫知子惡，而亦不自揆其既廩之不稱也。」韞玉曰：「如公言，何不舍之而他適耶？」先生又以内顧爲憂，不能涉遠爲辭。韞玉亦作一詩以慰之云：「伏生垂白尚窮經，芸館優游莫厭清。俗子胸中三窟計，達人身外一毛輕。借巢鳩亦常嫌拙，近寺人多弗重僧。君去思君應不少，當年何武未知名。」先生改容謝之，相與携手同行，遥望前溪。忽見畫船簫鼓泊於緑柳陰中，一人冠裳甚偉，縱步前來，適值先生且喜且愕，乃與先生同筆硯者，姓白名造，號空菴，作倅饒州而回。先生與敘寒暖，洗盞更酌，因備述感傷之故。空菴曰：「天下事卒多類此，吾以直道不容於時，故有此歸耳。」亦賦一律云：「灰心不復羨浮雲，解組歸來日未曛。自分國謀非肉食，由來身累嘆紅裙。交情久爲風塵隔，邂逅相親笑語温。薄有硯田君莫訝，行看桃李遍河汾。」先生笑曰：「只恐荆棘多，桃李不能長耳。」坐中咸爲之撫掌。又有一人乃空菴内弟，隨伴而來者，嘆曰：「有是哉！子之言也。吾乃接商者流耳，客有尊卑，貨有美惡，每將高以就低，吞聲而忍氣，稍有不順，則將轉而之他矣。」先生默然者久之，又曰：「余未館時，嘗靜養僧房，閒遊道院，慕其清逸絶塵。僉曰：『公殆未之知乎！出家人清苦莫甚，且非小心謹慎，不足以安其身。』自今觀之，清苦同而逍遥拘束不同，小心同而幽閒煩劇不同，謹慎同而一安樂一受氣又爲不同。爲僧道者，所謂出家在家；❶爲師者，所謂在家出家者乎！」空菴嘆曰：「如子言，信知天下事不平者不少也。」先生又口占一絶句云：「乘暇携笻一賞春，相逢盡是不平人。浮雲世事多翻覆，一笑何須認假真。」吟罷屈伸一覺，乃是一塲春夢，東方既白矣，先生笑曰：「茲非晝之所爲有感而然乎！」霍索披衣，仍入

❶「在」字底本空缺，據紅葉山文庫本補。

書館，甘心無悔焉。庭前植佳卉數種，可爲玩物適情之一助。至晚，生徒散去，主人進酒夜坐，先生三杯後又成一律，朗吟曰：「日把詩書訓爾曹，中心樂此不爲勞。閒來庭下怡佳卉，興到牕前賦綵毫。自揆此生無俗累，更多向晚有香醪。農工商賈皆辛苦，還算教書一着高。」

屈屈賦

啓蒙子

屈屈復屈屈，仰天難訴乖造物。人皆讀書遂榮顯，我何讀書成抑鬱？嘆息青春十八時，努力好教書與詩。初心爭謂教書好，我何教書無盡期？百歲光陰能幾何，在家日少離家多。春初倏忽赴東館，歲暮欲歸成蹉跎。今年已過復明年，冷凳青氊皆坐穿。寂寥一飯小牕下，冷淡三盃孤燈前。先生道學徒自尊，主人供膳何曾聞。但願先生不飲酒，再願先生不茹葷。❶先生更莫出門走，出門又恐逢親友。友人不覺尋訪來，欲見主人如泄柳。先生只得坐憂悶，不想虛名依本分。有時散步舒精神，本分反爲輕薄人。愚頑之子功難成，晨昏費盡千萬情。河東獅子反不足，撫兒隔壁高聲爭。先生一日纔放寬，主人責備無交歡。鴻門豈惜白玉斗，大市欲掛平天冠。主人自此無相容，先生跼蹐須下功。一經授人如敝屣，遺子黃金難開封。物薄禮輕微束脩，受之便作無罪囚。鳥不高飛遽入籠，魚不遠躍輕吞鈎。束脩況復多虛花，粃穀腐米如丹砂。輸官償債兩無用，此物如何得養家？先生此屈何可當，天覆地載空昂昂。青天萬里在何處，十年空對槐花黃。白雲滿目鴈南飛，青山落日子規啼。高堂白髮望甘旨，室內空遺桃李姿。七情不許隨我身，五味

❶「葷」，底本作「暈」，據申報館本改。

雖憶由他人。誰能問我接淅行？誰能問我居擇鄰？男兒讀書當富貴，富貴不來須自致。良辰美景夢中過，賞心樂事愁裏度。問君有才既有德，可攀龍鱗舞鳳翼。麒麟高閣圖功臣，黄金置閣延上客。問君無德既無才，爾可田園歸去來。白雲空谷桂花香，秋風江上芙蓉開。問君二者既不爲，囊琴匣劍將何之？川源遠近皆可樂，漁樵耕牧隨所宜。漁者無榮亦無辱，日日扁舟共妻子。得魚換酒醉復醒，欸乃一聲多不理。樵者無憂安與危，利斧曉出行歌歸。未雪先防隱薜蘿，迎暄已得眠茆廬。農人有事在南畝，耕饁朝朝兩夫婦。養子教孫衣食足，頭白何曾識官府。牧童有樂人不識，卧牛背上由朝夕。南村北村烟雨歌，三聲兩聲風月笛。漁樵耕牧俱有樂，不在天禄不在爵。早知教書反不如，絳帳皋比永忘却。反思祖宗有薄田，簞瓢陋巷三四椽。❶布衣饘粥尚消遣，一家骨肉常團圞。先生先生王先生，可憐三十名未成。床頭金盡多憔悴，風簷寸晷難爲情。東君東君如若識，先生素抱榮華質。鸞鳳固非荆棘棲，蛟龍豈是池中物？屈屈歌，寫不盡兮情何多，街頭一時紙價貴，墨池蘸盡春水波。君不見鍾子期相逢遲，高山流水憑誰知？又不見孟嘗君，天下賓客徒紛紛。先生就此爲君别，收拾清風與明月。誰能聽我彈鋏歌？吾輩豈是蓬蒿列。

長恨歌❷

姚江老人

月啓更殘，漏聲斷續，萬事驚心眠不熟，仰面望天天未明，側耳聽雞雞正宿。舊愁新悶不可禁，起剔銀

❶「簞」，底本作「箪」，據申報館本改。
❷目録原作「長恨賦」。

缸訴衷曲。少年胸襟天地寬，精神志慮超凡俗。百工技藝不屑爲，萬卷詩書勤苦讀。讀書望登天子堂，豈知讀書成勞碌。數年流落江湖中，江湖世事多蕭索。一身去住由主人，三飡茶飯由奴僕。寂眠孤枕夢魂寒，冷落書齋形影獨。放蕩猶恐玷儒風，常把身心自檢束。身如無罪囚，落在無罪獄。利覓蠅頭不可言，弟子愚頑難教育。幼者年方十二三，長者年已十五六。未識讀書滋味深，一心思要顧鴻鵠。拘縛矩度嚴，護短不容加鞭朴；撫育少功程，又責先生才不足。此情此苦訴與誰？長歎一聲自藏蓄。我思家有數畝田，勤耕可以供飦粥。我思家有數株桑，養蠶可以供衣服。牆東有枝和靖梅，雪裏花開香馥郁。堦前數莖濂溪草，雨中葉茂齊腰緑。池中可養化龍魚，庭前可栽栖鳳竹。既有一所舊書房，又有數間茆草屋。堂上有親壽可祝，室中有女顔如玉。愁來酒一壺，閒來棊一局。坐卧得自由，進退無拘束。散散誕誕過一生，何必衣紫腰金食天禄。嗟我功名心性酷，飄然未肯退林麓。丈夫有志事竟成，窮途何必吞聲哭。大舜未登庸，深山伴麋鹿。蘇秦未封侯，曾受妻嫂辱。我有志冲天，我有書滿腹。文章壓倒吕東萊，詩才不讓黄山谷。啄啄獸中麟，琅琅石中璞。海底神龍不久潛，廐中良馬豈常伏。嘗聞韓吕儔，出入更爲僕。又聞百里奚，將身自秦鬻。馮驩長鋏不須彈，郭隗之屋終日築。我歎長歌非口才，吐出胸中愁萬斛。興來揮筆寫長歌，書盡如天紙一幅。長歌賦罷膽氣豪，叮嚀重爲主人囑。主人聽我囑叮嚀，世事如碁如轉軸。冷地傳臚報一聲，天下英才皆刮目。

捲堂文

蒙求子

學以治生爲先，不可無謀食之計；師以淑人爲貴，尤當嚴衛道之防。慨自世降而風微，遂致道衰而日甚。倚門糊口，效彈鋏之馮驩；寄食資身，同垂釣之韓信。一金雖甚薄，俛首於濁富之門；百里敢辭勞，委身於不親之地。視生徒猶骨肉，遂棄子與抛妻；以館舍爲福堂，遽離鄉而背井。去時動經累月，不道歸遲；來時未及半旬，却嫌久滯。無枷無鎖，實爲自在之囚；不啞不聾，化作痴呆之漢。巧其言，善其色，獻諂何異於卑微；禁則止，令則行，奉命實同於輕賤。東人事機渾未解，遽稱爲聖爲賢；書生文理但粗通，包渠發魁發解。習成便佞，巧裝百樣温存；抖出寒酸，盡露千般醜態。毛錐將安用，直須曲意狗人；文章難撩饑，❶只得垂頭喪氣。事非由我，辜負雪月風花；身屬他人，受盡醎酸冷淡。幽暗岩崖生鬼魅，燈火未來時；淒涼境界憶家鄉，書生歸去後。❷濃霜染鬢，❸韶華多向苦中過；烈火燒心，家事盡從忙裏辦。雖春花爛熳，何從金谷遨遊；秋月光輝，無暇瓊樓賞翫。炎威似火宜逃暑，❹偏説道心定自然凉；冷氣如冰當向火，却教我冷來休要動。他惱時，言語不遜，没奈何忍耻含羞；我餒時，茶飯未來，只得擔饑受餓。七情未得從吾願，十年只替别人忙。行坐皆在人前，分明是上賓模樣；志氣落于人後，其實是末等生涯。總然覓得一兩五錢，怎補得千倉百空？徒使斯文掃地，豈知富貴在天。幾番欲發憤辭歸，受不過儒家清淡；若待要屈志且留，當不得客館淒凉。捱止歲終時候，益增悽慘情懷。館童落落似朝星，半明半滅；門弟悠悠如夏燕，自去自來。向闈房樂爾妻孥，那管你黄昏獨坐；拉賓朋儐爾籩豆，豈念我終夜孤眠。誰人效立雪楊游，何處尋浴沂童冠？雨灑書牕聲淅瀝，打破歸心；風吹紙帳影翩翻，驚回旅夢。算功課論長説短，欲訴

❶「撩」，《堅瓠集》十集卷三作「療」。
❷「鄉」「書」二字底本空缺，據紅葉山文庫本補。
❸「霜」字底本殘損，據紅葉山文庫本補。
❹「威」字底本殘損，據紅葉山文庫本補。

無門；討束脩指東話西，要歸不得。反不如操瓢丐者，乞餘墦郭没憂愁；怎學得捧鉢道人，笑傲烟霞無管束。農工商賈莫非人，奚必教書爲業？城市鄉村皆有利，何須處館營生？戴天履地真男子，不思展驥足，千里馳驅；博古通今大丈夫，爲甚戀蠅頭，一生籠絡。從今奮翼，定令飛過愁山。及早回頭，還好脱離苦海。撥開雲霧超凡界，再覩青天；剖破藩籬即大家，安行坦道。且去乘龍朝帝闕，莫教騎馬傍人門。勉作捲堂之文，永白處館之戒。

村學先生自敘

青氈生

利欲驅人萬火雞，世途擾擾幾歡悲。謾言富貴書生分，誰解青袍悮老儒？小子不是别人，乃是村學堂中一個先生是也。每憶少年時，通今博古，焚膏繼晷。腮前勤苦十年餘，學成文武藝。幾向棘闈，酣征鏖戰，龍門點額暴腮，爭奈命途多舛，時運不齊，避曲江之車塵，無長門之際會。因此上田園廢盡，身口不支，正是空餘文字三千卷，一字何曾療得饑。農焉而勞之不任，商焉而財之無資，工焉而巧之不素，丐焉而面之無皮。徬徨三思，不知所之。記得古人有句話，「財主敗落便教書」。噫嘘嚱！師道之來久矣。你看那孔仲尼立數仞門牆，開儒宗於春秋之際；孟子負巖巖氣象，演道學於戰國之時。河汾説教者文中子，斗山瞻仰者韓退之，以至歐、蘇、吴、邵，及乎周、程、張、朱，浚洙泗之源流，廣伊洛之支裔。師道尊，斯文熾，真足以啓天下之仰慕，俾學者之依歸。道學之盛，於茲極矣！嗚呼！物隆則替，器滿則欹，天下之常理。你看那教化日降日下，風俗日澆日漓，吾輩既非前輩，今時又非古時，福被古人收去，今人是還債的東西。小子村學堂中坐了幾載，其中滋味，果是孤恓。人誰無父母？父母如天地。我的父母，倚盡了王氏的門廬。人誰無兄弟？兄弟本同氣。我的兄弟，冷落了姜家的布被。嬌嬌嫡嫡，❶恩愛的夫妻，半拋半離，長夜守着空空的帳子；兒兒肉肉，親生的男女，無倚無依，鎮日看那白白的庭闈。自家日常看着幾個書生，羈羈絆絆，與犯罪囚徒無異；年終筭着幾担束脩，多多少少，與顧工常行不殊。吃了無數的冷冷熱熱那飯碗，奈了幾多酸酸澁澁那酒巵。接人家親友，小小心心，猶恐怠慢了賓客；叫人家奴婢，哥哥嫂嫂，猶恐忡撞了那厮。❷開口教書，人便拾着句讀；動手改課，人又議着高低。記問偶不到，村夫也要盤倒；奇字倘不識，小子也索吃虧。又有一般難處的事務，正是擔輕又不得，步重又難支。課少了主人嫌懶惰，功多了弟子道難爲。有一箇苦切的時節，正是書生歸去後，燈火未來時，冷冷清清無人管待，昏昏黑黑獨自支離。有一個主人，膠柱鼓瑟，棋不用着，詩不許題，庭無花卉作樣，架無經史做媒。誰管你神疲意倦，誰管你晝永夜遲。好苦也！教我怎消遣過得日兒。有一個娘子，清奇古怪，茶又故晏，飯又故遲，座上青氊既薄，爐中獸炭更希。誰知你身寒脚冷，誰知你口渴肚饑。好苦也！交我怎熬煎過得夜兒。有一等學生，强頭掘腦，教東做西，無廉無耻，説是説非，人家内眷又護痛，東道又不知。雖有朴作教刑，交我也難施。身子裏好似嚴姑手裏無緣的媳婦，踽踽凉凉，拘拘束束，一星星要循規矩。又似晚母身邊失愛的孩兒，孤孤悽悽，怯怯虚虚，半點兒不敢差遲。有所言必議之而後言，誰許你亂嘈亂雜。有所動必擬之而後動，誰許你胡做胡爲。步履必安詳，居處必正静，誰許你懈懈怠怠。衣冠必肅整，容貌必端莊，誰許你離離披披。茶肆酒肆，昔日那慷慨高情，到此來滿將拋棄；偷香竊玉，少年的風流狂態，從今後一筆拘除。學兩分痴呆，纔可諞人歡喜；執一味

❶「嫡嫡」，各本同，據文意當作「滴滴」。
❷「忡」，紅葉山文庫本作「抻」。

勤緊，方得免人淹咨。師弟之禮甚嚴，不可一日放曠；賓主之間不易，能保一世歡娛。且是那春三二月，山青水緑，孰不提着壺，挐着榼，酬着佳期？我獨守其空齋，只落得昏昏悶悶。秋九八月，更長漏永，孰不扱着妻，挽着兒，❶卒着殘歲？我獨拳其空床，無奈何縮縮悽悽。大六月内暑鑠金，也須要戴着帽，披着衣，穿着那布褲子，管着那暑襪兒，熱烘烘誰知，淹得我肌膚酸臭。怎能勾得浴乎沂，風乎舞雩，三嘆咏歸？十二寒頭凍折膠，也須要把着筆，描着硃，坐着那冷板凳，踏着那冷地皮，陰冰冰誰知，凍得我鼻涕淋漓。怎能勾烹黄雞，酌村醅，醉倒玉山頹。千般苦，萬般悲，小子非是不知業在其中矣，❷可憐這村學堂裏埋没了多少高才的漢子，枉屈了多少絶學的男兒。苟有丈夫之志氣者，豈可依依於斯？寄語天涯海角青氈客，子規聲裏自深思。

皂羅袍帶排歌

枉了通經博史，可堪的家廢。只索教書，爲因些少飯和衣，無端牕下閑愁氣。也曾每食設醴，也曾彈鋏無魚，也曾東南盡籌，也曾桃李乖違。甘酸苦澁俱嘗至。合。寒共暑，飽共饑，自家心事自家知。言與行，動與移，受人拘束受人虧。

旅食朱門甲第，未能勾願脱。只索到底，雖然名分是賓師，也須步步循規矩。何曾懽歌沉醉，何曾舞劍

❶「兒」，底本作「見」，據紅葉山文庫本改。

❷「不知」二字底本殘損，據紅葉山文庫本補。

敲棋，何曾樗蒲博戲，何曾寫畫題詩。風花雪月俱拋棄。合。寒共暑，飽共饑，自家心事自家知。言與行，動與移，受人拘束受人虧。

嗟嗟說

嗟嗟勢利徒，方寸勞且拙。會見勢利人，疾忙聚情節。脅肩并諂笑，奴顏與婢膝。次日即踵門，摅然下請帖。掃舍潔豆觴，斗膽莫見却。依期幸寵臨，震驚如霹靂。梨園倩一夥，獨卓盛排列。湯饌親進承，奔走如電掣。搬得半本戲，顯者欲返轍。兩手若張網，甜言有換席。强邀復進坐，歡喜動聲色，子弟頻勸酬，只少出妻妾。酒闌無不散，計窮心未愜。喃喃道乏殺，喋喋云簡褻。隨行到乘輿，猶自不忍別。作揖袖雷垠，打躬肩過脖。回身覺困倦，卧房少安息。終夜不成眠，專等五更撤。❶鷄鳴即抽身，逢人便誇說。某科某舉人，是我好相識。某科某進士，是我久交結。忽朝遇諸途，不勝其斛觫。衣裳抖一抖，巾帽捺一捺。緊緊叉雙手，匆匆站街側。因他問一聲，鞠躬不敢直。見他手一拱，額頭着地貼。風聞些小事，流水送盤盒。倘或遇親喪，絲銀折幣帛。百慮更千思，猛省一妙訣。鑽求好心腹，婉欵通媒妁。容男拜下風，聘金先三百。容女侍衾枕，妝貲盈箱篋。無論假和真，那管疎與戚。何嫌被紙糊，但愿忝眷末。八節及四時，奇新美品物。走讚或那移，惟命罔敢逆。偃蹇遭官非，倚仗爲泰岳。好的存體面，愴惶探消息。下筆正修書，沉吟挑不得。必須幫一箇，這是小拆拽。歹的起花頭，也與問顛末。方纔講得過，摇首嘆週趄。除非親去見，欲言

❶「撤」，各本同，據文意當作「徹」。

又自訥。更或辭不諧，必須現豁豁。歸取孔方兄，將來乞笑納。轎飯悉乾賫，僕從要加一。今日細追思，往事空跋踄。費錢不救急，買得名尺蠖。嗟嗟我何如，看破爲豪傑。

幫閒賦

司風使者

咄嗟！世道寢衰，時事變易。舉世好奉，斯人獻諛。豈料遊手遊食閒徒，竟是坑人溺人厭物。脱空爲業，奸詐萬端。弄俏爲生，曖昧百出。方相扳爲從叔，豐邑認爲祖基。借居不過一間寒舍，道連數巷；墳地毫無半畝薄田，説跨幾鄉。蹴爾乞人不屑，彼固恬然；蹲爾行道勿受，渠則安矣。乍會間小心惟恐不及，久處後狡猾漸覺有餘。鷞鴿子，旺邊飛，比方切當；坑缸蟲，鬧裏鑽，譬喻精詳。捧屁掇臀，酷似擲梭之鳥；捋鬚餂嘴，儼如竊食之猫。自暮及朝，吃的這七件，都非己物；從頭至踵，穿的那一樁，出自本貲？掠美市恩，相知間開開懷，飲壺酒；借花獻佛，舍親處歇歇脚，待杯茶。賃領闊襬單衣，强裝飄逸；借頂稀駿長帽，恍學時新。肩項本平，故意竦高三寸；額頭非磡，闞。動輒踵銃。前幾分。一味露天人情，獨行着水官話。調書袋爲飽學，打市語爲奇談。撒漫則曰夥家人，擴充則曰店裏貨。叫混名，忙應不敢不敢；施長揖，連謝夜來夜來。順人機，妙妙妙，呵呵拍手；迎人意，是是是，嘖嘖顛頭。止沸轉添薪，這壁廂火燒熱竈；墮井復下石，那壁廂冷語冰人。好氣質，老趣徒，愛云則愛；蠢東西，真滯貨，憎云則憎。劈面勾人笑容，撲堆着巧笑、冷笑、强笑，千般笑；回頭伺人愁臉，頓翻作新愁、舊愁、閒愁，一片愁。潘安貌，司馬風流，贊得人心快；子建才，石崇富貴，騁得人名高。捨命叨陪，竟晨昏愈加精采；要功彳亍，大寒暑敢惜勤勞。綽轎執鞭，曰：「我小人自當承受。」揩檯抹筯，云：「大叔每不勞動煩。」食必先嘗，揀精肥種種色色；衣得無薄，問寒暖雨雨風風。狗吠雞鳴，樽俎上無般不至；礐聲鳥氣，斯文前靡所不爲。繃鬼臉，弄神通，拗曲作直；咬大指，伸長舌，搬是掠非。和戲子謳歌，腔調扇底；伴娼家擺瀏，紙製袖中。妻妾怪顯者不來，道正是忘形結納；路傍詫那人何往，矜不瞞知己見招。朝事無關，寫説南北官員，誰陞誰降；字義罔曉，浪評唐宋書畫，某假某真。出口雌黄，潛攪破一團和氣；撑胸矛戟，穩包藏滿面春風。閒時指東話西，臨境移南換北。任傍人排比，佯托痴聾；與同輩爭光，竭其掗把。生人前曬眼，我怕誰，我仗誰，希罕誰；私地裏結交，我吃你，我着你，全靠你。揷金鐘，綽摸些閒頭腦；趺竹碗，勒揹些小便宜。受賄賂，暗詭寄些田産；會僂儸，强把持些行市。説事過付，往往開私門，釘鬼門；立契作中，每每伸後脚，拆壁脚。起發件骨董，駕言小女喜歡；頂獻枰肥鮮，定道山妻饆饠。訊其經紀，舉手加額，仰靠龍天；問及闈闈，齲齒摧肩，託賴洪福。打聽幾家新妓，極稱蘇小之嬌；尋綽一箇圉童，備道宋公之美。千攛掇，萬攛掇，陪走一遭；你贊襄，我贊襄，請來一會。打鰥鋪，聽梆聲，心扶曳曳；説真方，賣假藥，嘴薄囂囂。吃盡泰山，剛腸似鐵；味縮。乾腦髓，利口如刀。良家子弟，爲彼傾囊，見不得六親骨肉；遠路客商，因他折鈔，還不得千里家鄉。風裏絮畢竟沾泥，鏡中花如何結果？猛見利盡交疎，一時星散；可憐人窮智短，百憂蝟生。畫餅不充饑，望梅徒止渴。蚤虱故相惹，蚊蝸能相親。妻蓬頭，子垢面，無復人形；瘡遍體，病纏身，埋冤狗命。冷蕭蕭籬攤壁倒，難支持門户伶俜；極離離舊襪破鞋，聊粤補身材狼狽。竊取東鄰子昂帖，換得米幾升；拐來西舍右軍書，抵得柴幾束。某老某老，誰復使人來？幾官幾官，無心念君矣！回視曩昔，殊覺差池。舊情付與東逝波，新詞聽唱《西江月》：

笑我一生土苴，囉鲊。博來半世紛華。舌耕强似種桑麻，風月趂人瀟灑。嘆自豪門失脚，難禁陋巷啼鴉。❶

❶「鴉」字底本空缺，據紅葉山文庫本補。

妻兒哼嗯趙枝花，只磨清寥鼇寡。

賭博賦❶

覺迷迂叟

有志之士，惟親簡編。無籍之徒，專事賭錢。圓若骰盆，靜極而方。方若骰子，動極而圓。紅四絢爛，金么鮮妍。錢財盈諸袖裏，籌馬堆于案前。❷習之者如醉如夢，愛之者如痴如癲。引類呼朋，如鴿鷉之喚友；貪前失後，如螳螂之捕蟬。六塊臭狗骨頭兮，玩之如白璧；一幅破蒲席段兮，臨之如綺筵。雙目轉動兮，如兔如鶻；寸心狠毒兮，如狼如鸇。夏日炎炎兮，或終朝而廢食；寒風烈烈兮，或徹夜而忘眠。坐處豈分于高下，來時不論乎後先。街市小人，每齊行而並列；屠沽下賤，咸執袂而拍肩。一擲二擲兮，奚啻數十？三開四開兮，直至百千！口則呼盧而同喝噪，手學坐六而不輕便。雙足冷如水濕，一心熱似火燃。幸或一勝兮，如遊蓬島。片時閑暇兮，若坐針氈。此乃牧豬奴之戲，殊非成家子之緣。孰云劉毅之曠達，安得袁耽之精專。或技藝之輩兮，終身喪其職業；或賈肆之兒兮，何心坐于市廛。豪客奢迷，亦易盡千金之產；富翁放縱，也難留數頃之田。矧輸財之速兮，何異瞬目；嘆反本之難兮，誠若升天。走入場內，便需茶索酒；回到家中，乃斷火絶烟。妻號寒于臘日，子啼饑于豐年。徒能向惡，安肯親賢。一被博徒之蠱惑，如遭痼疾之纏綿。有錢費之殆盡，無藥療之可痊。若偶出而邂逅，即到處而流連。非假他人之課債，即竊妻

❶「博」，底本作「賻」，據目録改。本篇「博」字同。

❷「堆」，底本作「推」，據申報館本改。

子之釵鈿。或貫鈔之爭差兮，遂成反面；苟分文之較計兮，便欲揮拳。晝則神魂之飛蕩，夜則夢寐之倒顛。每侵晨而早出，至薄暮而未還。使老母倚門盻望兮，愁懷慼慼；嬌妻守室躊躇兮，憂心懸懸。上焉負教育之恩義，下焉乖伉儷之嬋娟。論生意兮，連年杜絶；詢家計兮，逐日遷延。看其行止兮，誠不足齒；見其窘迫兮，又何足憐。刑律禁之而弗畏，父兄詔之而不悛。廉耻喪之盡矣，禮義曷嘗有焉？醜行人人而憎嫉，惡名處處而流傳。有子而誰與匹配？無妻而誰結姻婭？卒致一生之貧困，永爲百歲之迍邅。不耕而無粟可爨，不織而無衣可穿。篷門挂薦，敗壁無磚，居食恒遭乎缺乏，性命亦難乎保全。千般苦楚，萬種憂煎，問何爲而至此？因賭博而使然。達人君子，幸監斯篇。

訟師賦

覺迷迂叟

世道衰而爭端起，刁風盛而訟師出。横以虎狼之心，戀以溝壑之欲。靠利口爲活計，無田而農；倚刀筆作生涯，無本而殖。鬨人爭，痛心激忿；揚人惡，刺骨摭誣。媒孽事端，妄相告訐。聯聚朋黨，互計舞文。閥閱婚姻，却被他交搆一番，遂違秦晉之好；公平田土，怎禁他調弄百出，便興鼠雀之詞。搬鬭兩下相爭，則證事指時，捏就打傷人命；離間同氣失好，則以虛爲實，裝成罟占家私。❶ 最怕太平，惟喜多事。寫呈講價，論事體之重輕；做狀索錢，看機宜之大小。或起稿於草紙，纔録過紛紛扯碎，以滅其踪；或草創於白牌，一謄完急急洗去，以泯其迹。價高者百般裝艷，務求聳動乎官府；價輕者一味平淡，那管埋没了事情。

❶「占」，底本作「古」，據紅葉山文庫本改。

顛倒是非，飛片紙能喪數人之命；變亂黑白，造一言可破千金之家。脱值燕閒，輒思釁禍。撈得浮浪尸首，奇貨可居；緝着詭寄田糧，詐袋在此。結識得將危的大盜，囑他攀扯冤家，密密裏暗栽大罪；畜養箇久病的老兒，攙渠跌詐富室，白白地結起深冤。設使對理，則挽硬幫見証，將無作有；假令講和，則傾低銀首飾，弄假成真。律條指掌可陳，誥令隨口而出。奸富訟興公室，盛價聘致私堂。茶罷開言，即鼓掌而歡笑曰：「老翁高見，甚妙甚妙！吾輩真個不及。」酒闌定計，乃側首而沉吟曰：「學生愚意，這等這等，執事以爲何如？」弄兵刃於尖唇，伏機鋒於秃管。以院司爲衣鉢，陸地生波；藉府縣爲囮媒，青天掣電。倚門賣術，常重富而輕貧；踵市獻籌，惟害人而利己。朝來利在於趙，乃附趙以斃錢；晚上利在於錢，復向錢以背趙。操縱如提木偶，反覆若弄嬰兒。又能餂李客之言，送於張氏之耳；復探張氏之説，悦乎李客之心。及其彼此搆讐，原被結訟，因而挽攬行財，於中侵尅使用。剛傑之輩，希圖決勝，則進囑托之謀，説事處往往各半均分；愚弱之徒，但欲苟安，則獻買和之策，交財時每每十而取七。乘打點市恩皂快，趂請求結好吏書。甚者官府未審而供稿已成，對理未經而罪名先定。倘然幸勝，則曰「非人力不至於此」。偶爾問輸，則曰「使神通其如命何」。奸邪未伸，狡猾復肆。或造不根謗帖，遍傳四處，以爲中傷之階。或捏無影訪單，計聞上官，以賈滔天之禍。卒致報復相尋，家不可保；冤仇世結，身亦難容。妻怨嘆於房幃，貽恨罔極；子放蕩於閭里，流禍無窮。彼方踞華屋，被文繡，猶懷虎視之心。孰敢批龍鱗，撩虎鬚，聲彼通天之惡。境内畏同蛇蝎，便是窩贓賍，鑄私錢，相戒閉口；里中敬如鄉宦，因而結婚姻，勤讌會，始得安身。至於惡貫既盈，法網難遁，或徒三年，或徒五年，未幾計挾驛官，無奈放回故土。故問充軍，或問爲民，中途威脅解子，只得隨還本鄉。故欲興仁俗，教唆之律宜嚴；若挽頹風，珥筆之流當逐。謹臨風而作賦，冀電覽而留神。

夜兒傳

王禮

兵興荆楚沔爲藪，户口十餘萬，富積寶貨，男子從征戍，家居者率婦女嫗婢也。有皮工蔡姓者，出陰計，縫虎皮爲衣，手足着銅距長二寸許。遇夜匍匐而行，若真虎也。踰垣牆破門關，婦人女子悉駭怖竄逸。惟身之不免是憂，牲畜無論矣。即奇貨重寶盡委之，惴惴不敢喘視，以爲神虎也。一郡相謂曰：「今之財物非悖致者乎？皇天降罰，因是孽而喪耶，不然何出入不常？」莫能逐也，蔡繇是日富，盡穽其有於床下，凡三歲不敗。鄰有袁氏者，家惟妾三人。一日刺豕，蔡市肉不得，怒，夜蒙虎皮入其室，衆妾遁。頃之，其一妾謂其二人曰：「恐虎去而不畏者踵入吾室，將盡吾有也。吾冒死以覘之，緩急汝吾助。」遂潛往，伺于室之奥。俄而虎復入，人立四顧，取虎所不取者。妾抱持之大嗷，虎抉其面躑其脛。妾察有異，抱持之愈緊，嘑二妾，二妾嘑四鄰，四鄰集。蔡憂弗免，褪其皮逃去，腰以下未及褪也。妾以皮聞諸官，官命大索得之，掘蔡穽室得虎皮半截驗之。令籍其家，坐其孥，梟其首於市。君子曰：「世之肆貪暴以戕害人者，蓋白晝之於菟也。蒙其皮爲姦於昏夜者，彼知僇之。身爲於菟於白晝而弗知已者，又將誰僇耶？殆袁妾之未遇耳。世之畏威俯伏，寧韲粉其身而不思除其姦者，何智力不妾婦若也！」

山中一夕話上集　卷四

麯蘖生傳

林金

麯蘖生，姓粱氏，名旨，字美之，醉鄉沈酣里人。其始祖名清，居崑崙黄河源九曲瀨。生玄，黄帝時，爲宗廟大禮使，以和洽神人功封合歡伯。玄生醴，襲爵，當帝嚳及堯時，累遷中獻大夫。醴生醇，性頗醇，能近世味，舜代棄爵遊民間，娶麯氏，乃自九曲遷居醉鄉。生旨，旨因自託於母姓，號麯蘖生云。生少而冲淡，善和釀，醖藉停蓄，雅有醇質。及長，遊磁州，歷周洛鶉火之墟，遂變易初性。或醇或暴，隨物變遷，善逢迎人意。人見之，輒與共席握手，接口談論，令人迷亂志慮，饑渴俱忘，晝夜不知休息。夏時客儀狄家，狄因薦之於禹，得廷謁。拜伏始畢，遂升殿登座隅，甘言腴詞，稱誦功德，鑿鑿可徵。禹曰：「是佞人也，利口覆邦，其在斯乎！」迺斥絶使去，并禁民間毋得與相往來，儀狄因以所舉非賢疏。生既被禁錮無所容，乃更姓米氏，名醲，字曰釃，飄泊於娼樓客肆之間，爲人充欹斝，實虛卮，取媚於酗徒淫妓咽喉之末。無何，禹崩而禁錮解。至桀即位，迺内交於嬖妃妹喜，得見桀，遂大見寵任，封光禄寺上卿，提點良醖署事。侍桀爲長夜之樂，桀竟以是亡國。後湯建國，生聞湯勇智賢聖，不敢出，復竄身於民間。至紂時，生猶無恙，蓋生自始育，已服異人神蓼却老方，故不死云。紂在東宫聞生名，及繼世，乃使人旁求之，得諸杜康家，遂與飛廉、惡來輩同掌國政。然二人雖寵任，但在外朝，惟生得出入於妲己之側，因相與蠱惑紂，紂日以無道。及武王誓師孟津，其告諭諸侯之詞有曰「淫酗肆虐」，蓋歸罪於生與妲己云。紂亡，生遁逃遠去。武王作誥，頒生之惡于天下，生復廢棄。至春秋時，生復以夤緣見平公，公欲用之，以杜蕢之諫而止。後歷秦漢，或出或處，不甚顯名。惟成帝時，附麗趙飛燕姊弟，僅一見而成帝崩矣。自是，人始知生爲姦。迨晉初，復流爲比舍郎家傭，夜與吏部郎畢卓會，大相狎愛。卓遂引見竹林七賢諸君子，因結爲死友。劉伶稱之爲大人先生，作頌以媺之，事見《通鑑》。生大得諸君子意，諸君子晝夜不肯舍生，雖居喪，非生不在側。阮籍輩得罪於名教亦以生，西晉風俗竟爲之敗。厥後五胡亂華，懷愍失守，議者謂生實尸之，卒陷於石勒，勒責之語多不載，最後二句曰：「破敗天下，非君而誰？」因并王衍見殺。然生雖誅死，而其子孫益多，至今未泯絶云。

外史氏曰：「世多言人君喪身失國，及士君子殞族亡家，莫不由信任小人，與夫昵比淫朋惡德以致烈禍。嗟夫！盃酌遺流，頹敗皇極，糟粕餘味，殄滅彝倫。蓋自洪荒以來，迤邐浸漬，覆轍相踵，胡可云紀矣！古人一獻百拜，良有以也。元凶弗替，末流靡綦。若麯糵生者，其殆無天道乎！不然，何生之甚易，而絶之甚難也！」

傾國生傳

林金

傾國生者，姓姝氏，名麗，字治之。蓋西施國人，其始祖俗傳爲蛇身人首，與伏羲神農並生，未有族氏，迤邐至傾國生，其世數蓋不可考矣。生事歷代君，輒遇亡國之禍，故人號爲傾國生云。生少有異質，肌態嬌婉，美艷絶人。稍成童，遂見器賞於名公鉅卿。年十八，舉茂材異等。桀時爲妹喜郎，一意逢迎，不立名節。桀愛之，言聽計從，寢處與俱，遂導桀以荒淫之事。及後南巢之役，桀殞國滅，而生獨存。當湯世，生降爲僕圉，不復得禄位。至紂立，復托散宜生以進。時文王囚於羑里，幾見害。紂得生乃喜曰：「此一物足以釋西伯。」遂赦文王而出之。文王耻以生免罪，迺作琴操曰：「臣辠當誅兮，天子聖明。」蓋歸德於紂，而不欲使人知由生出獄也。紂得生，嬖寵日隆，自謂相見之晚，拜妲己宫使。生斌媚出羣，有巧思，凡紂所作象箸玉杯之屬及酒池肉林，皆生倡之。紂日昏迷不事事，惟生言是聽。武王因天下之怨毒，乃率八百諸侯於牧野以殲紂，懸首太白之旗。時太公望欲併誅生，生詭計以免。及武王崩，其孫幽王立，慕生之名，求於有褒，得之用以爲相，復相親暱如桀紂時。生性不好笑，王百端弄之，卒不笑。乃無故舉烽於驪山，若寇至之狀，徵諸侯兵，兵至無寇，生迺大笑。王喜曰：「得卿一笑，勝獲連城之璧。」生好聞裂帛聲，王每取内藏繒，手裂以悦之。太子宜臼素不平，嘗謂其傅曰：「他日吾即位，當裂生如裂帛。」生聞，遂讒廢宜臼及其母申后。申侯卒召犬戎，弑王驪山之下。而西周亡時，生已亡去，入於越王勾踐之宫矣。越王被棲於會稽，生乃進言曰：「臣在越不能爲越重，在吴則越重。」迺爲越行成於吴，越用以免。生乃日誘夫差爲淫樂，卒爲越所吞。而重越之言，因以爲信云。仲尼嘗曰：「吾未見好德如好生者也。」生嘗在衛靈公所，欲見仲尼，仲尼亦欲因而告以君子之道，乃見之。子路大以爲醜，仲尼至，矢言以自明迺已。後又事漢成帝，成帝封爲越亭侯，號飛燕將軍。日説成帝以酣飲，成帝因此不壽。唐明皇即位，聞之曰：「朝見生，夕死可矣。」其子壽王瑁聞而招致之，獻諸皇。皇大喜，即拜平章政事，六宫都提點。生遂與高力士、李林甫表裏擅權，恣作威福。時安禄山爲范陽四鎮節度使，生因與交通。明皇自得生，日迷謬乖亂，廢正后，殺三子，擯棄賢相張九齡，杖死諫臣周子諒，皆以生故。安禄山反，明皇挈生幸蜀，駐馬嵬坡下。軍士憤怨生導淫釀亂，不肯行，先誅楊國忠以撼生。明皇乃命縊生於佛堂之側，下詔暴其罪狀，乃啓行去。

外史氏曰：「曼柔靡媚之態，其惑人也，易入而難除。傾國生亦人耳，而使歷代人君容悦聽信，殞覆相尋而靡悟，苟非見理明、用心剛、以道自重、以敗自懲者，鮮不甘受蠱而淪胥以溺也。傾國生實死於唐，由唐而後，未嘗無傾國生也，在人主之所辨耳。士君子毋以生之術佐人主，則天下不患不治，毋以生之佞自污，則身不患不康。傾國生其賢者之鑑也已。」

孔方生傳

林金

孔方生，莊山人也。姓錢氏，名萬貫，字積夫，其先世銅川人。大父名璧，與其弟珠，當有虞時，用窮奇薦見舜，説舜以富國之術。舜大怒曰：「是貪黷而自衒者也。」遂抵璧於莊山之麓錮之，投珠於粵海。珠因潛身入海國夷島，今其子孫獨一種，未甚盛。璧既錮於莊山，遂依土豪金氏居。金氏有女，璧通焉，生四子：曰銅，曰銀，曰錫，曰鉛。銅即生之父也。生以祖爲棄民，乃竊金氏之支旁，改姓錢氏云。生少氣質極剛，及長，學於段百鍊先生，盡消融去查滓。其爲人外圓内方，接物行已，流通不滯。居鄉鄙，能傾身濟人之乏。凡貧窮患難、不能自存者，得生與處，則無不立效，坐致富貴，其應如神。人無長幼皆呼之爲兄，以其内方，故號爲孔方兄云。生曰：「是善名我。」乃去舊名，自稱爲孔方生。然生爲人雖務施，亦好積，大率厭貧求富。每見人家驟消窘，輒棄去，交游達官富人之門。以是，有志者漸鄙之。居無何，以内侍火者薦於湯，爲洪爐卿，爲湯鑄幣於莊山之下，後以乾没罪罷去。至湯末孫紂立，又用崇侯虎薦爲鹿臺都大提舉，掊克聚斂，無所不至。紂以爲能，封富國侯，食邑鹿臺三萬户。卒致民窮盜起，及武王伐紂，籍其家貲，大賚于四海。生既家散業亡，復流民間，爲守藏奴。至秦始皇時，又因李斯、趙高以進，勸始皇行頭會箕斂之法，秦因以亡。漢武帝雅欲興利，生復陰以其術授桑弘羊、東郭咸陽、孔僅之徒，啓武帝以利門，立均輸，置平準、筭商車、告緡法，紛紛制作，咸出於生。及海内虚耗，議者皆歸咎於桑孔，而不知其原，實生尸之也。東漢末，靈帝即位，生復爲西邸令，甚見親信，凡進用公卿百執事，皆與之議。當時仕宦，無大小内外，非生莫能自達。崔烈爲司徒，亦因生以進，卒滅炎祚。及晉興，生復客右散騎石崇家，教崇與王愷相尚奢僭，致崇族滅。崇被收時嘆曰：「奴輩利吾孔方生耳。」收者曰：「知生爲禍，何不去之？」崇死後，魯褒作《孔方論》以譏之，生不爲改。自是，生無所聞知者。久之，至唐德宗朝，生復用裴延齡舉爲鹽鐵都轉運使，復導德宗立瓊林、大盈二庫，日夜居其中，會計饒縮，奉天之亂，蓋生所致焉。歷唐而宋真宗時，與契丹會澶淵，宰相寇準欲用兵，生謀效準功，乃請身行講和，遂與契丹結盟而去。自是，每歲必奉使而往，卒致宋室卑弱，金人内侵，汴京失守。而生之族亦流播夷狄，不得盡歸中原云。

外史氏曰：「昔魯先大夫孟獻子有云：『與其有聚斂之臣，寧有盜臣。』孔方生敗人家國，不可勝計。或者聚斂之臣，實傳生家法者邪？君子不患貧而患不安。若生者，已無道德行義，輔世長民，徒竊天地萬民自然之利，以歸諸庸君世主，卒之害貽諸人，而禍收諸己，家族遷播流積戎狄，使華夷共罹其術。至今貪夫敗類，❶奔逐未已，可哀也哉！」

❶「至」字底本空缺，據紅葉山文庫本補。

忿戾生傳

林金

忿戾生，不知何許人，亦不詳其姓字。或曰胸堂人，或曰丹府人，世次無所於攷。其爲人慓悍暴急，鴟張恣睢，與物多牴牾。在鄉黨州里，武斷獨往，不能隨人低昂與時卷舒，故人皆以「忿戾生」呼之。初甚艴，不肯受，厥後思顧名實相孚，乃亦自稱爲忿戾生云。伏羲之末，天紀俶擾，生依共工麾下。共工與蚩尤戰，不勝，乃激怒共工，共工遂以頭觸不周山崩。天柱折，地維缺，得女媧煉石補天，滅共工氏。因覓生欲殛之，生乃逃去。後當戰國，在趙事廉將軍頗，時藺相如以完璧及澠池之功位頗上。生謂人曰：「廉將軍在趙，有百戰功，相如何人，位顧居上。」因説頗辱相如，頗信之。後相如覺，以禮遜待頗，每遇必避去，頗因悔悟，逐去生，遂謝罪相如爲深交。及秦之末，生復從八千子弟從項羽渡江。入關之役，生勸羽擊沛公，羽未即行，沛公來謝，飲宴于鴻門。生怒甚，令項莊拔劍起舞，欲於座斫沛公。賴項伯翼蔽，事不就。當是時，倘令羽卒用生謀，沛公不免。牛因知項羽不已諒，潛歸沛公。至羽王沛公於漢中，生不平，説沛公曰：「項王宰天下，偏王諸將以善地，王公以險阻，盍擊之？」公將從之，賴蕭何諫止，語見《漢書》。當是時，倘令沛公卒聽生言，漢幾殆。東漢光武初興，又往事賈復，復部曲殺人於潁川，寇恂誅之。生又勸復仇恂，恂以計屈復。生猶讒不已，至光武知，乃責復斥生，得解其事。李唐之末，牛僧孺、李德裕因對策分朋立黨。生往來交搆，互相毁譽。勢在牛則輔牛，折李維州之議，權在李則輔李，恣行報復之私。更相傾軋，垂四十年而唐亦卒以亡國，則生實爲之。趙宋中葉，從吕陶輩在蘇學士軾門下，時軾與程伊川先生議慶吊禮不合，生遂倡異論，鼓浮説，糾率輕誕狂險之徒，攻劾伊川，卒令伊川、東坡各罷去。有宋淳厚風俗於兹遂衰。至孝宗朝，倚吏兵部侍郎林栗，逞其私憾，終始劾栗去朱熹，立僞學，禁錮真儒，而生揚揚有德色。後莫知所終。

外史氏曰：「昔孟子言『能養浩然』，夫浩然與生或云同出一祖。義理之勇，壁立萬仞。巖巖泰山，見大人則藐之，蓋亦未嘗不用剛也。非禮弗履，本原氣象自別。終不若生悻悻自好，務勝人護己短。任意一動，死而不厭，而卒以不死，往往壞人德性，殄族敗民。驕君妬士，負是而不反，以至於滅亡者，不可勝計。噫！人亦何負於生，而生固負人若此哉！」

遺麯生文

鄭坤

有一狂生得麯爲氏，與母白粲僑居天水。薄乎其質，薰然其氣。聲清若真珠之滴琅玕，色姣若琥珀之映朝陽，鵝黄鴨緑，變態不常。其爲物也雖小，其禍人也甚大。往古來今，多罹其害。吾今呼而詰之曰：「吾今夜對短檠，鑽研陳編，雖倦未甚。爾忽相延，俾吾神昏志耗，幾負青年。吾常或遊于外，或陟于遐，雖罷未甚。爾忽相過，俾吾幕天席地，幾欲忘家。又嘗肆筵設席，陪賓待友，吾不欲爾以多尚人，爾乃因罄其所有，亂吾威儀，移吾謹厚，害吾猶可，而又害人。故迎神賽社，競渡登高，彼皆怯爾之愎，奈何爾與彼遭起風波於平地，致衆口之呶呶。至或家人父子聚首相喜，命爾將意，爾反逞技，少不爾防，骨肉乖戾。交遊朋友，暇日盤桓，仗爾合歡，爾反肆奸，少不爾制，義絶盟寒。匪惟今日爲然，思昔縛畢卓於一夕，埋玄石於千日。人主把爾以問星，酗爾以亡國。六逸狂誕，七賢裸達，牛弼射兄弘之牛，諸吕遭劉章之殺，皆爾之使然也。而又導鴆爲虐，裂人肝腸，有一遭者，未或不亡。此其大者，餘悉難言。故大禹恐爾致敗，遂踈儀狄。

衛武因爾悔過，嚴示《抑》詩。聖賢且然，吾何人斯，安得不與爾息交絶遊于斯時乎？」生於是躍然而起，輾然而笑曰：「子可謂隱善而揚惡，信小而遺大者矣！吾敢陳吾之所有，以竢子之採擇焉。昔吾一脱乎池汙之陋，手杯之卑，即居有可以運船之地，游有可望十里之堤。雲雷犧象，爲吾什器；金玉鸚鵡，爲吾巵匜。竹葉假吾名，葡萄潑吾醅。鬱金爲吾相和，菁茅爲吾筐匱。所享之富貴，有如此也。趙侯薄我而邯鄲受圍，欒巴噀我而回禄熄怒。淵明托我而逃，穆生爲我而去。大司成無我之祭，難名其官；光禄卿無我之良，難建其署。所繫之輕重，有如此也。燕禮得我而君臣歡，祀禮得我而鬼神格。投壺得我以慶多能，鄉飲仗我以尊年德。合巹得我而夫婦諧，大射得我而勝負決。平爭息訟，匪我弗克。日用常行，無往不得。吾之功又如此也。彼晉主問星，桀紂亡國，玄石被埋，畢卓見縛，七賢六逸，名玷行缺，弼射弘牛，吕遭劉殺，皆由其進不知休，用不知節。反以敗我之功，是以墊人之舌。若夫導鴆爲虐，人之使然，得失在彼，己何與焉。至于登高競渡，賽社迎神，肆筵設席，奉親延賓，而滅禮棄法，起怒生嗔，由其躭嗜不止，沉湎失真，皆彼自爲，亦罪吾身何耶？且子之劬書，傲風一紀，氣憊體羸，得我將理。子之行遠，在途嗽嗽，唇燋口燥，得我紓勞。或侑俎以享先，或引藥以祛病，惟子所需，未嘗敢靳。是不獨有功於世人，而且有功於吾子。雖以吾嘗一拒於大禹，然吾之命，可與天地相終始。禹雖聖，能終拒乎？至衛武公年九十有五，自度與吾相見之日短，遂皤然以見拒。設使天能反其老而再少，亦必相好以如故。今子春秋鼎盛，植志堅牢，且月有餘俸，宜密厥交，何負于子？遽欲見捐，子亦少恩哉！」吾一聞其所陳，即内訟且悒。他無足恤，惟祀爲急。人之爲人，以禮爲體。人而無禮，胡不遄死？凡欲行禮，須生將敬，敬無所將，爲禮之病。以是而觀，生似有不可終擯者。彼身滅國絶，忘反從流，皆自作孽，於生何尤？於是復晉生曰：「而今而後，與爾交不必絶，絶則禮缺，亦不必多，多則傷和。惟適可而止。爾性雖狂，其如我何？」生再拜曰：「謹竢命。」

答戒酒文

閩甌有布衣，素號詩酒癖。一觴一咏，窮極朝夕，陶陶兀兀，曾不知利名之爲韁鎖，貧阨之可休戚。客有造其廬而譏之曰：「方今神聖在御，登崇俊良。子不嗟功名未成，志願不偶，擯棄名檢，放懷詩酒，上乏譽於鄉曲，下遺誚於朋友。名教清議，吾不子取。乃者廣平爲文示戒，貫穿詩書，爰及歷代，儆智愚之得失，監國家之成敗。禍亂之階，惟酒爲害。君侯俊哲，❶試聽大槩。」命客促席，披讀未終。歛襟兀坐，愧謝愚蠢。「若醯鷄之在覆，幸夫君之發蒙。吾將剖鸚鵡之杓，碎琉璃之鍾，唫荷鍾之伯倫，謝投轄之孟公。酒若有神，自西自東，與子絶交，誓不汝從。」客乃復坐，音問方諧，或吟於側，❷或笑於階，揮之不去，招之不來。四座驚佈，毛森骨竪。客懼告歸，吾固留駐。忽聞亭畔切切若語，❸若怨若恨，若有所訴。吾復怪，問：「汝訴何緣？與汝同處，殆三十年，窮困貧阨，皆汝之愆。吾未能操戈以逐，子何以冤而有言？」辭令未周，恍若有應：「子聞賓賢，不聞酒聖。今子見逐，我去何辭？我欲有請，子其聽之。昔子游學荆楚，琴劍無光，氣色慘怛，賴我侍側，輒忘羈旅。爰自壯歲，抽毫作文，辭慳氣索，勢若車奔，恃我鼓作，思湧如雲。至若都門悵別，易水歌罷，游子心催，行人浪洒，悲風起於長樂，煙樹黯於清灞。引一觴而氣振，復一杯而憂寫。時予之

❶「哲」，底本作「晢」，據紅葉山文庫本改。
❷「吟」，底本作「今」，據紅葉山文庫本改。
❸下「切」字底本殘損，紅葉山文庫本作「切」，林羅山本、石渠閣本皆作「功」，今據紅葉山文庫本補。

功，不在禹下。獨不聞既醉備福，見於周詩，不爲酒困，聞於仲尼。德將無醉，《酒誥》之辭，酣酒嗜音，《五子》所悲。商辛糟丘，畢卓酒池，沉湎淫泆，穢德日滋，咸其自取，過我何爲？廣平子掉三寸之舌，駕傾河之辨，毀訾賢哲，蔽欺己見。使君子一覽而驚，再見而嘆，忘我大德，思我小怨。先民有言，『人之齊聖，飲酒温克。』『醉而不出，是謂伐德。』彼昏不知，胡爲我責？逝將去汝，適我樂國。」客聞之而義服，我聽之而拱默。延之上座，永爲嘉客。

梅嘉慶傳

張王賓

嘉慶子者，臨江梅氏。父爲東甌令，早卒。母虞美人，孀居紡績以教子。年十二時，從四門子學。好與少年游，素集賢賓，南鄉子、生查子、江城子，皆相友焉。及長而自負甚高，號曰臨江仙。嘗作《快活》三詩，云：「漢宫春煖滿庭芳，沉醉東風戲舞狂。月上海棠疎影動，梅花引入夢魂香。」又：「一剪梅開半作詩，亭前柳色盡蛾眉。玉交枝上鶯啼序，紫苑玲瓏粉蝶兒。」又：「月中丹桂誰先折，且醉花陰卧片時。一唱太平天下樂，謾隨玉女步雲梯。」世人迂之，目以爲「山花子」之流，而子固釋然。時沽美酒痛飲，飲輒醉扶歸。其母怒責之曰：「醜奴兒，不思步蟾宫，而學醉翁子也。」子悟，擲金錢爲誓，曰：「吾不能折桂令，世人稱好孩兒者，有如此錢。」遂讀書高陽臺，暇植萬卉以助書興。然而素憶秦娥，娥者鄰女也，年甫十五而有麗色。子聞而慕之，無由面也。適後庭花發，娥上小樓望之，若萃地錦也。而獨愛山桃紅，方欲隔垣折之，窺見慶子據青玉案，被皂羅袍，狀貌魁傑，音中黄鍾，暗忖曰：「真出隊子也。」不覺有留連意。而子見花枝頻動，偶一舉目，則驚疑以爲鵲橋仙也。熟玩之，方識其爲娥，乃嘆曰：「美哉美哉！當令鴈兒落也，當令月兒高也。」

遂潛出，折一枝花以贈，曰是玉連環也。娥嬌羞無語，而秋波轉盼，百媚俱生。適婢金菊香至，戲曰：「姐見蝶戀花也。」娥掩面疾走，而子見其步步嬌，因賦一辭，名曰《浣溪沙》：「粉面嬌娥點絳唇，木蘭花底笑顏生，小桃紅處暗香聞。羅帶飄飄金絡索，繡鞋隱隱踏莎行，一團風趣玉樓春。」抵晚思之不置，又賦詩云：「夜深懶去剪銀燈，爲憶多嬌醉落魂。何日魚游春水底，歡歡一夕解三醒。」時春日正妍，黃鶯兒囀喉矣。娥早起傍粧臺，不能自遣，作《畫眉序》曰：「舉目園林好，凭欄懶畫眉。懷愁如夢令，魂逐駐雲飛。」一日，娥告父母以踏青遊，乃令婢秋香引道。慶子知其出也，遂步芳塵，見其入一寺。問婢曰：「此間何神？」婢曰：「菩薩蠻大和佛也。」娥即向前暗禱曰：「妾若得與阮郎歸，當以金錢花燒贈。」及出，而遇子於門。子徐曰：「卿卿不思張生鶯鶯事耶？」娥佯問其婢，而意實答生曰：「此不是路也？」子細繹之，嘆曰：「真好姐姐也。」乃悵然去。娥亦歸，而其婢曰：「今日若非秋香，娥爲雙鸂鶒也。」娥笑曰：「誰願成雙也。」然而心思暗想，鬱鬱成疾。父母揣其花心動，乃囑鄰婦香柳娘爲擇配。娥知之，令幼婢賽紅娘者以一封書寄子，且贈一詩曰：「此身恰似孤飛鴈，獨對淒涼一盞燈。懶看畫樓秋夜月，厭聽街市賣花聲。祇因上苑迎仙客，却使幽閨憶故人。惟願勾君雙勸酒，相逢一一訴衷情。」子得書甚喜，遂以賂遺柳娘而求通婚。柳娘以婚事達其父母，父母怒曰：「汝欲以吾金蕉葉棄與啄木兒也。」子聞之愀然不樂，乃作《江頭送別詩》，令蒼頭滴溜子傳與娥，曰：「一江風雨苦匆匆，害煞鴛鴦西復東。恨入幾川撥棹子，愁埋兩岸玉芙蓉。許多心事江兒水，萬斛相思刮地風。爲我暗傳言玉女，詩成血泪滿江紅。」娥覽詩，嗟呀不已。時將秋闈，梁州序舉子以試。子欲別母而行，母曰：「兒此去如浪淘沙，且恐無益也。」子曰：「倘一旦得賞宮花，以顯親揚名，使天下作《孝順歌》，奚不可者？」遂邀其友倘秀才、滾秀才，并倉頭青歌兒，渡夜行船以往。出門見鵲踏枝，而噪聲如碧玉簫，令卜箕子號山麻客者卜之，吉，乃就試。試畢，主師三學士鮑老催、金字經、東原樂俱賞子之文，評曰：「氣雄如下山虎，聲弘如水龍吟，蓋字字錦也。」遂首擢子。子因馬上作詩曰：「深鎖寒牕幾度秋，而今始得錦纏頭。桂枝香惹輕羅透，錦上花開兩鬢悠。白屋時來寶鼎現，清江引出緑波流。當時惆悵西江月，今夜姮娥遶地遊。」捷報鄉閭，鄰翁甚悔之。娥亦有怨心，曰：「我父母自悮佳期，令人害長相思耳。」因吟一絶云：「鴈過南樓遠，驚聞瑞鷓鴣。瑶臺月移去，懊恨撲燈蛾。」生謝主師後，衣錦還鄉。鄰翁以姻事謀于豹子令，令曰：「試往言之。」翁乃以錦鐺引進，欲以女奉箕帚。子佯言曰：「始棄我而今復我，翁其要孩兒乎？」翁曰：「焉知今日錦衣香也？」子曰：「然，姑待北朝天子而歸議之。」翁諾。娥聞子北上春官，惻然曰：「恨悄郎舍我望遠行，必將另娶水仙子也。」於是病甚，而服紫蘇丸，不知慶子實意難忘也。子詣京，謁金門，朝天子，天子命爲新水令。爲政稱人心，邑人編《排歌》以頌其德，自是而爵位節節高矣。一日，西番齊天樂者，自稱聖藥王激變，遣其將禿厮兒、麻郎兒、番鼓兒、竹馬兒、雪獅兒、皂角兒、忒忒令七兄弟者，侵擾漿水令、油葫蘆谷，過牧羊關，邊將混江龍、金瓏璁戰俱不利，響應天長，中都悄然。時宰相賢奏曰：「梅嘉慶有韜略，足定西番。」天子命徵至，問曰：「寇至，奈何？」對曰：「水底魚兒，臣當一網盡耳。」天子喜，賜皂皮靴、駿甲馬及劒器令簇、御林軍萬人往。生下令曰：「凡我諸軍，聞大迓鼓則進，聞重疊金則退，望采旗兒爲號。」乃押蠻牌令，統七賢過關，與賊鬭寶蟾，又鬭黑麻，連勝。軍威所振，如白鶴冲天。復率衆暗渡霸陵橋，使福馬郎、旋風子伏兵金娥曲，而令破陣子挽弓弩，前破齊陣。賊披靡驚愕，相顧曰：「梅，二郎神也！」悉遁，餘兵被我軍彈打死者幾半。其遁者，中途伏發，降其將黄龍鎖牕郎，擒十五郎，懸蠻首於槊，作鴈兒舞，長驅逐北，若鬭鵪鶉然。蠻王遁跡，番兵皆光光乍矣。子乃下得勝令，整兵還，與諸軍會河陽，軍中齊唱《甘州歌》焉。子亦作《曉行序》，有「霜天曉角響，一馬歸朝歡。鴈過沙滿地，臘梅花影寒」之句。時道經臨江，子歸拜母，乃穿大紅袍，繫繡帶兒，駐馬廳前。娥聞之曰：「玉郎歸，好事近也。」翁復求聯姻，子以告其母，母命娶之。生甚喜，遂備鴈魚錦、三段子、四塊玉及山坡羊、梅花酒聘焉。娥因歸子，同會銷金帳，子欲其脱布衫，娥曰：「君毋綿搭絮也。」子曰：「卿卿，今尚可鎖南枝不放花乎？」强逼之而戲曰：「金井水紅花放矣。」娥曰：「檀郎不惜奴嬌也。」相與温存萬狀。早起備上京馬，載娥同行。至京，暮夜遊朝，玉漏遲遲。及曉，進見天子，拜舞殿前，歡甚。百官共賀太平，天子樂，令設宴，珍羞錯集，如大河蟹、白鶴子者，咸備焉。復奏大聖樂以犒勞之，仍賜一斛珠、縷縷金、五樣錦、天淨紗，賞賚甚厚。聞其已娶，乃復賜紅衲襖、女冠子，使之從御街行以出。一夕，娥謂子曰：「人生若雨中花，寄生草耳。君雖富貴，不如漁家傲也。且堂上有老姑，不免缺供養，君不聞烏夜啼，有反哺意耶？」子乃屢疏乞歸，天子不得已，許之。賜宫女吴織機、醉娘兒、似娘兒、梨花兒爲婢，命翰林風流子唐多令草誥辭以封之曰：「始守新水，行太平令，繼收江南，卒定西番，四邊静，然皆卿之力。」册封太師引，妻封國夫人，又贈封其父母如子官。子受封歸。時夏初臨，子途中作《蝦蟆序》，又作《獅子序》，大抵言其碌碌，無異一撮棹也。及歸，爲母上壽，開宴後庭花，娥曰：「不圖今日有此相見歡也。」遂傾杯序舊情，因賡相作歌。子云：「當年一盆花際立，凄凉只有侯山月。憶君顔色勝如花，教人常對榴花泣。愁雲偏送風入松，怨雨灑向梧桐葉。今朝何幸朱履回，泣顔回轉歡聲集。紫燕歸梁相對語，雙雙蝴蝶常徘徊。章臺柳賽西地錦，幽庭疑似小蓬萊。但願千秋歲無限，歡驩時把玉山頽。」娥云：「落梅風裏駡玉郎，繡毬怕滚東家牆。相思琵琶撥不盡，畫堂春色空悲傷。燒夜香時心欲裂，五更轉轉煩愁腸。今宵相與慶宣和，菊花新處秋風過。石竹花開並頭蓮，錦堂月下同婆娑。洞仙歌出雙聲子，香羅帶結牽情多。與君占盡普天樂，何須重唱朝元歌。」母初不知其情，及聽其辭，笑謂娥曰：「吾子以汝貌賽觀音，常欲作《探春令》，以吾思之，若非江頭金桂發，安能沉醉海棠紅也。」復笑謂子曰：「吾兒今縱醉歸遲，吾不爾責矣。而今而後，子與我兩休休焉，不爲爵禄名位所絆也。」三臺令胡搗練聞之，亦作歌以贈曰：「君家想是江神子，逍遥樂在閒庭裏。辭印歸來醉太平，爲惜黄花怕無主。立朝列位鬼三台，還家歡飲絡索盃。芳名已標鳳皇閣，清風應振古輪臺。」後慶子作本序，即以「前腔」爲「尾聲」。君子曰：「嘉慶子，豈不毅然一丈夫哉？感皇恩則思報君，賀聖朝則願歸養。不以貴忘娥，非薄倖也。必以禮娶娥，非苟合也。其立身，其行己，可謂端正好矣。豈與昔日憶鶯兒者一樣腔耶？」余故筆之，以成餘文。

遺精復度招情

謀野浪客

招狀婦李氏，年三十五歲，直隸應天府上元縣民。婦招：正德五年三月十九日，有夫錢臣，前往母舅張廉飲酒，更深醉回，見氏針指守候，不合乘其酒興，遂摟抱推倚床沿，百般調戲，恣意淫樂。比有小姑錢氏，因與氏卧房間壁，聞氏與夫淫聲交雜，不合剜開壁洞，窺氏與夫交合情狀，想已動心。次早天明，氏夫早出，姑即前來，含笑對氏説稱：「你與哥哥昨夜扭在床上許久，作何事？」氏又不合明説：「你哥醉酣乘興，色慾迷心，與氏頑耍一塲，今早到上元縣公事前去。」姑又不合含笑忍恥稱説：「你兩人交合形狀，我皆看見，可照樣與我一做便了，不然我要説知與人。」氏又不合聽從，隨將小姑抱向卧床，各脱裙褲，挽起雙足，效作交歡之狀，以致兩陰相合，弄假成真。是氏淫情興動，將夫所遺元精流入小姑陰户，❶歡樂一番各散。不料以後小姑頓覺精神變異，經閉腹高，遂成胎孕。當被伊翁凌銑告府，批行本縣案下。拘氏與夫、姑到官，審問前情明白。是氏與姑不能隱蔽前情，致生事端，姑遂成孕。蒙臺疑有私通虚誑，當拘穩婆沈氏驗看小姑陰

❶「入」，底本作「人」，據紅葉山文庫本改。

户，委實未曾破身，果是遺精復度。猶恐未的，又拘江寧縣穩婆姚氏覆驗無異，所招是實。一議得李氏、錢臣、錢氏等所犯，俱依不應得爲而爲之事，合依律的決杖八十。大誥減等，❶各杖七十。審各有力，照例取贖，錢氏仍候所孕輕身，給與錢臣收養，照舊配與凌銑次男爲妻，兩家毋得復生異議。卷照。

醒迷論

一衲道人

夫人常情非愛財即愛身也，非畏法即畏理也，非慮前即慮後也，非好名即好勝也。人之於財，或以毫厘而貿易無成，或以分文而僮僕笞楚，或以假借而朋友分袂，或以不均而兄弟搆訟。至於淫色，則傾囊橐、破家資，而欣然爲之，甚則同餓莩胥盜賊而終身不悟也，謂之何哉？人之於身，或以墜馬而畏騎，或以危船而勒渡，或刺皮膚而怒不可當，或小有疾病而戚然恐不可起。至於淫色，則耗元氣喪元精而怡然安之，甚則染惡瘡躭弱病而甘心不悔也，謂之何哉？且無禄者犯姦有罰，職役者宿妓有禁，法之可畏也明矣。今之人，縊死於舊院，刺死於南樓，爲嫁買而經官問革，緣淫奔而出醜遭刑。夫以吾一身仰有父母，俯有妻子，其所當顧慮者甚多，而乃以女色罹法，不亦可羞之甚耶！色荒之訓《書》有之，冶容之誨《易》有之，理之當鑒也明矣。顧乃正氣喪於淫邪，名節墮於妖媚。雖有豪才，不足取也。今之死戰鬬者以勇名，死諫諍者以直名，而死于色者名之曰「敗家子」。稍有好名之心，當有擇而不爲；稍有好勝之念，當有憚而知改矣。或以子美之四娘、安石之雲月、東坡之琴操、陶穀之弱蘭，爲四公之樂，而不知此乃四公之累也。或以爲相如之竊玉、

❶ 申報館本「大」上有「奉」字。

韓壽之偷香、張敞之畫眉、沈約之瘦腰，爲四公之豪，而不知此乃四公之失也。而俚言所謂「腰間劍」與「色不迷人」者，是又一恒人能曉之也。嘗讀《孔子世家》，見柳下惠坐懷不亂，魯男子閉户不納之事，讀江夏野史，見馮商娶妾遣歸，生子狀元及第之報，則知不淫女色，非獨愛身也，愛德也，而財不足言矣。非獨畏理也，畏天也，而法不足言矣。非獨慮後也，慮鬼神也，而目前又不足言矣。非獨好名也，好積善也，而好勝又不足言矣。如此則楚館秦樓非樂地，陷穽之淵藪乎；歌姬舞女非樂人，破家之鬼魅乎；顛鸞倒鳳非樂事，妖媚之狐狸乎！識者以爲何如？

辭美人賦

司馬相如美麗閑都，遊於梁王，梁王悦之，鄒陽譖之于王曰：「相如美則美矣，然服色容冶，妖麗不忠，將欲媚詞取悦於王後宫，王不察之乎？」王問相如曰：「子好色乎？」相如曰：「臣不好色也。」王曰：「何如孔墨？」相如曰：「古之避色，孔墨之徒。聞齊饋女而遐逝，望朝歌而迴車，譬於防水火中，此乃未見其可欲，何以明不好色乎？若臣者，少長西土，鰥處獨居，室宇遼廓，莫與爲娱。臣之東鄰，有一女子，雲髮豐艷，蛾眉皓齒，顔盛色茂，景曜光起。恒翹翹而西顧，欲留臣而共止。登垣而望臣，三年有兹矣。臣棄而不許。竊慕大王之高義，命駕東來。途出鄭衛，道由桑中，朝發溱洧，暮宿上宫。上宫閒館，寂寞雲虚，門閤晝掩，暖若神居。臣排其户而造其堂，芳香芬烈，黼帳高張。有女獨居，宛然在床。奇葩逸麗，淑質艷光。覩臣遷延，微笑而言曰：『上客何國之公子？所從來無乃遠乎？』遂設旨酒，進鳴琴。臣遂撫絃，爲《幽蘭》《白雪》之曲。女乃歌曰：『獨處室兮廓無依，思佳人兮情傷悲，有美人兮來何遲，日既暮兮華色衰，敢托身兮長自私。』玉釵挂臣冠，羅袖拂臣衣。時日西夕，玄陰晦冥，流風慘冽，素雪飄零。門房寂謐，不聞人聲。於是寢具既設，服玩珍奇，金鉔薰香，黼帳低垂。裀褥重陳，角枕横施。女乃弛其上服，表其褻衣，皓體呈露，弱骨豐肌。時來親臣，柔滑如脂。臣乃氣服於内，身正於外，信誓旦旦，秉志不回。翻然高舉，與彼長辭。」

慕富聯姻詞

悟凡生

竊聞人各有偶，物從其類，故婚姻人道之始，伉儷家政之基，豈可使窊隆一揆，涇渭混源哉？此鄭忽之拒齊，不疑之辭霍，良有以也。故秦晉國匹，欒郤族均，王謝閥等，潘楊世睦。本其門素，既爾齊同。稽厥風猷，復無虧替。又其子弟雅醇，弓裘克禪，則施衿命往，結褵言歸。百兩是將，箕箒獲所。于是甥舅騰冰玉之譽，龜筮告鳳占之吉。風人詠其好求，宗黨贊爲具美。斯天作之純休，人倫之畢旨矣。其或今跡雖微，先鬼則大，胤支云劣，祖德在稱。爲駕言歸女，意屬振微。仁不遐遺，民歸其厚，猶長者之用心，矯偷之高舉也。又或席門之眷，甕牖之賓，前徽無聞，舊彦缺録，而豹姿突變，騂角旋生，無待能興，誇塗拔起。則知昌願托，冀庇望諧。譬諸食果略株，棄牢收豕，儌福于將來，違衆情而締納。此婚姻之變例，明賢之逆覩也。至若椎埋宄類，闤闠狡童，不齒齊民，世濟惡德，以逮馬醫夏畦之子，給喪傭保之兒，亡命負辜之徒，導騶先驅之廝。籧篨戚施之狀，俯仰無能；侏儒介眇之稱，孝慈莫改。儗倫於犬豕，比德于伶優。一旦以乾没而致多金，借苟營以騰高貲，心志驟侈，不足非財。自醜卑流，仰扳華胄。推潤屋之餘脂，希霄燭之末照。於是膿胞啖其門客，貨賄誘其私親。遊説之言日至，蚤遇之譽不衰。遂至寡廉鮮恥，明目腆顔，唯利是求，族類罔計，象齒竟謀，鳳毛安惜。是故育女猶之居貨，行媒同於貿易。忍使化源，釀爲賈道。于是珪壁金珠，❶爛充簪珥，冰紈霧縠，高貯筐箱。雖位在九列，族右一方，多議闊視之人、喜譏善誚之士，莫不一見解頤。弱息請往，遂使纓冕淑胄，❷錯入駔儈之匹，河鯉齊姜，甘渾鳴盜之裔。生爲合巹之人，若牛驥共槽而食；死作同穴之鬼，則薰猶並器而藏。高門遂爾降衡，❸芳草由之化蕭矣。士人贅行，孰此爲大哉！僕嘗懷此而未有陳也，近見郡中婚媾多托媒于足下者，故敢布此。幸子較品審流，別門分類，苟非異等，務遵常運，毋使禮門頓開利竇也。

細腰歌

蘇州富商夜夢羣男子，細腰白質，辭曰：「我輩將投揚州有福者。」明日查庫中失銀二十錠。又一夕夢其還，云：「遍覓無如公者，願終伏事。」驗其銀復在。余因作《細腰歌》曰：「諗爾細腰羣男兒，燭光雪映真瑰奇。豐之世稱陶石客，約之壯士無顏色。排紫撻兮入金門，淹可拔兮寒可溫。君不見玉顏金谷豪無比，厚積細腰而已矣。又不見鶉衣百結甑蒙塵，細腰踽踽淡交情。多君雖云成怨府，儋石莫儲良亦苦。吾家亦有山上葱，庫笥不動羽杯封。亮天匪贈埋兒巨，何事別我維揚去。俄云備福莫如公，翩翩旋復仍相從。倏

❶「壁」，各本同，據文意當作「璧」。
❷「冑」，底本作「胄」，據紅葉山文庫本改。
❸「衡」字底本殘損，據紅葉山文庫本補。

往倏來誰是主，不憚煩兮如楚許。如今珍重君不嗔，願君與我相知心。」

禮貧賦

仲夏吉日，攬貧登堂，拜而致言曰：「玄哉爾貧，虛紗曷測！善蔽弗彰，是爲天德。宰而不有，施而不積，蕩乎難名，熙相萬物。昔毗堯舜，投金抵璧，藿羹糲粢，仁覆蒼億，勵説操版，臾望秉罭，❶舉弼作師，皆汝之力。大任將與，勞震筋骨。迨我仲尼，要久肝膈，曲肱奏枕，蔬水奏食，偶旅陳蔡，琴歌共懌，兼友淵參，原憲歡密。簞瓢在陋，❷饑餓屏迹。龍行逾高，鴻揚靡忒。主亭者何？織葦者勃。寄餐牧豕，耕草釣澤。翕爾顯庸，侯王竹帛。由是觀之，得汝者成名，失汝者穢慝。上建神哲，下起勳績。處以倐躬，蓬蒿潔白，出以佐采，貞素表職。生而恬康，樂天自得，没而無疚，奕代軌式。遺安孫子，錫慶綿蟄，❸自爾之來，爲道增益。氣凌青雲，心對皓日，聖途徜徉，王徑祓飾。卑細蠅蟻，喰眇貨殖，山臊誚愚，千駟鄙没。糟糠令妻，考槃淑息。萊子見遊，裘公樂集。却謝車馬，孤抗泉石。國無妬人，鄉靡怨客，門可雀羅，逍遥坦適。倐夜常寧，安衷鮮惕，出無留顧，入靡紛迫。偃仰探經，肆精奥極。與爾嬋嫣，豈敢疎遜。樂只君子，頌汝朝夕。」於是貧聞而喜色，乃告予曰：「吾與子居，曠久習便，吾有胸臆，未與子言。我貧與富，皆命自天。天有二役，

❶「臾」，申報館本作「溲」。
❷「簞」，底本作「箄」，據申報館本改。
❸「蟄」，底本作「蜇」，《五嶽山人集》卷一、《滑耀編・賦類》皆作「蟄」，據改。

授予不愆。富畀小人，貧歸大賢。貧者福之，富者禍焉。慆淫貪墨，乃與周旋。盜跖利口，惡戾張宣。凡百溺之，鮮不覆顛，智者使昏，方者使圓。愛弛憂戚，虐起貴權，弑父與君，競此致然。富豈嘉德，迷夫孔憐。凡今之人，惟金與錢。子既知我，我敢舍旃，願同終始，垂休萬年。」

送窮祭文

維某年某月，陳石亭居士謹具酒殽船隻，致祭於洪崖先生之神於道之左而告曰：「嗚呼！神乎！爾形可哀，爾勢可侮，爾情可矜，爾名可妬。士遭爾而陸沉，農遭爾而饑苦，工遭爾而鈍遲，商遭爾而耗蠹。厄孔聖於絶糧，蹙項羽於夜渡，逐賈誼於長沙，寄淮陰於漂母，薄季子於親兄，割買臣於愛婦，冷蒙正於破窑，餓東坡於塵釜，悲墨氏於染絲，哭阮籍於迷路。炊百里之扊扅，空孟嘗之門户。抑心思於無伸，抱語言於無訴。却名姓於無因，袖經綸於無措。面親戚以無情，薄朋友於無故。不冰而人自寒，不惡而人自惡。來君子之知憐，叢小人之談吐。凡此皆爾使然，大抵聖賢氣數。嗚呼！錦口繡心，衰門薄户，鳳翼鷄栖，騮蹄驢步。我於爾竟何爲？爾於我誠無負。慨歲月之因循，感情意之堅固。奈久住以慽人，冀維新而化腐。醉爾以酒，飽爾以脯。洗足上船，途遥日暮，任燕壁與秦關，毋龜回而蛇顧。尚享。」

山中一夕話上集　卷五

十二姬傳

劉鴻

有天遊道人，姓文字君房者，遺落紛糾，醺酣騷雅，作室數楹于栖雲之塢。邈遠居第，蕭然自適也。或者過而問之曰：「子之居此久矣，比而居，拉而遊，所與處者誰歟？」道人曰：「庭有嘉樹，砌有茂草，琴清風鏡朗月，如斯而已。惡乎與處？」或人曰：「莫見乎隱，莫顯乎微。子毋我欺，我自知之。子有寵姬十二人，昕夕起處，跬步不離，而謂予曰無，子其欺予哉！子不告我，吾將歸語細君，告子之妻，長忿激妬，子其無恐？」道人乃不得已而告之曰：「托交形骸之外，寄情骨肉之中，達者信之，衆人疑焉。吾之所謂姬妾，非子之所謂姬妾也。雖河東獨孤，日與之處，將相忘而不厭有餘，又得而妬之乎！子又何以惴予。」夫十二人之事，他欲代之而不可。他之所爲者，十二人亦不能也。十二人各事其事，亦不容以互爲也。請言其始終。

其一曰管氏，字妙龍，管故文章家，系出渭川。瀟湘之間，亦多其支族。娶毛氏，姬生長喙而鋭上，精書法，善紀録古今文字。初首髮盡白，近得友姬妙香，以其術治之浸黑。然性剛不任頓挫，故香不能竟其術，而故態猶若爾也。其次曰蔡氏，字妙素，剡溪人，先世有諱倫者，以製作名，子孫布滿天下。姬身體輕便，玉色明瑩，好着白苧衫子，同宫龍管二人尤愛重之。暇日龍爲之染衣，管爲之畫眉，其記輯聯屬，一與管同。然卷舒邊幅，非所及也。其次即龍氏，字妙香者，遠祖出弘農郡，本朝盛于鳳陽徽歙之間。而姬之生實在泰和，龍文明其父也。母烏氏，姙姬時誤飲黑水，生姬，身面如漆，而肌肉潤滑，頗事粧飾，金碧燦爛。吾時時臨池上，見其徐行，芳塵飄揚，烟雲四起，訝其非塵世中人。行坐好以琴自隨，然不聞其鼓也。次石氏，字妙端，本端溪故族，因以名焉，先世有封石鄉侯者。姬性方整重厚，堅確靜專，在諸姬中塊然若無爲，而皆不能不以資焉。時好衣白，稍或衣紫，龍氏與之同寢處，遂與俱化。尤平易寬恕，管氏日造之叩問，亹亹不厭。次曰陶氏，字妙清，本舜之後，自大河之濱來，徙江南，善爲龜鹿羊馬之戲。嗜飲水，雖寒冰滿腹，充然若有所得。推其餘潤，往往以授石氏，石氏竟不知，氏屢請屢給之，傾倒罔靳，其賢如此。次曰妙才，本古刁子之後。性堅利，善裁製。妙素事爲有不解者，必資而後行，雖痛之不少恕。次曰丁氏妙通，系出戰國時毛遂之後，與刁氏同宗而異派，在諸姬中最少，而銛鋭穎出。蔡氏頗忌之，嘗罵曰：「利口婢不利于我。」妙通徐出解之曰：「妹弱且鈍，然頗善聯集家事；姊性散適，無我其何以爲助。姊謂妹利口，姊外曾以屬何人，姊何尤焉？」蔡聞之謹受。次妙妍，蜀郡人，或曰堯子丹朱之後。好事服飾，緋衣絳裙，身不少去。然舉止羞澀，每一召用，則頸汗骸下，面色發赤。道人閔其情，十一用之，則能別白妍醜。又大好批點人。次鍾氏，字妙真，每與妙素處執妹禮，見其飛揚衣袂卷卷則又曰：「吾姊奈何其不靜耶？」妙素帖服。次賈氏妙高，其先有諱島者，好弄筆於詩壇，家世氣習如故。性樸实柔遜，自歸道人，少與之接。管氏每以其坦凌架之，用事之餘，至息肩憩足於其身，姬無言也。次華氏，字妙方，性端直。次祝氏妙蘭，善區畫，二人每出同功。祝有所爲，華氏先爲之嚮導。詣蔡氏斟酌長短，廣狹之勢既定，祝乃徐起，咨妙香以行，一一爲之區別。管氏最鋒鋭，見其欵製，密而有方，循循不敢少越。道人每屬酣醉，揮掃豪放，不樂其匡諫，則怒曰：「奈何真男子，受制一婦人，況一寵乎！」妙蘭退不敢應，則私謂其同列曰：「我以直道事夫子，不能委曲將順至此。」蔡氏曰：「凡祝之所以處我者，皆端方正直之事，姊無或迫於檢束而讒於主君，幸無相拂也。」自是皆服其有度，於是相與敘坐于文房曰：「石氏，惟汝鄭重有體，犯而不校，涅而不緇，恬退若愚，未嘗干寵，宜位元姬。」特易其字曰「善端」，以別于衆。對曰：「即墨之姿，碌碌無補，何以堪此。」再拜謹辭。曰：「匪色之珍，惟德之珍，惟汝諧。」次曰：「蔡，汝性坦易，在衆中不干預他事，柔而有刑，汝其居石之亞。」又召鍾曰：「汝靜以爲德，鈍以爲工，位汝三，以抑躁競。」又召華氏曰：「本地之方，運坤之直，汝德惟肖，其位四哉。」祝氏起而請曰：「妾雖不才，與華同工，何位之下？」曰：「來，汝妙蘭，有方之用，無方之體，其視華相去幾何，位汝五宫。」祝遂歛衽而退。又召龍氏曰：「守黑于中，有如其面，位汝六宫，以勵忠恪。」又召陶曰：「妙清守口如瓶，量入爲出，滿而不溢，儉慎哉！ 毋泄我機事，汝位次七。」又召管曰：「紀事則核，納言類讒，默而識之，如蔡者難，位汝八宫，以戒饒舌。」又召朱曰：「妙妍丹頰春融，赤心事主，位汝九宫。豈德之凉，惟以色之故。」又召賈氏曰：「妙高婦儀止止，屹然山峙，文氏之家，政無涉焉，位汝十宫，尤貴於用事者。」又召刁氏而告之曰：「臨事有截，如金如鐵，多言如鋒，我抑汝位，次之十一。」又曰：「丁鋭矣哉！ 子之求進也。直爾躬，人則爾容，如汝之深刻何，如汝之利口何，位十之二。允若兹，汝毋後言。」既而十一人相與羅拜于石氏之前曰：「妾不敏，承主君之教命，敢忘盡心於所事。」石氏偃伏而答曰：「一室之中，同工異曲，毋忘毋嫌，以介景福。」諸姬由是心乎意契，各事迺事。而道人頤指氣使，無不得志焉者。一日以告烏有夫人，夫人曰：「淑哉！ 石氏之德。妾之所不如也，願一見之。」遂并諸姬，携與俱歸，處之終身不厭。或曰：「子之所謂姬妾，不亦迷子之志，亂子之神矣乎？」曰：「不比不迷，不溺不亂，遊于文房，樂于藝苑，是何傷哉？」遂録以貽好事者。

巾妖慨

長干里人

韜髮惟冠，禮垂上古，崇巾爲飾，製肇漢文。方頭巾戴於太白，咸稱李供奉之清標；烏角巾賦於東坡，爭傳蘇學士之高致。謝奕應辟而岸幘，豈曰失常；郭泰遇雨而折角，非緣立異。奈何世以創見爲新奇，敢爲異服；士以循常爲俗套，罔識正冠。紫微巾皆云起自唐時，四明巾悉稱製因晉室。垂纓飄蕩，如練鵲尾挂在肩旁；縫頂漫團，若青魚頭裹於額上。或高至尺餘，崔崔嵬嵬，狀同放樣之鐵鏟；或闊逾數寸，邋邋遢遢，形如無柄之齊紈。積學未登仕版，戴此以竊比於郎官，諺曰「郎不郎」之譚，良有以也；讀書未入黌宫，戴此以自附於秀士，俚言「秀不秀」之説，豈無謂哉？山人不守草茅之賤，戴此以混跡於公卿；方技不安術業之卑，戴此以猖狂於閭里。好色郎君，坐青樓擁紅粉佳人，自比張君瑞之態度；徙藥醫士，向朱門對金華貴客，自凝孫思邈之丰神。甚者綴金結於當面，效魏侍中金蜩之儀；貫玉瓶於兩旁，法漢東京玉笄之製。大傷雅道，頓起妖風，致使比閭族黨之夫，焉分貴賤賢愚之等。或以爲吕洞賓出世，則舉止疎慢，安有仙風？或以爲陳希夷再生，則體態輕狂，全無道骨。或以爲梓童下降，何竟無白騾之與俱。或以爲張仙現形，胡不見雕弓之在手。酷似登場的優人，若唱一隻《黄鶯兒》《粉蝶兒》，焉分二樣？又如抄化的道者，若打一回漁鼓兒、木魚兒，那見兩般？復有泛剽之夫，共興奇巧之習，頂本平兮而故尖其頂，形本方兮而故匾其形。若比轎夫氈帽，但不紅其色而簷則不捲；若比孝子頭巾，但不麻其質而頂則如錐。不思既乖常服，是紊彝章。鄭子臧好聚鷸冠，不衷之災難免；蜀王衍好裹尖巾，不祥之禍安逃。古有明徵，今宜知戒。果能身備道德，即角巾私第而人皆敬畏，何必晉其巾而自同伶人之醜；胸藏甲兵，即葛巾臨武而人聽指麾，何必尖其頂而甘蹈危腦之凶。更有三塊合縫而束其半腰，似紗帽而非紗帽；黑青匾摺而加以藍線，似凌雲而非凌雲。若晉巾則狹其前而闊其後，方巾則釘其中而散其角。凡此異服之徒，實悖先王之制。倘遭正服明主，若漢高之溲溺其中，豈爲已甚；設逢識微達士，如伯夷之望然而去，彼亦何辭。昔人指土木繁興者爲木妖，指慓狡自恣者爲人妖，巾製異常若此，謂之「巾妖」也，不亦宜乎！余有感妖風之盛行，因援筆而爲世道之一慨。

别頭巾文

一衲道人

一戴頭巾心甚歡，豈知今日悮儒冠。别人戴你三五載，偏戀吾頭三十年。要戴烏紗求閣下，做篇詩句别尊前。此番非是吾情薄，白髮臨期太不堪。今秋若不登高第，踹碎冤家學種田。

維歲在大比之期，時當揭曉之候，訴我心事，告汝頭巾。爲你青雲利器望榮身，誰知今日白髮盈頭戀故人。嗟乎！憶我初戴頭巾，青青子襟，承汝枉顧，昂昂氣忻。既不許我少年早發，又不許我久屈待伸。上無公卿大夫之職，下非農工商賈之民。年年居白屋，日日走黌門。宗師案臨，膽寒心震，上司迎接，東走西奔。思量爲你一世驚驚嚇嚇，受了若干辛苦；筭來一年四季零零碎碎，被人賴了多少束脩銀。告狀助貧，分穀五斗；祭丁領票，❶支肉半斤。官府見了，不覺怒嗔；皂快通稱，盡道廣文。南京路上，陪人幾次，東齋學霸，惟吾獨尊。你看我兩隻皂靴穿到底，一領藍衫剩布筋。埋頭有年，説不盡艱難悽楚；出身何日，空歷

❶ 「丁」，底本作「下」，據紅葉山文庫本改。

過冷淡酸辛。賺盡英雄，一生不得文章力；未沾恩命，數載猶懷霄漢心。嗟乎哀哉！哀此頭巾，看他形狀，其實可矜。後直前横，你是何物？七穿八洞，真是禍根。嗚呼！冲霄鳥兮未垂翅，化龍魚兮已失鱗。豈不聞「久不飛兮一飛登雲，久不鳴兮一鳴驚人」。早求你脱胎换骨，非是我棄舊憐新。斯文名器，想是通神。從兹長别，方感洪恩。短詞薄奠，庶其來歆。理極數窮，不勝具懇。就此拜别，早早請行。

破騌帽歌

吴門散人

有介一隻山歌，唱你儂聽。新翻騰打扮弄聰明，也弗唱蒲鞋氊襪，也弗唱直掇海青，也弗唱絹裙綾袴，也弗唱香袋汗巾。單題唱個頭上帽子，歷代幾樣翻新，舊時作尖頂長號，後來改子平頂鼓墩。咦有纓子朗鎖，密結瓦稜。惟有小張官人頭上帽子，戴又戴得個停當，盔又盔得介娉婷，光油油露出子杭州丫髻，亮晃晃插起重慶金簪。後頭拱出子雙螭虎圈子，前頭推起子九針子網巾。帽子帶得介長遠，年深月久成精。忽朝一日頭上説話，叫聲：「小張官人，我一跟跟你兩三巡黄册，你一戴戴我二三十個清明。春秋四季，並弗曾盔頂紵絲羅帽；寒冬臘月，並弗曾盔頂羢帽氊巾。總成你相交子多少姹童科子，陪伴子若干監生舉人，看子多少提偶扮戲遊湖踏青。唱船裏人中顯貴，酒樓上鬧裏奪尊。捉個豬苦膽去油，教我受子多少腌臢苦腦；捉個百藥煎上色，教我吃子多少烏皂泥筋。板刷常常相會，引線弗曾離身。一日子修理得介停當，戴出子閶門，月城裏遇着子朋友説話，聚集子東西來往無數個閑人，看呆子山東販騌侉子，立痴子江西販帽子個客人，江西老鄉談弗絶，蘇州歇後語連聲。十字街，蟒龍玉，烏紗冠，石皮得介赤癩。老弗識，波羅生，荔枝圓，重夕得介忒村。日頭照子好像走差次身頭上草帽，雨落濕子好像壓匾介一個老人頭巾。捻來手裏，好像拳緊介一隻偷瓜蝎；落來地上，好像矗起來介一隻刺毛鶯。修騌帽見子一嚇，洗網巾吃子一驚。破靴羊毛換銅錢，緝三問四，賣花換習豆，弗曾離門。」小張聽得幾句言語，嚇得冷汗直淋，立來無人烟所在，掇下來看介一看，❶真當弗像，只得去貼舊換新。欲要黄帽鋪裏去講講，又弗好戴子進渠大門，思量無些擺佈，只得那借子一頂麻布頭巾，緲漫漫好像看墳個董永，軟搭搭好像丁憂個洞賓。遇着子承天寺裏個和尚，定道請渠領喪入木；撞見子玄妙觀裏道士，定道請渠退煞念經。鄉鄰趕趂子分子，朋友怕鬬子人情。小張道：「個是我裏騌兄便服，弗消得列位介費心。」無些意思介一日，只得走轉家門，家婆道：「你出去子介一日，恰曾幹子帽子個正經？」「咳！家婆弗要話起。走腫子個脚底，擢痛子個背心，餓過子個肚裏，看花子個眼睛。帽鋪家家走到，價錢個個弗等。只得反渠轉來，假充一個朗鎖戴戴，到下橋行市再尋。」彈挨子齷齪，吹挨子個灰塵。上子盔頭盔介一盔，屈剛盔子三五六星。小張搥胸跌脚説道：「弗匡你介一個收成。」家婆道：「你也弗要大驚小怪，還幹若干正經。大塊頭兒改雙涼鞋着着，斜塊頭兒改子外公頭上束髮包巾，帽顔拿來做個紮額。❷我裏夏天恍恍，碎塊頭兒做子一頂細密網巾，騌頭騌腦做個刷牙來刷刷，零零碎碎做個香袋薰薰。」帽子道：「我前世作盡子舍孽，你公婆兩個擺佈得我介盡情。」小張道：「騌兄大哥，帽子大人，你儂弗要出言吐氣，我儂唱介一隻曲子你聽聽：跪告尊前，勝比烏紗恨不全，一向承壯觀，何故翻成怨？嗏，戴你不多年。」帽子道：「儘勾你哉！如何稀爛，想是當初修舊將咱騙，爲你冤家費我錢，我與你相逢非偶然。」帽子道：「鼓弗打弗響，鐘弗撞弗鳴。別人戴子風裏坐，你戴子我雪裏奔。憑你改長改短，我

❶「掇」，底本作「扱」，據申報館本改。

❷「紮」，底本作「紫」，紅葉山文庫本作「紥」，爲「紥」字誤刻。「紥」，俗「紮」字，今正作「紮」。下「紮」字同。

也無怒無嗔。捉我改子外公頭上束髮包巾，我也感承你頂戴；捉我改子你家婆頭上紮額，我也當得奉承。捉我改子刷牙，正要擢你臭賊個張嘴；捉我改子涼鞋，正要打碎你臭賊老脚跟。」

巾帽相詈文

談一貫

嘉靖以來，都市之爲巾帽工者列肆，資四方以圖貨焉。帽製圓必截繒縠之堅厚，可蒙針紉幅轅規爲之。巾有隅角，製以成幅，即故繒敗絺，潤以黝液，輔之完裹，居然巾矣。且帽通于末品，非士流則弗宜巾。故時雖右巾鄙帽，而帽之利反倍巾什伍焉。迺巾嫉帽而詈之曰：「物體貴賤惟人，汝胡加于予哉！汝好削方爲圓，趨時長短，所與惟庸衆人。臺輿廝役，市儈閭井，臧僕檐負，奔走咳唾，弗齒之徒。而予非王公大人、道術儒行、高人貞士、下之方伎名流，不得予首。汝直顧昂予，胡爲哉？汝弗自劑量滋甚，吾將裂汝于時。」帽無言，伺其詈畢反之曰：「噫嘻！汝聽之。物以飾體，貴不浮人，儀以壯觀，在無愧色。汝所云云誠宜，汝不有盜竊名字，發身異途，而煌煌金飾于忠靖，奚取焉？忠靖，嘉靖御製冠名。傷化瀆倫，而汝號五倫，曷義焉？學弗窺于性命，風斯下于濂洛，而汝命以周以程，曷居焉？五倫周程，並巾名，恒起僞學者。舌本木强者，輒名杜甫，不辨之無者，俄然東坡，鑽穴利孔者，冒名和靖，濁流弁以高士，斥士弁以凌雲，杜甫、東坡、和靖，並巾舊名，高士、凌雲，巾近名。他如折角慕郭、漉酒希陶，豈皆高致？子臧聚鷸，閈藉鵕鸃，職災爾躬，汝爲人累良多矣。予與者稱而安之者也，汝與者未必稱而安之者也。安則久，久則習，弗稱則恧，恧斯裂，物理堅瑕，顧所與也。而予且羞與汝同肆也，而汝反詈予也。」巾沈思之，俛首無對，帖然心服，拆肢體卧于席下。

破氊襪歌

吴門散人

做氊弗要做破襪個樣氊。也弗管雨水陰晴，一着着子我裏八九年，閑人道做舍了個樣難割捨，只因犯子個奔波毛病了搭連牽。搭連牽，搭連牽，我也曾壯觀爾出人前，也曾替你搪風雪，也曾陪伴你坐花筵，也曾趕趂遭匍匐，也曾香臭弗曾嫌。也弗是隨行隨步，只因你踏着子我個星因緣。早晨頭上腿，愛你軟柔柔裏個星淹潤；黄昏脱脚，最喜你白颯颯個星新鮮。隱渠來薦底下，坑渠來被傍邊，弗怕老蟲損，只怕個行竈煙。破襪道既然捉我裏相憐相顧，那了弗買雙替换换相傳。只因你個做人慳吝，風過耳邊，今時今日今月今年，一穿穿得我裏箬紲管碎，一着着得我裏底破頭穿。央求人補，弗是小王，便定是小李；起動人縫，或是老趙，或是老錢。撞着子一個村郎濁漢，捉我補掇兩片，猶如膏藥了拽拔；遇着子知趣阿哥，挖孔一對，銀子，埋没子多少個銅錢。年去月來，撞弗着縫綻個都督，難遭難遇，遇弗着補綴個神仙。一日子補得停停猶如錠勝桃尖。察院前鋼針零零碎碎，戳拆子論百；皮匠店裏藤線堆堆積積，抽斷子萬千。骯髒子若干個當當，立來閶門頭去貼换，呆登登立來皮襖店裏門前。山西客看見子捉個嘴來嚀嚀，陝西胎子見子捉個舌頭來伸尖。外人咦介脚朵，白賴咦介頭顛。説道我裏破襪，看見子千千萬萬，再弗曾見介一雙破得介丕軒。轉來轉去，好像絲鉈上個竹管；拽上拽下，好像撮把戲個缺連。當學子個星小官人，愛惜個脚手。你個樣只好當個蘸醬了撮鹽，捉我這般刁頓，深爲可惡，我也只好告訴個青天。臨别時咦扯得我介紛紛碎，咦要捉我羊毛羊角店裏去换銅錢。

勵世篇　一衲道人

一日上帝窺見下方穢氣煙蒸，❶發檄一道與閻羅王，查何妖孽所使。王方忿怒，陽世有等穿紅海青者，有等着紅套鞋者，有等穿紫花道袍者，有等带矮扁方巾者，乃集狗糞一缸，煎熱油一鍋，置之露臺左右，命無常二鬼拿得四人，一一問曰：「汝非婦人，原何身穿紅衣？汝非朝官，如何足着珠履送終衣服？汝何預穿摇擺西方頭巾？汝何揿扁了帶？皆由此等不正之氣上觸天庭。現今奉有明旨，不誅無以勵世。」四人俯伏涕泣，告曰：「死者不可再生，斷者不可復續。況律嚴不知不坐，語許改過自新。世間犯此，不獨四人，某等中途被獲，情有可矜，望詳察。宥某等歸，曉諭衆生，悉令正其衣冠，王之恩莫大焉。」王曰：「原無禁令，不教而殺，吾亦惻然，但汝等跋踄，寧免饑倦。」因以露臺所置者試之，指曰：「左，汝等饑，大缸中可飡。」四人竊知其爲狗糞也，❷咸曰：「不饑。」復指曰：「右，汝等倦，大鍋中可浴。」四人竊知其爲熱油也，咸曰：「不倦。」王微哂曰：「狡猾哉四人！　然有錯拿無錯放，罰汝等于奈何橋前後砌路四十丈作贖，縱各歸。」四人曰：「用大石用碎石？」王曰：「用豆腐。」四人曰：「豆腐砌，倘踏壞，如之何？」王曰：「我自另拿一班穿剥皮箍腿襪淺面矮跟鞋的輕脚鬼來，踏壞了這豆腐街，罰他吃了狗屎落油鍋。」

❶「煙」，申報館本作「勳」，據文意當作「熏」。

❷「知」字底本殘損，據紅葉山文庫本補。

募綿衣疏　武林生

伏以捉衿露肘，誰憐子夏之貧；冬煖號寒，可免昌黎之嘆。含羞在己，貽笑於人，切念其半生若蟻，一拙如鳩。身常苦饑寒，頗類吟詩之賈島；志不在温飽，愧非及第之王曾。雖字頗能識而書頗能讀，然寒不能衣而饑不能食。灞橋踏雪，難堪手足之凌競；剡水乘舟，無奈身心之顫掉。鄴侯萬卷亦徒耳，范叔一寒如此哉！幸托身依桑柘之鄉，而長者擅絲綿之利。深筐大筯，價輕千鎰之黄金；温璽柔綿，色瑩三冬之白雪。眼見之而忽熱，心欲之而難言。既民胞物與之同然，豈推食解衣而不可。惠而好我，實爲道誼之交；勉爾求人，不覺言辭之拙。分我一團和氣，奈他千載歲寒。高誼難忘，服之於膺而佩之於背；衆輕易舉，與不傷惠而取不傷廉。袁安免僵卧於洛陽，師道不忍寒於郊祀，若肯結緣秀士，也勝布施山僧。十謁朱門，何畏滿頭之風雪；一吹鄒律，頓回幽谷之陽春。遍告斯文，圖成善事。謹疏。

湯婆子竹夫人判　滑稽生

房州富翁夏天洪初娶竹氏，情好歡洽殊甚，號曰「夫人」，贈以詩曰：「謾説湘妃骨已仙，化身猶水斷塵緣。等閑不見令人俗，邂逅相逢共我眠。錦帳綉衾難作伴，石牀藤簟最相憐。可憐亦有班姬怨，纔到秋來便棄捐。」不覺時移物换，西風送凉，漸以愛弛寵衰，幽之别室。再納湯氏，寵之專房，濃情厚愛，稱曰「婆婆」，贈以詩曰：「不施脂粉不梳妝，寂寞無言卧象牀。援足難同親骨肉，傍人惟有熱心腸。夜長夜短慵舒眼，花落花開空自傷。可惜恩情易抛擲，春來依舊守空房。」比昔待竹氏者過之。竹氏心不平，怒悻悻自訴於夫曰：「奴與君處有日矣，鸞顛鳳倒之愛，自謂漆膠莫解，何君一旦幽奴側室，再娶湯婆乎？趍炎附勢，効世情薄子之所爲。況奴覰湯婆者，顔貌厖魔，而腹且便便，徉聾詐啞，不甚姣美，君何愛之深耶？」湯氏聞之，亦背譏於夫曰：「竹氏以巨眶長軀獲寵於君，❶亦已過幸，今稍弛愛，遂日滋怨言，殆非所以安也。」奈何言未已，竹氏適至，二氏自相辯不休，夫莫能諭。因訟於有衾氏而判之曰：「審得竹氏玉骨冰肌，自是堅剛原有節。月床風席，由來妬忌本無心。不事容儀，惟求雅素。清淨似參千佛眼，性極玲瓏；炎凉不比兩人心，情真繾綣。是宜諧赤日之歡，莫得作班姬之怨。審得湯氏玉肌偎煖，酥體生温。夜夜蒙頭加腹，雖非親骨肉；宵宵抵足向人，渾是熱心腸。寂寞無言，櫛粧不事。加腹煖時恩愛重，賜泉温處寵難忘。只宜專寵霜天，無得爭權火日。由是以次值時，輪陪衾枕。」判畢，贈以詩曰：「湯何柔懦竹何强，陽長陰消氣數常。寄語佳人莫相妬，主人自是愛炎凉。」照得竹氏夫婦歡好如初，湯氏默默無言，遂安其室。

❶「軀」字底本殘損，據紅葉山文庫本補。

山中一夕話上集　卷六

狁説 嘲奴僕

無名生

海外暹邏國之崛壠有狁焉，其面目人也，圓目而黄睛；其軀幹人也，短小而精悍；性行亦人也，專慤而不二。第不識金帛，不解火食，語咿嚶不可辨。若猿猱然，殆人屬歟。山間古樾蒙密，爲巢數十，舉族棲焉。夷獠諳其性者，常馴擾以備驅使，蒙以㡿絮，食以鯁鮍，飲以漓酒。狁即躍然喜，似謂得所主者，舉族受役，至死不避，雖歷世不更他姓。主者役以採片腦唯命，役以採鶴頂唯命，役以取犀角象齒亦唯命。顧採片腦鶴頂，其爲力也易，而取犀角象齒，非刺以毒鏢，遲以月日，不能得也。主者授之器而寬之限，狁挾以歸，遇犀象轍往刺之，升木而匿。犀象怒，索以報怨，毋獲也，❶移刻毒發而殪。狁乃羣聚叫嘯，似誇其捷者。相戒守以經月，犀象肉腐，獨存齒角，齒則負以數狁，角則一狁肩之，以輸其主。遇奪他姓，至死弗畀也。舶人聞而異之，因編竹爲籠，紓深其制，置所必由之徑，機而取之，以獻於夷王。王大悦，酬以蘇方木數千金。衣

❶「獲」，紅葉山文庫本作「施」。

狁以番錦，飼狁以嘉豢，置狁於爽塏華搆之地，❶冀結其心，能出死力以供夷方驅使。狁以非其主，終不屑附焉。嗚呼！狁也者，人屬耳。其所居則翳薈也，其所親所見則髼鬆也，彼安知上下之防、冠履之分、尊卑之等哉！迺忠於舊主，不爲力屈，不爲勢劫，不爲利奪有如此。脱世家厮養而皆狁也者，寧非世家之幸，足徵風俗之不偷哉。奈之何今之爲厮養者之不狁若也。勢盛則親之若父母，爲其能室家之也，爲其能衣食之也，爲其能覆庇之也。不幸而勢則衰矣，彼昔日室家、衣食、覆庇之恩，曷嘗有須臾之蓄於心哉？棄若敝屣，遠若寇仇，擇氣燄赫奕可以陵壓舊主而莫敢誰何者，望望然去而依焉。然非得新主之歡則身不安，非啖之以聲色貨利則主不歡。於是乎主好冶容，則妻以冶容進；主好狡童，則子以狡童進；主好肥甘，則時以肥甘進。主好鬬膏腴，則曰「胡患膏腴之不接比也」；主好窮壯麗，則曰「胡患壯麗之不延屬也」；主好集珍玩，則曰「胡患珍玩之不麟萃也」。詳所計畫，盡挈舊主之貲産以投新主好，即剜舊主之肉且磔其肺腸也者，靡不攘臂而甘心焉。視狁之忠於舊主而至死不變者，奚啻霄壤哉！甚者訐舊主之私以輸誠於新主，俾新主者得藉爲口實，以濟其攘奪之謀，是尤狁之罪人也已。雖然，厮養者人所驅使者也，彼烏知敦詩書明禮義哉？其狁之不若也者，亦犬彘埒耳，吾不足責也。藉令氣燄赫奕者燭厮養反側之奸，而聲其叛主之罪，則上下之防、冠履之分、尊卑之等，不由此肅然正哉，胡爲乎徒悦其今日之能歡我也！容之於帷幄，若夷王之衣以番錦焉者；厚之以餼廩，若夷王之飼以嘉豢焉者；寵之以事權，若夷王之置於爽塏華搆焉者，謂之何哉？不思厮養之性不常馴，吾之勢不常有，倘一旦不幸，而吾之氣燄倏然熄焉，安知今日所得之膏腴、所得之壯麗、所得之珍玩，不爲厮養異日擇主之資乎？吾重惜敦詩書明禮義者，夷王其心而其見反出狁之下也。悲夫！

❶「塏」，底本作「瑲」，據下文改。

誅鼠文

陳柳園

維淳祐改元四月甲申，柳園陳子偶於釀具中生獲一鼠，爰命家僮置於片木之上，削竹爲釘，着其四足，窮訊厥罪而責之曰：「維爾穴居，實繁醜類。自昔乃祖，積書傳記，食魯牛角，幾廢郊祭，嚙魏馬鞍，潛驚庫吏，乳猫爲妖，渡河逞異。穿屋惑於詩人，竊肉怒於童穉。凡此數事，皆其尤大彰示者也。厥後育子生孫，支派別分。或依茅屋，或托朱門，晝伏夜動，三兩爲羣。舐砧污几，攪甕翻盆，投之忌器，却之無刀。❶主翁側目，竈妾憂嗽，念非永某氏，欲甘心於爾曹者久矣。孰謂爾獨惡稔，竟爲禍嬰，遭我所得，明辱户庭。爾罪者有二可推，今爲爾言，爾其聽之。婦女蠶桑，心亦勤苦，爲衣爲褐，無不藉此。爾則食蠶，膏唇沃齒，筐箱一空，卒歲何以？爾有皮毛，可禦霜雪，豈至若人，冬裘夏葛，人或號寒，由爾爲孽，此則爾罪一也。原田晦晦，禾黍穰穰，農夫耕種，勤勞備嘗。爾先偷盜，穴居爲倉。閉藏富溢，雀鴿莫將。人經兵火，饑饉薦臻，甑中生塵，米如炊玉。爾當此時，飽充口腹，此則爾罪二也。若有奸滑小吏，得爾遺糞，漬蜜獻王，圖報私恨，人或藉爾爲此，吾亦惟爾之忿。變形爲人，謁見楊生，高談觸諱，不憂憤嗔，爾雖莫敢爲此，吾亦爲爾之懲。」陳子責之畢，欲貸以不死，令返穴中，告戒厥類，勿蹈前蹤。時有一客在傍，相語曰：「彼有皮毛，而不恤人之無衣；彼有囷倉，而不恤人之無食。戴天履地，全不愧惕。宥此二罪，計未爲得。曷若斬首，顯此明辟。」陳子笑而從之，乃命揮刀行事，而歸休於讀書之室。

❶「刀」，各本同，據文意當作「力」。

養狸述

舒元輿

野禽獸可馴養而有裨於人者，吾得之於狸。狸之性，憎鼠而喜攫。其體趫，其文班。予愛其能息鼠，竊近乎正且勇。嘗觀虞人有生致者，因得請歸，致新昌里客舍。舍之初未爲某居時，曾爲富家廩，墉堵地面，甚足鼠竅，穴之口光滑，日有鼠絡繹然。某既居，果遭其暴耗，常白日爲羣，雖敲拍叱嚇，略不畏忌。或暫黽俛跧縮，❶須臾復來，日數十度。其穿巾孔箱之患，繼晷而有。晝或出遊，及歸，其什器服物悉已破碎。若夜時長留缸績疑作續。晨，❷與役夫更吻驅呵，甚擾神抱。有時或缸死睫交，黑暗中又遭其緣榻過面，❸泊泊上下，則不可奈何。或知之，借櫝以收拾衣服，未頃，則櫝又孔矣。予心深悶，當其意欲掘地誅剪，始二三十日間，未果。頗患之，若抱癢疾。自獲此狸，嘗闔關實竇，❹縱於室中，潛伺之。見軒首引鼻，似得鼠氣，則凝蹲不動。斯須果有鼠數十輩接尾而出。狸忽躍起，堅瞳迸金，文毛磔班，張爪呀牙，劃洩怒聲。鼠黨帖伏不敢竄，狸遂搏擊，❺或目抉牙截，尾捎首擺。瞬視間，羣鼠肝腦塗地。迨夜始背缸潛寬，室內灑然。予以是益寶狸矣，一作命。常自馴飼之，到今僅半年矣。狸不復殺鼠，鼠不復出穴。穴口有土蟲絲，封閉欲合。嚮

❶「黽」，紅葉山文庫本作「履」。「黽俛」，《古今事文類聚》後集卷三十七作「僶俛」，義較長。

❷「績」，《古今事文類聚》後集卷三十七作「續」。

❸「榻」，《古今事文類聚》後集卷三十七作「塌」，《文苑英華》卷三百七十三作「榻」。

❹「竇」，底本作「賨」，據申報館本改。

❺「搏」，底本作「搏」，據申報館本改。

之韞櫝服物，皆縱横抛擲，無所損壞。噫！微狸，鼠不獨耗吾物，亦將咬嚙吾身矣。是以知吾得高枕坦卧，絶瘡痏之憂，皆斯狸之功。異乎！鼠本統乎陰蟲，其用合晝伏夕動，常怯怕人者也。向之暴耗，非有大膽壯力，能凌侮於人，以其人無禦之之術，故得恣横若此。今人之家苟無狸之用，則紅墉皓壁，固爲鼠室宅矣。甘醲鮮肥，又資鼠口腹矣。人雖智力，其奈之何？嗚呼！覆燾之間，首圓足方，竊盜聖人之教，甚於鼠者有之矣。若時不容端人，則白日之下，故一作此字。得騁於陰私。故桀朝鼠多而關龍逢斬，紂朝鼠多而王子比干剖，魯國鼠多而仲尼去，楚國鼠多而屈原沉。以此推之，彼小人道長，而不知用君子以正之，猶嚮之鼠竊，而不知用狸而止遏。縱其暴横，則五行七曜亦必反常於天矣，豈直流患於人間耶！某因養狸而得其道，故備録始末，貯諸篋中，異日持論於在位之端正君子。

三友傳 鳥

卓吾居士

維暮之春，百花鬭妍，千枝添緑，滿庭芳草。忽報東風第一，而尤點綴園林好景者，嚶嚶鳥鳴也。時則黄鶯兒間關上下，顧眄左右，見簇御林中花柳分春，金蕉葉展，乃鼓翅拂翎而作聲曰：「時哉！時哉！收江南春色而歸之肺腑者，非吾徒哉！」于是取亭前柳搆室，玉交枝繚垣。睆睆黄鳥，載好其音，而俯仰之間晏如也。維時香柳娘、虞美人、紅娘子縱步觀後庭花，聞囀林鶯聲，皆摘枝頭青杏笑擲之。黄鶯兒知其戲也，亦嘲之曰：「好姐姐，毋打我。」然性最好友，每唤于黄薔薇架上。一日，見祝英臺雙蝴蝶，三三五五，紛飛晝錦堂前，或戀金錢花，或翻紅芍藥。無何，低度粉牆而去。黄鶯兒曰：「此輩止可敉成一種絳都春耳，非吾友也。」正尋思間，忽遇雙雙燕兒舞於桃李下。黄鶯兒佯叱曰：「汝何物也，而敢與桃李爭春耶？」燕兒呢喃答曰：「我燕也。秋去春來，有年於兹矣。子未識我乎？」黄鶯兒曰：「姑戲子耳，毋相訝。倘子不棄，願爲子友。」燕兒許諾，因造鶯居。則見落梅風起，楊柳摇金，前有梨花兒、紫花兒，後有小桃紅、纏枝花、三月海棠，蓁蓁夭夭，四望極目。燕兒嘆曰：「真錦上花也！」黄鶯兒曰：「聞有胡燕，有越燕，子何所産？」燕兒曰：「胡越一家耳，俱産烏衣國也。」黄鶯兒曰：「今爾居安在？」燕兒曰：「昔拓拔氏塗腦中原，曾一巢於林木。後徙范質家，范妬我，屢害我雛。復巢王謝堂前，蓋謝之妻，❶即烏衣國王女也，我舊姻族也，故往依之。今又移居上小樓，與三學士爲鄰矣。」黄鶯兒又戲問曰：「子居塵土中，寧如我有此風光好乎？」燕兒戲答曰：「子知海棠春，豈知玉樓春也，我則兼有之矣。子何誇焉？」已而烟鎖南枝，西江月上，燕兒啣花掠水而歸。黄鶯兒綿蠻簧語，弄巧金梭，只見月挂玉鈎，四邊静悄。來往佳人，飄長裾，曳輕袖，或整紅衫兒舞霓裳，或列青玉案燒夜香，不知霜天曉角，已三更轉五更，轉而銅龍將報天曙矣。黄鶯兒南柯夢覺，則斗指銀垣，河傾東嶺，而滿天紅日，又早射鳳凰門矣。已而有鵲踏南枝，翩躚舞蹈，喧鬧不息。黄鶯兒詢其故，答曰：「我鵲也，能報吉兆祥，人皆謂之喜鵲。今晨見古輪臺畔，露逼牡丹盛開，我欲爲少年遊子寄一佳信耳。」黄鶯兒誚之曰：「吾聞公輸子削竹木成鵲，飛三日不下。汝鵲也，非竹木爲者乎？」鵲曰：「今天下無公輸子，謾勞爾流鶯調舌也。」黄鶯兒延入叢中，相結爲友。鵲謂曰：「我喜遷喬久矣，何幸今日共賞花宫也。」黄鶯兒曰：「當與子成刎頸耳。」因又問曰：「昔王荆公見啄木兒，即自解衣上樹以探汝巢，意必欲取汝于巢也，汝亦危哉？」鵲曰：「彼所謂緣木求魚、守株待兔者也，安能害我？」已而黄鶯兒垂首低尾，若有所思。鵲問之，黄鶯兒曰：「唐明皇時，我集禁苑中沉香亭上，明皇乘珍珠馬，穿皂羅袍，過而見之，呼爲『金衣

❶ 「之」，底本作「也」，據《堅瓠集》七集卷四改。

公子』，後人誤稱『錦衣公子』者始此。今東園樂事，不減明皇。而世改時移，可以長相思也。」鵲亦言曰：「牛郎織女爲銀河阻隔，若非鵲橋夜渡，終身不得效于飛樂也。人故以『鵲橋仙』目之。今石榴花放，七夕又將至矣，彼寧無再團圞之望乎？」黄鶯兒曰：「吾友來矣。」鵲視之，乃燕兒舞也。鵲曰：「『燕燕于飛，差池其羽』，非子耶？」燕兒曰：「『月明星稀，烏鵲南飛』，非子耶？」於是相接甚懽，黄鶯兒亦大喜。嗣後，三友無日相離。卯而聚，終酉而散，十二時每過半焉。不覺春去夏徂，而杏花天氣將爲亂紅飛老也。❶一日同上小梁州，立于橋頂，遂名爲「三仙橋」。黄鶯兒曰：「我在高陽臺，見粉蝶兒眷戀一枝花，彼自以爲無求於世，而與人無爭矣。不知耍孩兒方將唫其不見，而撲之爲螻蟻食也。」燕兒曰：「夫粉蝶兒，其小者也，吾啣泥浣沙溪頭，見水底魚兒乘長風破萬里浪，彼自以爲與人無爭矣，不知水仙子、魚家傲方將持竿攝綸，而川撥棹以釣取之。晝遊乎江湖，夕調乎鼎鼐，雖吞舟之鱣鮪，不能活此于江兒水中也。」鵲曰：「夫水底魚，其小者也。我過小重山，見一行斜飛插天而下，佇視之，乃雁兒落也。蘆花爲伴，明月爲友，飄飄乎高翔，彼亦自以爲與人無爭矣，不知耍鮑老、山麻客方將關烏號之雕弓，挾夏服之勁箭，引微繳，凌清風，加己于千仞之上，而身爲俎醢也。」黄鶯兒聞之愴然曰：「悲哉！雁也。曷爲蒙此禍也！昔蘇子卿牧山坡羊，倘孤飛雁不寄一封書，則子卿爲胡地鬼而不得朝天子矣。彼且弗免，豈非命乎？我與爾夷遊乎天地之間，矰繳不及，弧矢不加，正所謂飛鳥依人，人自憐之，豈不爲天下樂耶？」頃之，鵲忽報曰：「刮地風寒，❷又早飄金井梧桐矣。」黄鶯兒亦曰：「江頭金桂，又早開遍也。」燕兒曰：「然則楚江秋到矣。」遂欲辭去。黄鶯兒曰：「子

❶「天」字底本殘損，據紅葉山文庫本補。
❷「刮」，底本作「刮」，據紅葉山文庫本改。

將焉往?」燕兒曰:「向與子言之矣,吾今返烏衣國也。」于是黄鶯兒與鵲至江頭送别。燕兒曰:「可惜黄花滿目,竟遭遠離,奈何!」黄鶯兒與鵲同應曰:「願子毋忘賞花時,來春再得慶東園也。」燕兒遂翻波戲浪,瞬息而渡。黄鶯與鵲目送之。將返,則見桂枝香滿,菊花新放,柳葉兒、梧葉兒俱已黄落,而兩岸玉芙蓉又老矣。乃戚然曰:「一江風景好傷感也。」居數日,黄鶯兒亦深藏不出,唯鵲不避歲寒,挺然與風入松、臘梅花競節也。暨風和景明,則羣聚如故,而相期爲千歲云。

野史氏曰:「黄鶯兒,春鳥也,一名鶬鶊,一名黄鸝,一名栗留。性喜春生,惡秋殺,且善唤友,而復不苟與。吾觀燕也,去來有信。鵲也,吉凶前知,則知鶯之能擇友矣。間亦雜以詼諧,❶而聲應氣求,終始不逾,未嘗至于相忤。《詩》云:『善戲謔兮,不爲虐兮』。黄鶯有焉,況夫知幾知命,囂然自得。玩其言又可想見,蓋不啻出幽遷喬,知其所止而已也。噫嘻!爭地之蝸,爲利而鬬;刳腸之龜,因智而死。孰若鶯之羣聚嬉嬉,付身世于兩忘,而人莫敢侮也耶?鶯乎鶯乎,其稟性天之靈乎?友乎友乎,可以人而不如鳥乎?」

美人月夜遊園記鳥妖

卓吾居士❷

黄纏道勾吴人也。素雄於貲,少年游俠,天下湖山,足跡將徧。年既衰,飄然有高卧林丘之志,因自號「瑞鶴仙」,又號「風流子」。墾地百畝,築圃其上,門外苔徑粉壁,竹橋清澗,幽雅絶塵,雙門隱隱,雕簷翠幕,

❶「詼」字底本殘損,據紅葉山文庫本補。

❷「卓吾居士」底本原缺,據紅葉山文庫本補。

朱欄曲檻，縹緲如畫。里中高士白練序，題其扁曰「園林好景」。臺館之麗無筭，其最勝者則高陽臺、古輪臺也。二臺相對，各方二丈，高三丈。以瑪瑙爲之，設金人捧露盤於臺頂。其下則金明池屈曲於中，小重山環遶於外。池有金鯽千尾，而山峰競秀，天巧琢成，又名曰「夏雲峰」。四時花鳥，色色可人，而三春尤甚。然終日扃鎖，遊人莫入。吳中有美人能詩文，喜遊玩。暮春既望之夕，因率侍婢數人欲往黄氏之圃觀焉，賂守者朱奴兒，然後得入。是夕，西江月上，煙鎖南枝，緑陰婆娑，紅英撩亂。美人金蓮窄窄，玉體盈盈，於是轉翠栢屏，歷荼蘼架，❶登臺涉館，遊石假山，臨流四顧，渺渺乎有江山千里之想。已而立於桃李花下，吟成五言一律。詩曰：「夜闌更漏永，春富小桃紅。遶地遊初遍，齊天樂未終。柳如金絡索，人似玉芙蓉。手撚香羅帶，花陰立晚風。」吟畢，忽見梧桐樹底，人影突出，美人惶不及避，至則皆女冠子也。一女黄衣桃腮，一女紫衣纖腰，一女玄衣縞裙，各向美人施禮，笑問曰：「月夜逍遥樂乎？」美人未及答，三女即邀至庭中。少憩，但見四邊靜悄，玉漏遲遲，疎簾淡月，幽香遍滿。三女謂美人曰：「錦堂月色如畫，奴輩幸集賢賓，何異步蟾宫而親炙姮娥之面耶？」因設錦褥，共坐于庭，言詞清婉，答應如響。美人亦笑談忘倦，從容請問姓名居止。黄衣女先言曰：「奴輩皆王公侍妾，聞好姐姐在此吟玩，私出奉陪，幸勿相訝。奴名多嬌，乃喬木世家。唐時有諱栗留者，奴九世祖也。嘗衣黄衣朝天子，自製法曲，獻仙音，明皇愛之，賜號『金衣公子』，遂世襲其號。奴亦頗曉音律，性復好織，主公見奴弄機抛梭，喜謂曰：『爾又織成一機錦耶！』每花晨月夕，主公命小婢排青玉案，自酌梅花酒，聽奴歌聲，嘗見許，爲俗耳砭針，詩腸鼓吹，其憶多嬌如此。」紫衣女曰：「奴名迎春，先世外國烏衣人也，愛南方地煖，遂入中原，迄今幾千秋歲矣。五代拓拔氏煌我屋宇，暫徙于簇玉

❶「荼」字底本殘損，據紅葉山文庫本補。

林中。今賀昇平已久，宗族蕃衍，有與貴宅爲鄰者，姐姐不識耳。女以口舌便捷有寵于主公，性喜拈花弄柳，嘗欲收江南春色而歸之肝肺也。」玄衣女曰：「奴名喜卿，文家三槐舊宅也。上世有入山採藥者，遇臨江仙子，謂其夙稟靈性，授以奇術，遂出金字經一卷，符籙一道，付之云：『得此則天仙可見，銀河可至，吉凶可知。』世守其術，奴亦能預報人間喜事也。」美人曰：「今宵幸會，誠哉有緣。然風清月朗，一刻千金，可無佳句乎？」多嬌曰：「適聞姐姐所咏，真字字錦也，奴輩敢不效顰。」乃先吟曰：「念奴嬌滴滴，畫錦畫眉分。巧韻聲聲慢，新衣縷縷金。啼殘紅芍藥，睡損海棠春。更喜遷喬處，亭前柳色青。」迎春繼吟曰：「畫堂春色好，樂處即爲家。山壘花心動，穿簾蘇幕遮。身經西地錦，泥掠浣溪沙。巧訴衷情語，烏衣月已斜。」喜卿亦吟曰：「曾度天仙子，橋成乞巧時。倦飛秋夜月，旋繞玉交枝。好事近不近，阮郎歸未歸。燈花何用卜，惟有喜卿知。」三女吟畢，於是美人命一婢名海棠花者，取金絡索掛梧桐爲鞦韆戲。既罷，又命一婢石榴花者，捧碧玉簫吹之，清和嘹喨，響遏行雲。一婢名絡絲娘，❶一婢名香柳娘，皆善歌舞，於是瑤明璫，曳輕裾，歌採蓮之曲，舞採蓮之隊，亭亭嫋嫋，雜亂花影。美人樂甚，復吟七言一絶，詩曰：「賞花時節迎仙客，瑪瑙臺前十二紅。嘗憶王孫雙勸酒，鷓鴣天氣落梅風。」海棠花亦吟曰：「細柳摇金梭月影，錦衣香惹武陵春。獨憐玉女摇仙佩，悵望桃源憶故人。」石榴花亦吟曰：「一枝花宿雙蝴蝶，侍女吹殘碧玉簫。沉醉東風天下樂，坐看月上海棠稍。」吟畢，美人復謂絡索娘、香柳娘曰：「採蓮曲乃舊人所作，汝可新製一曲歌之。」於是二婢載歌載舞，絡索娘歌曰：「滿庭芳草兮淒淒，怨王孫遊兮不歸。瑣寒牕兮人靜，點絳唇兮何爲。傍粧臺兮懶畫眉，惜奴嬌兮長相思。」香柳娘歌曰：「鳳凰閣上兮吹簫，絳都春去兮魂摇。罵玉郎兮薄倖，解連環兮輕

❶「絲」，據下文當作「索」。

敲。紅繡鞋兮步步嬌，❶望想人兮月兒高。」歌舞既畢，但見明月西斜，花陰東轉，宿鳥驚飛於樹杪，遊魚跳擲於池中。美人將言旋，遽失三女所在，美人肅然而恐，率侍婢亟行。明日訪於黄氏，並無三妾，使小婢往視圃中所坐之處，惟梨花成雪，桃花爲雨，三女所設錦褥，只落紅滿徑而已。細味其問答之言、吟咏之句，乃知其爲鶯燕與鵲之妖也。嗚呼！異哉！

秋蟬吟

一衲道人

蟬兮本名蝦鱉蟲，自小生身水窟中。潛跡坭塗爲窠穴，交結魚蝦作友朋。一朝脱皮並换骨，就地飛騰到林木。慢憑素咽且吟風，聊借一枝權寄足。曉烟簇簇籠翠幃，夕照熚熚映落暉。❷忽向章臺弄唇舌，倏入隋堤逞羽威。❸啼鶯語燕借歌韻，浪蝶狂蜂相厮競。酒旆蕩漾興飄揚，簫鼓喧嘩聲響應。玉驄遊子望凝眸，畫舫騷士意徘徊。山嶺沙溪任氣使，巷陌街衢逐伴隨。一口掀天猖赤幟，兩湖出没儘聲勢。蝦揸不是昔年形，比類而今誰與似。荏苒光陰不久停，迅速炎凉如轉蓬。緑退紅殘顔色改，蘚敗苔荒肅殺侵。繁華一旦成寥寂，景象千般非夙昔。眼前滚滚盡浮塵，舉目凄凄惟孑立。君不見一物名蜻蜓，挺身矗尾直前行，鎮日盤旋罔休息，徒目奔波擾夢魂；又不見一物名促織，張牙扇翅勇莫敵，當場叱咤狠戰爭，贏得金珠枉勞

❶ 下「步」字底本殘損，據紅葉山文庫本補。
❷ 「熚熚」，申報館本作「熏熏」。
❸ 「倏」，底本作「條」，據申報館本改。

碌。蟬兮蟬兮急回頭，時乎時乎去難留。古來多少興亡事，及至無常一土坵。

青蛙吟此謂反根倒舌者云

冷眼生

章臺柳畔有一物，良可嘆兮又可惜。擺尾摇頭似鼓丁，打魂成團屯岸側。有時脱却舊行藏，倚仗蘆葦逞威力。花花褲兒穿一腰，緑緑衣衫遮滿脊。雙睛瞠視如突硃，一口吱喳無紀極，須臾煽焰勢轟轟，頃刻消洋聲寂寂。夜逐流螢鬧汀渚，曉向草茅混形跡。番身跳足大賈猛，貪嘴吞鈎少知識。懊恨鄉村媒利人，捉賣市沽換賤值。論觔止得五六厘，每隻不過二三忽。破肚乞腸上刀砧，剥皮刖足受慘尅。備嘗苦辣及鹹酸，歷盡熬煎並煙炙。❶不同膏品列正筵，只好傍邊做協色。若人舉手略相親，那堪大嚼與饕食。骨頭委棄地中央，狗子見了也不吃。嗟呼到底没下稍，❷何事終朝跳弼弼。

鬬蜾蠃記

吴之珍

支吾子塊處一室，左琴書，右樽斝。❸狂時雜以嘯歌，其于市人蚴螺愊憶，態澹如也。暇取儲胥數十

❶「煙」，申報館本作「熏」。
❷「到」，底本作「列」，據紅葉山文庫本改。
❸「斝」，底本作「斚」，據紅葉山文庫本改。

紙，灑以桐液，搗以榆杵，竟日夕得明瑩纖薄如索鑑照影。因裁而蒙于北牕之格焉，格每距不及二寸。有蛛集于其間，芥爲軀，毫爲股，網之大若菽殼然，即睛星亦不能困縛者。適蜾一望明而入，❶勃窣盤旋，若曳若掣。蛛乃以足攖之，蜾蠃怒而以尾擊之，❷且攖且擊，再攖復再擊，急則蛛且退棲于網，如是者數四，紙亦弸環有聲。支吾子坐視良久，乃嘆曰：「物誠無知哉，此猶以千鈞而壓累卵，鮮不糜且滅矣。」因命童子遍索蛛之黨，不問巨細，合封于一格以助焉。有蒼者，有黑者，有黑而介以白瘕者，有虢虢若虎者，有股長而跂踱不進者，有腹厚而其絲喁喁若瀉者，衆以暴寡，始若擒而噉之。逮蜾蠃盡力一擊，則羣蛛皆攣足裹頰，颯颯然共聚一隅，不勝其腴懦戰慄狀。于是支吾子復撲青蠅數羽，撼而激之鬭。頃焉，以蛛覯蠅，則垂涎而跳躍；以蠅畏蛛，則鼓翼而騰飛。以蜾蠃不禁夫蠅與蛛之擾，則奮首尾而思吞螯，轉轉相扼，勢若抗衡。支吾子倦而就寢，越宿起視之，則三物皆僵仆，無餘生已。嗚呼！惟蟲能蟲，惟蟲能天，激之鬭而其天者汨矣。❸今造化以崇卑强弱，寵辱得喪，啓其釁而召人之爭，是則格中三物也。人未能超乎世故，絶乎塵鞅，比比以微茫事，競量于蝸角蠅頭之間。其馳騖也，朝燕而暮越；其傾軋也，始恩而終仇。苟有無懷氏之民，坐而觀其成敗，豈不掀髯發一長笑也哉！卒之玄暉落，薤露晞，則彼爲姱美、爲籧篨、爲旒黈、爲擳攘者，總總將安在也？支吾子因感而爲之偈曰：「嗟嗟物類，匪直如斯。環宇宙間，孰雄孰雌。以利相搏，以名相欺，人影忽沉，❹同爲腐尸，何益于後，乃成猖披。老氏守玄，能不失時。夜氣靈爽，尚其繹思。」

❶「一」，紅葉山文庫本作「蠃」。
❷「蜾」，底本作「槐」，據紅葉山文庫本改。
❸「汨」，紅葉山文庫本作「汩」，申報館本作「汩」。
❹「人」，紅葉山文庫本作「倒」。

憎蚊賦

孫原貞

孫子頤吾，暑月無珍簟方牀，夜移書几，連接而卧。有蚊羣集而至，不得安寢，强起正襟危坐，而詰曰：「天地間惟人爲貴，物爲賤。物得其氣之濁，而人得其氣之清。故晝必有爲以典學，夜必宴息以凝神。況值此永日，志氣昏沉，溽暑蒸體，揮汗交零，方曲肱之一枕，冀氣體之暫寧，何汝物之至？眇顧於人而相侵，聚成雷鼓，睫集焦螟。尋頭撲面，入幕穿襟。咬人皮肉，利嘴如針。臂已痺而猶攘，目欲瞑而復驚。道心何由而定，夜氣何由而惺？使孝子咬牙而忍痛，烈女切齒而露筋。吾惟聞人而驅物，何嘗見物而嚙人。」舉扇撲滅，猶復呻吟，且前且却，若有所陳。意想測度，似彼有云：「近聞先生慕道，當知物理人情。物雖至賤，天地無有不仁；人雖至貴，每惰行于冥冥。不知衽席之上有睚眦，淵默之中有雷聲。酖毒生于宴安，獨寢須不愧衾。恐懼致福，危者使平。子既學聖，要在憂勤。胡不如周公之坐以待旦？胡不如孔子之終夜靡寧？胡不如康節之夜不就席？胡不如勾踐之獨卧以薪？精思力踐，奔軼絶塵，火不能熱，水不能冰，顧乃高卧偃蹇，袒裼裸裎。予兹來訪，示子規箴。子胡不悟，反速予行。況天下之不爲蚊者寡矣。蚊之利口，刺人之身。人之利口，刺人之心。刺人之身者爲害小，刺人之心者爲禍深。不韋利口，以吕易嬴；王莽利口，篡漢爲新；❶蘇秦利口，六國亡秦；斯高利口，扶蘇蒙塵；王衍利口，江左以傾；朱异利口，梁亡臺城；林甫利口，敗壞唐兵；世基利口，隋煬瀆經；成大利口，誠僞不分；惠卿利口，害及雞豚。以非爲是，以假亂

❶「篡」，底本作「纂」，據申報館本改。

真，覆人之國，戕人之精，此皆磨牙肆毒，食虎吞鯨。其視蚊子之爲人害，果孰重而孰輕？先生何不於彼而致察，而惟于我而生嗔。且予之行藏，有合先民。入以昏晦，出以天明，夏秋見世，春冬潛形。其與醯雞不見天日，蟪蛄不知春秋者，不亦大相徑庭耶？」孫子曰：「汝言固亦有理，我尤獨識其真。心爲嚴師，遇爲浮雲。富貴福澤，固厚吾之生；貧賤憂戚，庸玉汝於成。處一化齊，存乎一心，使心有所儆，而後畏斯意。即由之以不誠，吾惟乾乾夕惕，肅肅宵征。戒慎不覩，恐懼不聞，通知晝夜，定省晨昏。三餘是惜，四知惟欽。夢寐姬孔，卧想周程。勿忘勿助，無將無迎。寧學聖人而未至，不欲一善而成名。蚊乎蚊乎，吾其以汝爲叩脛之杖、朴作之刑，刺股之穎、訂頑之釘。他石攻玉，烈火銷金。潛居寤道，暗室安貧。欲親燈火，照讀典墳，無油且止，有志莫伸。予將撤几不寐，杌坐息尋。學匡衡以鑿壁，效武子以囊螢。夜以繼日，厥德維新。庶靈臺不至於昏昧，睡魔不至於侵凌。」不覺昊天欲曙，籠鷄齊鳴，起看蚊子，寥如晨星。急呼小子，書此于屏。❶朝繹暮習，用比盤銘。

憎蚊説

錢鍾義

山澤之區，靈秀所毓，玉輝珠潤，龍蟄鳳翔，錯然具陳，不可殫也。其戾氣之爲梗者，則莫若豺虎蛇蝎然。然豺虎蛇蝎之嬰其患者，億兆無幾也。豈其類之果不足以生毒耶？顧其名足以震怖，而備之者有具也。羅而致之，陷穽而搒之，腊而弭之，則向之可患者，將玩好之飾，裘罽之資，療劑之式，若夫犬豕魚鱉之

❶「書」，底本作「苦」，據紅葉山文庫本改。

用耳。竊怪夫沮洳之鄉，炎燠之候，乃産蚊焉。楙木所包，其麗不億，鶊鳥所噴，實繁有徒。渙其羣而勢若負山，黨其衆而響則如雷。當太陽之孔照，則遁跡莫窺；稍陰晦之侵尋，則引隊而出。突如其來，撼昆陽百萬之衆；從空而下，恍延岑山後之師。雖無金鐵之錚錚，若見戈矛之戟戟。其迭出也，如吴之三軍肆楚；其輕進也，若漢之深入不毛。又且巧於伺隙，倏如飃風。衝堂宇，敢於直前；隱房帷，是其故智。苟防禦之少疎，已空隙之投入。挾利口之資，乃排闥而無忌；懷刺心之術，遂入幕以爲歡。蓋非止穿裳而撲面，又豈但摩足而拂鬚。剥床以膚，北宫將爲撓也；引錐刺股，季子能無慟乎？亦或病于夏畦，苦不容其向晦而宴息；雖欲親於燈火，又豈能繼晷而焚膏。遂使君非季優，無故而自批其頰；孰爲漢帝，兜然而忽拊其髀。彼孝稱江夏之童，實伊貽戚；烈著高郵之女，惟爾生姦。又何怪乎王司徒玉麈之揮須臾不離，而楊將軍紅拂之妓去而違之也哉？直其同聲相應似義，麾之不去似忠，奮不顧身似勇，見幾而作似智。要之貪婪無厭，一飽以足。其生冒進無恥，死而無悔者也。是無豺蝎之著名，而其毒滋蔓。雖微芒小醜，而治之尤難。徒使人攘臂扼腕，而無可奈何者也。雖然，伏戎於莽，高陵弗升，綢繆牖户，則莫予侮。況夫金風扇而寰宇清，玉露凝而煩暑降，且將蕩爲遊塵，而噍類無復有矣。由是樽俎可以合歡，琴瑟以之静好。金屏繡幕，侈仙苑之歌聲；孫牖韓檠，結幽人之雅趣。豈不爲有生之一大快哉！乃知雲景效祥，而陰霾斯伏，鳳圖獻瑞，而鵄鳥吞聲。所以元凱登而四兇無虞其在位，周召相而三叔不患其盈朝。在備之有道，倏之有時耳。故其潛奸於内，則房幃禁闥多曖昧之端；煽亂于外，則戎狄草莽基芒刺之釁。所謂乘間竊發者也。是以君子慎防之密，每嚴於暗室屋漏之中；廓清之艱，尤進於昆蟲草木之化。後之覽者亦將有感於斯蚊。

螢蚊判

滑稽生

夏之世，一曰有螢氏，身性光明，因時隱見；一曰有蚊氏，利口長舌，專務譏刺。鄉曲一夕，二氏相遇爭道，反唇相譏。螢曰：「長喙子，胡事遑遑？ 入人室，升人堂，非姦即盜，何足以臧。」蚊曰：「光尻子，爾何踽踽凉凉？ 繫瓠瓜，守林塘，假作光明模樣。」螢曰：「是故惡夫佞者，禦人以口給，屢憎於人。」蚊曰：「汝毋憎我口給，汝何知我富貴？ 軒藏穿内閣，翠幕上方牀。無論多嬌殊色，盡爲我炮鳳烹羊。子孰與我？」曰：「不如子。」「碧紗廚，鮫綃帳。我安居，則卧者鼾鼾，一怒，則諸人惶惶。子孰與我？」曰：「不如子。」「黄金屋，白玉堂。我結朋聯黨，一任徉狂。子孰與我？」曰：「不如子。」蚊曰：「此三者，汝皆出吾下，而名加吾上，何也？」螢曰：「三者皆汝之罪，何用德色？ 吾試汝三罪以及吾德，可乎？ 汝口鋭神矛，浚人膏血，是不仁也；將欲潛之，反固鳴之，是不智也；終宵營營，達旦不寢，是不節也。我則應時不愆，非信乎？ 與物不競，非仁乎？ 逢昏不昧，非智乎？ 避日不明，非義乎？ 我具大德者四，汝負大惡者三，長喙子安得與我並？」有蚊氏猶雷吼爭訟不已，乃相與質成於螻蟈土有蛙氏。有蛙氏紆青拖紫，列兩部鼓吹而後進之，訊二犯於庭而判之曰：「審得有螢氏，跡肖流星，名隆丹鳥，光雖不能周物，明實足以自資。入暗室而不欺，類君子之有道；懷明珠以應候，同至人之知幾。點點客衣，錯認金蓮歸院落；星星樹杪，浪猜藜杖下樓臺。❶ 帶火隨風，含章泛月。囊沙徹夜，曾成車胤高名；暉燭通宵，可比雲長大節。暮夜有螢，金吾不禁。

❶「浪」，底本作「狼」，據申報館本改。

審得有蚊氏，尖喙細身，投間抵隙，長噓短吸，乘暗幸昏。芒刺鋒針，利邁荆軻之匕；雲屯烏陣，衆逾淮水之師。苟有過，人必知之，或中傷，客不悦也。擾我遊仙之夢，栩栩難成；妬人文苑之思，便便奚用。瘠衆肥身而作孽，剥人益己以爲生。使王夷甫最好清談，雍客未得；雖蘇季子素稱舌辨，快捷難方。吮玉肌而齩花貌，尤作嬌鳴；刻香骨而露芳筋，未償奸志。利口已盈於衆口，宜揮帳下之青鋒；貪心不直於人心，應治淮陰之赤族。」判訖，有螢氏稽首謝，揚揚而去。有蚊氏欷泣出曰：「唆喝咬人，自知天網所及，冥然莫逃也。」遂俛首而碎屍於市云。

罵虱文

談一貫

嗟汝虱。汝爲生甚微，無爪甲聲竅，跳躍螫毒，出蚋蟣蠅蚊下，最爲昆蟲不齒。獨體温澤而動舒徐，斂首飭躬善韜避。樂親近人，尤不厭貧寒，安予弊陋。予始憐之，容汝長衣帶之間，近垢澤而親肌膚，成巢穴以繁子孫。三世一體，汝當予念也。詎意汝外巽而中慘，喙細而慾無厭。擒腴樂肥，探入毛竇，飽予膿鮮乃已。使予愆儀于爬搔，驚擾于夢寐，甚所不堪。垢膩如稽康，臭穢如士蔚，咸汝之罹。爲我辱，予亦且弗汝責。第福過災生，體重艱行，予將唾取之。磔汝身首，捽裂焰嗑無不至，使汝無噍類，汝亦奚怪予哉？

蝨蚤相訴解

崔江子

蝨蚤者，均血食於人者也。然蝨性緩而蚤性躁，故蝨得柔惡，而蚤得剛惡焉。戰國時，一日韓昭侯御便殿，有蚤入敝袴中嗜嚙，昭侯大怒，披襟索之甚急，蚤曲躍三百而去。宦豎無以應，自取一蝨以磔之。蝨嫗不平，乃詈蚤曰：「汝何爲哉？食人之食者，死人之難，常道也！今日之禍，誰則尸之？良由汝入裹穿裳，往來迅疾，無少忌諱，以釀成之耳。事敗之後，高躐遠遁，滅其跡於己，而嫁其孽於人。趨利避害，樂禍探物，❶雖濫厠冠裳之中，亦烏用生爲也！吾以此憂濾成疾，饑則皮毛隨風而靡，食則蠱脹而不能行。屢受其殃，時危不測。匪特吾軀，將無蠛矣。」蚤乃鞠躬而聽，俟詈畢，迺反聲曰：「子何過我之深乎？跡汝之所行，若有若無，或藏或出，陽韜陰晦，嗜飫無極。富貴者遠之，貧窶者欺焉。❷貪膏樂腴，腹垂過膝。首下足上，步履艱側。禍至而不避，難生而不知。尚爾營構巢穴，爲子孫計，天下果稽康輩乎？查道儔乎？不爲紀昌、王猛者幾希矣！」二者紛競莫決，忽有夏國人號蚊中子，鼓翼而前，解之曰：「二子所遇，固有幸不幸矣。雖然，太柔則損，太剛則折，均所不免焉。脱附于屈原之體，入水能不溺乎？長於介推之身，入火能不焚乎？遇盲瞽者，瀞濯于湢沸之中，靡孑遺矣。若吾食人而不制于人，着物而不溺于物。聚則成雷，散則無迹，人作我息，人入我出，銛吸毛竇，翺翔八極。二子爲之次矣，奚相詬爲？」❸蝨蚤聞之，五内俱裂，欲尚赤而不能，欲守黑而不及。

---

❶「物」，紅葉山文庫本作「功」。
❷「者欺」，底本作「孝數」，據紅葉山文庫本改。
❸「詬」，底本作「訢」，據紅葉山文庫本改。

山中一夕話上集　卷七

田家樂賦

沈周

田家快樂没憂愁，門前稻子沓成樓。主人遇客先呼酒，童僕逢人復可留。雨落兒童拖木屐，晴乾嫂子戴烏兜。有時一曲纔堪聽，月子彎彎照幾州。田家快樂没嗟吁，數椽茆屋儘安居。春養花蠶供衣服，夏日焚香檢佛書。秋養黄雞肥啄黍，冬春白米有嬴餘。朋友歡招堪置酒，山肴野蔌也相宜。田家快活真不俗，沉醉高歌自鼓腹。門前雞犬亂紛紛，地上桑麻花碌碌。父慈子孝兩心寬，兄友弟恭如手足。日高丈五睡正濃，占斷人間天上福。我見黎儂兩三人，搭背拘肩嬉笑行。山歌拍手更相和，傍花隨柳過前村。我見黎儂快活因，自説村居不厭貧。自有家邊田數畝，不用低頭俯仰人。雖無栢葉珍珠酒，也有清醪三五斗。雖無豬羊大葷肴，也有魚蝦供素口。雖無員眼與荔枝，也有荸薺共菱藕。雖無異供好菜蔬，也有燒菜共醃韭。雖無歌唱美女娘，也有村婦伴相守。雖無錢米來積蓄，不少飯兮不少粥。煎鰟皮，强似肉。樂有餘，自知足。不能琴，聽彈行孝也爽心。不能棋，五花六直慣能移。不能書，牛契田由寫有餘。❶ 不能畫，日念佛圖

❶「由」，《堅瓠集》六集卷三作「繇」。「繇」通「謡」，亦通「由」。「田繇」當即「田謡」，底本誤作「由」。

滿壁掛。花朝節，年年賞花不曾缺，花前不放酒杯歇。風雨時，唱歌酌酒掩柴扉，牧童騎犢過村西，風生箬笠横笛韻。月明夜，皓彩蟾蜍光影射，有肴無酒鄰家借。雪落天，江上漁翁罷釣還，地爐煨酒坐團團，片片飛來不覺寒。四時快活容易過，饑來喫飯困來眠。米自舂，酒自做，紡綿花，織大布。野菜餛飩似肉香，炒豆鬆甜兒叫娘。有時車田跋水漊，烏背鯽魚大小有。軟骨鮮甜真個肥，强似勒魚共石首。杜洗麸，爊葫蘆，燒莧菜，糟落蘇，蜆子清湯煮淡虀，葱花细粟炙田雞，難比爊羊與爊肉。時常也得口頭肥，自説村居無限好。自有田段種瓜棗，自種槐花染嬾黄，❶自種紅花染紅襖，自有菜油能照讀，自有麥豆能罨醬，自有山園種細茶，不用掂斤去播兩。鄰家過，説家務，不願小小貧，不願大大富。船大小，儘可渡。牛自有，不用顧。且喫葷，莫喫素。黄脚雞，鍋裏滬，❷添些鹽，用些醋。買斤肉，細切剁。煨芋菰，❸煎豆腐，沉沉喫到日將暮。深缸湯，軟草鋪。且留一宿到明朝，這般快活恒千古。

偷閒論

獨醒居士

東谷子云：「造化之於人，不靳於功名富貴，而獨靳於閒。天地之間，機發輪轉，無一息停焉。天地且不得閒，而閒豈人之所易得哉？第貧賤營營，迫於遇也，無怪其然。至于高爵厚禄，清資顯轍，不患不足

❶「嬾」，《堅瓠集》六集卷三作「淡」。
❷「滬」，《堅瓠集》六集卷三作「熝」。
❸「菰」，《陶朱公致富奇書》卷五作「艿」，「菰」字字書未見，當即「艿」之俗寫。

也，而患不知足。不患窘阨也，而患過求勝。弗思易壞者身，難厭者心。不息者世故，奈何令一日十二時，無片隙得暇乎？曲計巧心，買田營第，不獲一見，而身先亡者，有矣。又有士大夫被劾之餘，陽以高潔自許，潛作摇尾乞憐之言，于干時求進之牘，囊篋鎖鑰，惴惴於手，收放薄書，介介于懷。所謂好山好水，清風明月，何嘗見此光景？縱或見之，何嘗識此旨趣，忡忡役役，死而後已。若夫富家翁、守錢虜，又不足道也。故曰：不是閒人閒不得，閒人不是等閒人。」

漁樵角勝

袁石公删改

漁樵二人，一日會言於緑楊樹底，各誇其樂。漁曰：「我臨栽皓月。」樵曰：「我細切清風。」漁曰：「我貪水秀。」樵曰：「我愛山青。」漁曰：「你且休言，待我吟詩問你。」漁云：「釣罷歸來不繫船，江村日落正堪眠。縱然一夜風吹去，只在蘆花淺水邊。」樵云：「深山静坐遣情懷，獨步閑行石上崖。悶時爐中看煉藥，閑從山下掃松柴。黄毛猛虎堪爲伴，白面猿猴獻果來。獨坐夜深觀皓月，逍遥勝似步金堦。」漁曰：「我有一首《楊柳詞》，聽我道來：小小船兒又無舵，一領蘆蓆搭撒破，鈎得魚兒兩三箇，閑來拿去街頭貨。飲罷香醪醉且卧，寬懷過，乾坤有分神仙做。」樵曰：「你莫道高，我有一首《西江月》，聽我道來：夜宿崖溪古廟，朝行山野荒村。閑來無事掩柴門，淡飯黄虀一頓。不管興衰成敗，隨緣且度朝昏。是非任我絶談論，且做生前混沌。」漁曰：「我有新詞一首，且道春天景物：東風解凍清光透，三陽開泰春光厚。桃花映水紅光溜，真可嗅，見了些白鷺青鶴閑打鬬。簑衣斗笠無新舊，不戀金章和紫綬。若把青山比水秀，担柴壓得容顔瘦。多也勾，少也勾，舉棹輕摇觀水秀。」樵曰：「我亦有新詞一首，單道春天景物：窩居茅屋第山深，一到春來色色新。高林禽鳥驚樵子，最善的是吹面不寒楊柳風。雖然斧担永相從，强似朝班聽曉鐘。若將水面比山中，船小舟輕最怕風。把眼睜睜色色新，紫陌紅塵一片青。」漁曰：「你不知我夏天受用好處：夏天六月薰風滿，惟有漁翁好消遣。榴花映水紅光顯，頻蕩槳，蘋賓幾處笙歌响。或是下鈞或下網，强如姓字題金榜。笑樵子，不如俺，肩上担柴血如汗。多不趲，少不趲，五湖四海時時玩。」樵答曰：「我夏來有甚不如你？聽我道：夏至一臨纔數伏，桑榆柘柳青樸樸。野杏山桃顆顆熟，真可欲，伴了些桂栢青松君子竹。打得柴來唤酒肉，不去朝中貪俸禄。我笑漁翁忙促促，船小舟輕怕風撲。多不足，少不足，萬丈深山一片緑。」漁曰：「你不知我秋天受用更好：水白風清秋令節，舉棹去把紅蓮折。紛紛船上飄紅葉，真可悦，幾度摇船熬歲月。紅蝦紫蟹錦鱗魚，不向紫袍金帶闕。大担擔柴何時歇，多不悦，大江東去浪千疊。」樵答曰：「我到秋來有甚不如你：颯颯金風諸葉墜，閑花野草多狼狽。惟有竹梅顔不退，寒不畏，只聽賓鴈空浪唳。三朋四友終朝聚，不去朝中呼萬歲。俺笑漁翁真可累，連陰久雨遭顛沛。喫一會，醺醺醉，月明千里映山翠。」漁曰：「到冬來更有好處哩：冬至一陽纔數九，撑着船兒沿河走。紅日灘頭不動手，呼朋友，尋幾個無拘無束烟波叟。打得魚來喫新酒，不去朝街呼頓首。我笑樵夫真箇醜，急急好似喪家狗。多也守，少也守，見了些魚精水怪番觔斗。」樵曰：「我冬來你不知我的妙處：春夏秋冬四季短，閑時打柴忙時趲。燒得火來渾身煖，茅艸鋪床勝綿軟。埋名隱姓無凶險，淡飯黄虀喫幾碗。不戀白頭與象簡，這箇漁翁不如俺。冰凍水寒難下網，貧無驕，富無諂，萬丈青山靛來染。」問答之間，只見林中一道人走出，便問：「二位姓甚名誰，爲何雄辨爭强？」兩人不相應對。漁曰：「我貪水秀，棄却金花象簡。」樵曰：「我愛山青，不戀紫袍金帶。」漁曰：「我有撥天關手段，不去金殿理絲綸。」樵曰：「我有摇地府機關，且共山童閑答話。」漁曰：「我脱下朝靴穿艸履。」樵曰：「我解開金帶繫麻絛。」漁曰：「我手執洪綱。」樵曰：「我腰横闊斧。」漁曰：「我長竿夜鈞宫牆月。」樵曰：「我短笛横吹楊柳風。」樵又曰：「我大斧劈開生死路。」漁曰：「我長竿撥散是非門。」二人問答不已。道人曰：「一個歸河不愛天子節，一個入山去躲身邊厄。水秀山青自古道，二人休把詩篇説。一個採樵只爲衣食缺，一個釣魚不過挨歲月。那個能强那個拙？都是九霄雲外客。」二人復吟詩一首，各辭而退。詩曰：「非是漁樵閑論揚，只嘆浮生不久長。要知漁樵名與姓，二人范蠡與張良。」

惠山景白

龍山樵客

人間好話説不盡，天下名山僧占多，貧僧乃是無錫縣惠山寺一個住持的是也。常年大開祝聖都道場，自正月而始，三月而止，或有鄰近地方良家子女、各府州縣公子貴商，皆來赴會，解厄延生，真個是名山勝景，諸福無窮。但見輕風淡淡，瑞日融融。碧油油芳草齊抽，漸覺陽和隨地轉；語間間流鶯初至，報將春信着天來。曲徑芳堤，濃藹藹千紅散綺；❶茂林修竹，鎖重重萬緑團雲。九龍峰下，❷金勒駿駒嘶曉日；五嶽樓前，珍珠酒旆捲東風。五里街頭，挑擔着琵琶蹴踘。❸金彈雕弓，來的來，去的去，都是風花雪月之人。二泉亭畔，擺列着茶爐酒斝。方勝春羅，歌的歌，吟的吟，盡是詩酒琴棋之客。但見白雲堂、漪瀾堂，掃拂得乾乾淨淨，無半點塵埃，已見名山勝槩；又見尚書祠、孝子祠，修理得齊齊整整，自萬年氣象，端的是盛世先

❶「藹藹」，底本作「龍藹」，據紅葉山文庫本改。
❷「龍」，底本作「藹」，據紅葉山文庫本改。
❸「挑」，紅葉山文庫本作「扯」。

賢。羅漢泉邊有秀亭，青鬱鬱，掛孤鴻，巢野鶴，千千年的長松落落；僊人洞口有翠稜，煙冉冉，鎖蒼苔，繞碧筠，萬萬層的怪石硍硍。禪悦庵、聽松寺，高低松杉掩樓臺；祠塘逕、大德橋，南北舟航堆隴陌。佛殿上有一班遊僧老衲，用着冥錢聖馬，設供修齋，鳴起鐘，擊起鼓，齊拜念梁王懺；山門下有無數遊手閒郎，將這玩器佳窑，攤塲招賭，呼着三，叫着四，齊喝采喜神方。有一樣民座船，玲瓏剔透駕浮樓，盡是富家子弟挾妓追歡；有一樣太師轎，軟幹輕風飄翠蓋，都是林下閒官尋僧適興。登惠山之頂，望太湖之波。遠則東膠山相對西膠山，華藏灣、石皮嶺、安錫峰、僊女墩，諸山如虎踞；近則南禪寺相對北禪寺，洞虛宫、妙閣觀、鐘鼓樓、尊經閣，萬屋似蛐齊。正是天開圖畫江山麗，地萃膏腴花草香。

祛倦鬼文

申時行

歲丙辰，久荒於嬉，將理業時手稿一編，輒復困倦，倦則復廢書，如是者累月。昔人云「人精强則神輔之，困憊則鬼入之」，是誠有倦鬼耶？柳罵三尸，韓逐五窮，良有激也。矢文以祛之，詞曰：「噫！吾語汝，大塊委蜕，洪鈞鑄形。孕精毓秀，篤生斯人。攝以陰陽，調以五行，充以元氣，運以元神。戴圓履方，含聰畜明。壯以肱股，利於屈伸，五官奉職，福壽康寧。昔在神禹，胼胝如蹐。亦越姬文，宴朝及昃。公旦几几，夜以繼日；宣父皇皇，不寢忘食。彼誠至人，爾不能入。予獨何辜，爾不相恤。維爾之來，默默冥冥。非虺非螫，無狀無聲，不寢而夢，不醉而醒，不疾而疲，不嘆而呻。若浮雲而未墜，若負重而莫勝。入人之首，倏焉如兀，欲仰更俯，求昂反屈。若南郭子俛几而坐，北宫子喪志而出。入人之目，若眩五色，注睫欲眯，回瞬成黑。如昌黎之昏花，步兵之眼白。入人之手，如縶如維，將掉臂而徙倚，欲撫掌而離披。墜何郎之筆，落司馬之杯。入人之足，如糾如纏，欲舉武如超乘，比寸步於登天。李白安能脱靴於内陛，謝安何以曳屐於東山。至若青緗浩牘，玉笥陳編，誦不能句，讀未終篇。惟爾一至，令人茫然。如右軍之坦腹，靖節之高眠。又若汪洋奥義，佶倔微言。❶凝思注想，欲探其玄；自爾一至，忽若澶漫。如尹文之坐幻，達磨之逃禪。凡此之類，倦態不一。寔爾之故，伊予之蹙。吾欲終南制汝而不能，越巫索汝而不得。吾將抽戈淬刃，懸桃薦棘，出子於莽泱之野，渡子於逍遥之域。子胡不歸爾之樂土，而顧留我之胸臆？速去速去，無留我側。」言訖，坐而假寐，見有一人揚揚然、勃勃然，魋肩弛臂、垂頭曳趾而來，顧余言曰：「我非爾仇，爾胡我責？適聞詈言，令我氣噎。爾不聞大明升而羣陰伏乎？天君主而百體從乎？蜉蝣之出，必以陰冥；魑魅之見，必以無人。吕雉衰而蒼犬撼腋，晉侯蠱而黄熊入門。使爾神定而無隙，吾安能於爾乎見侵？爾志則不立而我是咎，學則不專而我是嗔，何責人之苛而恕己之昏歟？吾以安静爲體，柔靡爲形，入乎優游之室，憩乎偃仆之林，不與精强者爲伍，而與懈怠者爲朋。鋭健者吾即與之絶，安閒者吾即與之親。昔者董子下帷，吾不窺其幕；孫生閉户，吾不行其庭；季子持錐，吾即避其鋭；匡衡竊照，吾不掩其明。又如寒棲雪案，影伴螢燈，啖黄虀而不飽，撫圓枕而長驚。若此者，吾即望風而去，褰裳而行。惟有貴介之子，落魄之夫，食厭粱肉，服羞綺羅，游娱既暇，歌舞方餘，徙倚高堂，燕坐華居，思憩息而少安，甚與我而相宜。又有愚童下士，惡習詩書，便目前之逸樂，忘腹中之空虚。絶想青雲之驥，閒過白日之駒。每欠伸而無措，遂與我而相依。蓋我畏避者如彼，而狎暱者如斯。吾嘗入汝絳室，窺汝靈臺，銀海茫洋，玉樓虺頹。心隨鴻鵠以俱往，神偕蝴蝶而飛來。吾乃解汝繫絡，弛汝形骸。雖一見而顛倒，猶回顧而徘徊。爾胡不自反而徒咎我爲！謂我鬼耶，則宣室之

❶「微」，底本作「徽」，據《滑耀編・文類》改。

談不及。欲我袪耶，則鬱荼之令誰何？爾胡不勵精以爲刃，淬志以爲戈，鋭意以爲棘矢，殫力以爲桃弧。吾即與子而永絶，安能復受子之刀刀乎？」言已不見，余亦驚覺。神耶鬼耶？乃爾訓告。振衣展目，❶敬謝聞教。

譴睡魔文

顧彦夫

予初不好睡，鼓再鳴而寢，雞三唱而起，率以爲常，計之二十餘霜矣。乃者後卯而興，先戌而寢，❷卯戌之間，豈宜復有事於衾枕哉？然行亦思睡，坐亦思睡，憨如懵如，雖無醉而若酒。客亦有知其然者，謂予曰：「此睡魔作祟也。昔韓昌黎作《送窮文》，子亦能文者，可以文而譴之與？」因呼睡魔而告之曰：「睡魔睡魔，爾胡不仁？疲我肢體，亂我精神。頭容宜直，使我點頭而頻頻；目容宜端，使我眵目而昏昏。展經史而莫辨，索義理而難真，德業自此而終圮，學問何由而增新。周公之旦不可待，孟子之心不可存。宰予之朽木不可雕，魏文之古樂不可聞。睡魔睡魔，爾胡不仁？」告之未幾，又復爲睡魔所迷，夢有跣足而蓬首者，語予曰：「我即睡魔也。爲先王誣，❸敢白之。」曰：「惟先生爾實不智，我非魔爾，爾實自棄。若能嘉爾謀猷，❹高爾造詣，以天下第一等人物自期，以天下第一等事功是志，瀉江河於筆端，飽古今於胸次，我魔奚

❶「展」，紅葉山文庫本作「拭」。
❷「戌」，底本作「寢」，據紅葉山文庫本改。
❸「王」，各本同，據文意當作「生」。
❹「猷」，紅葉山文庫本作「智」。

爲？其惟遐避。爾昏爾劣，我斯爾戲。君不觀諸木乎？木腐則蟲。又不觀諸國乎？國亂斯戎。我不爾尤，尤我何庸？況窮與困遭，困與窮逢，亦理勢宜然，吾何降于灾凶？」予聞之，肅容謝曰：「魔哉魔哉！我不知爾，爾實知我。我因爾言改圖，可乎哉？不可乎哉？」魔即叩頭曰：「改過不吝，湯之所以王；罔懲其侮，紂之所以亡。爾誠加初年之鋭，戒中歲之荒，則激昂青雲，夫誰敢當？如鑑垢重磨，愈久而彌光也。」予乃拔劍砍案，厲聲而誓之曰：「所不如魔言，有如此案。」魔泣曰：「測爾之志，諒不可移。三載從游，遽從此辭。而今而後，吾將疇依？」言訖，不知所之。予亦惕然驚悟，於是拂衣出户。時已白日中天，雞聲唱午。

開惑篇

空明子謂弟子曰：「士宦之大惑有三，細民之大惑有二。」弟子曰：「請問三惑。」曰：「三惑者，貪爲之也。一曰以鑑士相貌，二曰以星家議命，三曰以堪輿測地理。夫相，荀子亦非之詳矣。如曰：『仲尼面如蒙倛，周公身如斷菑，皋陶色如削瓜，閎夭面無見膚，傅説身如植鰭，伊尹面如鬚麋，❶皆不害爲至聖。迺桀紂長巨秀美，天下之傑也，筋力勁越，百人之敵也。然身死國亡，爲天下僇。』則相之不足憑也。命，吕才論之確矣。如曰：『同年同禄而貴賤懸殊，共命共胎而夭壽更異。』則命之不足憑也。地理，吴起言之當矣。如曰：『三苗氏左洞庭，右彭蠡，德義不修，禹滅之。桀左河濟，右泰華，伊闕在其南，羊腸在其北，修政不仁，湯放之。紂左孟門，右太行，常山在其北，太河經其南，修政不德，武王殺之。』則地險不足憑也。故此三者，

❶「面如鬚麋」，《荀子·非相》作「面無須麋」。

出於賢聖之口，猶未可遽信，矧今之術此者乎！乃士宦卒不免爲之惑者，何也？貧則思富，富則思貴，貴則思壽。富貴壽得矣，又思以遺其子孫。故役役焉，終日謀之而不知其惑于貪也。愚以爲與其相貌，不若相心，與議命，不若議德；與其規風水之蔭，不若培清白之聲。」於是弟子逡巡避席而唯，請問二惑。曰：「二惑者，愚爲之也。一曰過信巫以祈疾，二曰媚佛事以干福。夫人之有疾，不過暑寒燥濕辛甘之不調，此良醫之事，於巫何干？而小人不知也。昔扁鵲得罪宋君，出亡之衛。衛人有病將死者，扁鵲之其家謀治之，病者之父棄而不用，迺使靈巫求福，而病者已死。今世人之不爲衛父者寡矣，則惑之甚者也。語曰『福善禍淫』，故禍福靡常，惟人所感。佛雖慈悲普度，亦須以善格之，不在供養靡文間也。迺小人不顧逆順，競爲諂瀆，如大奸大盜，且有陟普陀綿竹之門，而希長生裕後福者。嗚呼！佛誠受人欺妄者哉？」於是弟子聞空明子言，僉曰：「士宦惑於貪矣，細民惑於愚矣。舉世皆濁我獨清，舉世皆醉我獨醒。夫子之謂乎！」

扯淡歌

伯温劉基

悶向牕前觀《通鑑》，古今世事多參徧。興亡成敗多少人，治國功勳經百戰。安邦名士計千條，北邙山下無打筭。爭名奪利一塲空，原來都是精扯淡。

老漢閑暇無事幹，胡謅幾句將人勸。作了一篇《扯淡歌》，遺下留與後人看。自從三皇五帝起，筭來都是精扯淡。堯舜禹湯並桀紂，文王武王周公旦。渭水河邊請太公，垂鈎只用七尺線。扶立周朝八百年，筭來也是精扯淡。聖人三千徒弟子，陳國絶糧遭饑險。臨潼會上説子胥，舉鼎千斤救主難。鞭伏展雄來皮豹，一十八國都走遍。其後鞭屍楚平王，吴門曾把頭來獻。看了春秋這夥人，筭來都是精扯淡。吴國孫子作兵書，十二國出鍾無鹽。李牧廉頗共白起，每日南征與北戰。孫臏龐涓拜弟兄，刖足爲仇結成怨。蘇秦張儀並王剪，三人撥的天關轉。范睢遠交近攻謀，天下六國都侵遍。至此一統屬始皇，天下人民纔不亂。李思趙高起奸心，又把秦朝紀綱亂。南脩五嶺北長城，東填大海人人怨。嬴政死在沙丘城，包魚混屍精扯淡。霸王會上起雄兵，范增早把計來獻。先到咸陽爲皇帝，鴻門會上排筵宴。子房席間共陳平，二人定計扶劉漢。項莊項伯舞雙鋒，樊噲軍中救主難。漢王貶上褒州城，張良燒了連雲棧。蕭何苦將韓信保，築壇拜將定民亂。明修棧道度陳倉，廣捲三秦真好漢。九里山前只一陣，霸王自刎烏江岸。英雄彭越也遭誅，蕭何又將韓信賺。十大功勞化爲塵，未央宮裏吃一劍。看了西漢這夥人，筭來也是精扯淡。王莽酒鴆平帝死，二十八宿崑陽亂。光武七歲走南陽，後趕賊臣是蘇現。暗走河北王郎子，赤眉銅馬都殺遍。子陵垂鈎釣錦鱗，李廣開弓能射雁。看了東漢這夥人，筭來也是精扯淡。再說三國許多般，董卓專權天下亂。虎牢關上吕布能，又有三人能慣戰。先主獨權共曹操，諸葛周瑜有神筭。趙雲軍中抱太子，翼德一聲喊橋斷。赤壁鏖兵用火攻，破了曹兵一百萬。吕蒙定計取荆州，龐統川中曾射箭。六出祁山吊伐勤，七擒孟獲真罕見。姜維九次犯中原，筭來也是精扯淡。鍾會鄧艾取西川，司馬又將天下佔。東晉西晉與齊梁，立破苻堅兵百萬。隋朝楊素韓擒虎，一陣又把江南陷。再說神堯唐太宗，世民定政龍虎殿。李密絶糧錦容城，世宗洛陽城池陷。茂公敬請秦叔寶，美凉州上曾跳澗。仁貴征東道他能，黄巢殺人八百萬。存孝力大能打虎，朱温三弑焦蘭殿。敬瑭彦威劉智遠，五代殘唐又反亂。世宗坐在汴梁城，希夷康節能會筭。一汴二杭三閩廣，宋朝太祖真命見。先有趙普共曹彬，扶持太祖平江漢。真宗仁主作帝王，寇準韓琦定主難。外有宋江與方臈，内有蔡京與童貫。徽宗遭貶五國城，大金又把東京獻。岳飛父子統雄兵，只爲黎民遭塗炭。秦檜朝中定計謀，三邊害了忠良漢。大元太祖領雄兵，世宗興兵也不善。一赶大金至北塞，太祖匡州君臣散。

止有忠臣文天祥，志不屈膝死不怨。從來大明取大元，天下豐登民不亂。我見世間扯淡歌，我也跟着去扯淡。早辰扯淡直到晚，天明起來又扯淡。掙的錢財過北斗，臨死拏的那一件。冷了問我要衣穿，饑了問我要吃飯。有人識破扯淡歌，每日拍手笑呵呵。遇着作樂且作樂，得高歌處且高歌。古今興廢奔波苦，一總編成《扯淡歌》。詩曰：「脱却衣冠換布袍，儒風爭似道風高。石鼎漫煎茶味飲，泥爐爛煮菜根肴。寧隨海上尋丹藥，不向名園種碧桃。看破浮生真大夢，一枕黄粱睡始覺。」

呵呵令

布袋和尚

你道我終日裏笑呵呵，笑着的是誰？我也不笑那過去的骷髏，我也不笑那眼前的螻蟻。第一笑那牛頭的伏羲，你畫什麽卦？惹是招非，把一箇囫圇圇的太極兒弄得粉花碎。我笑那吃草的神農，你嘗什麽藥？無事尋事，把那千萬般病根兒都捉起。我笑那堯與舜，你讓天子。我笑那湯與武，你奪天子。他道是没有箇傍人兒覷，覷破了這意兒，也不過是箇十字街頭小經紀。還有什麽龍逢比干伊和吕，也有什麽巢父許由夷與齊。只這般唧唧噥噥的，我也那裏工夫笑着你。我笑那李老聃五千言的《道德》，我笑那釋迦佛五千卷的文字，乾惹得那些道士們去打雲鑼，和尚們去打木魚，弄些兒窮活計。那曾有什麽青牛的道理，白牛的滋味。怪的又惹出那達磨老臊胡，來把這些乾屎橛的查兒，嚼了也又嚼，洗了也又洗。又笑那孔子的老頭兒，你絮叨叨，説什麽道學文章也，平白地把好些活人都弄死。又笑那張道陵許旌陽，你便白日昇天也成何濟？只這些未了精精兒，到底來也只是一箇冤苦的鬼。住住住！還有一笑，我笑那天上的玉皇，地下的閻王，與那古往今來的萬萬歲，你戴着平天冠，穿着衮龍袍，這俗套兒生出什麽好意思？你是去想一想，苦也麽苦，痴也麽痴，着什麽來由，乾碌碌大家喧喧攘攘的無休息。去去去！這一笑，笑得那天也愁，地也愁，人也愁，鬼也愁，三世佛也愁。那管他燈籠兒缺了半邊的嘴。呵呵呵！這一笑，這一笑，你道是畢竟的笑着誰？罷罷罷！説明了，我也不笑那張三李四，我也不笑那七東八西。呀！笑殺了他的咱，却元來就是我的你。

學呆歌

中峰祖師

一切文字皆可學，惟有呆字最難記。我是多年要學呆，直至如今還未會。學得呆，勝伶俐，會打官私家業廢。兒孫貧苦受饑寒，衣食難求方始悔。道我呆，我不會，但願我呆呆到底。若有人來呆似我，我便與他結兄弟。呆呆呆，呆人到底不生災。世間多少虧心事，都是聰明弄出來。偈曰：「積財養子望心寬，子大財多轉不安。家業長時人事闊，世情濃處道心慳。日臻富貴添煩惱，夜卧思量幾百般。到底盡從忙裏去，做成家計別人看。」

山中一夕話下集　卷一

蘇守判和尚犯姦

靈景時有僧名了然，❶不遵戒行，常宿娼妓李秀奴家，往來日久，衣鉢爲之一空。秀奴屢絶之，僧迷戀不已。一夕僧乘醉往，秀奴不納，因擊秀奴，隨手而斃。縣官得實，具申府司。時内翰蘇子瞻治郡，一見大罵曰：「秀奴有此横爲，送獄院推勘。」見僧臂上刺字，云「但願同生極樂國，免教今世苦相思」之句。及見款狀招伏，即行決斷，舉筆判成一詞，名《踏莎行》，云：「這箇秃奴，修行忒煞。靈山頂上持齋戒。一從迷戀玉樓人，鶉衣百結渾無奈。毒手傷人，花容粉碎。空空色色今何在？臂間刺道苦相思，這回還了相思債。」

東坡譏侍姬肉體

東坡嘗飲一豪士家，每出侍姬十餘，皆有美色。内有一善歌舞者，容質雖麗而軀幹甚偉，尤豪所鍾愛

❶「時」，《醉翁談録》卷二庚集作「寺」。

者。乞坡詩，公戲爲四句云：「舞袖蹁躚，影摇千尺龍蛇動。歌喉宛轉，聲撼半天風雨寒。」妓赧然不悦而去。

大瓢行歌

東坡在昌化，嘗負大瓢，行歌田畝間。有老婦謂内翰：「昔日富貴，一塲春夢耳。」東坡然之。里人呼此媪爲春夢婆。

遊金山

蘇子瞻與客遊金山。適中秋，天宇四碧無際，加江流傾湧，月色如晝，遂共登金山妙高臺，命歌者袁綯歌其《水調歌頭》，曰：「明月幾時有，把酒問青天。」歌罷，蘇自起舞，一坐大笑。

東坡捧腹

東坡一日退朝，食罷，捫腹徐行，顧謂侍兒曰：「汝輩且道此中何物？」一婢遽曰：「都是文章。」坡不以爲然。又一婢曰：「滿腹都是機械。」坡亦未以爲當。至朝雲，乃曰：「學士一肚皮不合時宜。」坡捧腹大笑。

挾妓參禪

大通禪師者，操律高潔。人非齋沐，不敢登堂。東坡一日挾妙妓謁之，大通愠形于色，公乃作《南歌子》一首，令妙歌之，❶大通亦爲解頤。公曰：「今日參破老禪矣。」其詞云：「師唱誰家曲，宗風嗣阿誰？借君拍板與門搥，我也逢場作戲，莫相疑。溪女方偷眼，山僧莫眨眉。❷却愁彌勒下生遲，不見老婆三五，少年時。」

笑王祈竹詩

王祈有竹詩兩句，最爲得意，爲蘇東坡誦之，曰：「葉垂千口劍，幹聳萬條鎗。」蘇笑曰：「好則好矣，只是十條竹竿，一個葉兒也。」

東坡嘲司馬之斂

司馬文正公薨，時程正叔以臆説斂之，正如封角狀。蘇東坡嫉其怪妄，因怒詆曰：「此豈『信物一角，附

❶《靳史》卷二十一「妙」下有「妓」字。
❷「眨」，《西湖遊覽志餘》卷十四作「眨」。

上閻羅大王』者耶？」

子瞻喜詼諧談謔

蘇子瞻在黄州及嶺外，每旦起，不招客與語，必出訪客。所與遊亦不盡擇，各隨其人高下，談諧放蕩，不復爲畛畦。有不能談者，則彊之使説鬼。或辭無有，則曰：「姑妄言之。」

謝表寓諷

蘇東坡遷黄岡，京師盛傳白日仙去。神宗聞之，嘆息久之。後東坡謝表有云：「疾病連年，人皆相傳其已死；饑寒併日，臣亦自厭其餘生。」

安常相對

龐安常善醫而聵，與人語，須書始能曉。蘇東坡笑曰：「吾與安常相對，皆成異人。蓋吾以手爲口，安常以眼爲耳，非異人乎？」

佛印爲僧

佛印禪師法名了元，饒州人。未爲僧日，乃儒家流，書無不讀，滑稽應對，當時無出其右者。與東坡厚善，會飲必相諧謔。在宋神廟朝，因禱旱，乃詔在京各僧入内，修設道場，演經説法。東坡乃戲謂佛印曰：「君素喜釋教，竊聞詔僧供奉，盍不冒侍者之名，入觀盛事？」佛印信之。既入，上適見之狀貌魁偉，遂賜披剃。佛印不得已而順受，實非本意，亦頗啣恨。後東坡宴而戲之曰：「向嘗與公談及昔人詩，云『時聞啄木鳥，疑是叩門僧』，又云『鳥宿池邊樹，僧敲月下門』。未嘗不嘆息，前輩以『僧』對『鳥』，不無薄僧之意，豈謂今日師親犯之。」佛印曰：「所以老僧今日得對學士。」東坡愈喜其辨捷。

酒令相嘲

東坡與佛印同飲，佛印曰：「敢出一令，望納之。令曰：不慳不富，不富不慳，轉慳轉富，轉富轉慳，慳則富，富則慳。」東坡見有譏諷，即答曰：「不毒不秃，不秃不毒，轉毒轉秃，轉秃轉毒，毒則秃，秃則毒。」

戲澗中取蚌

東坡一日携宅眷遊西湖，因往靈隱。適見佛印臨澗掬水，怡然忘機。坡詰之，答曰：「聞此中有花紋小蚌可愛，欲得數枚，置之盆池間，以供清翫，猶恨未獲。」坡戲之曰：「佛印水邊尋蚌喫。」佛印應聲答云：「子瞻船上帶家來。」「蚌」與「家」二字借意也。坡頗恨之，各分散而去。

題僧詩軸

佛印令一僧每于東坡前言詩，公甚鄙之。一日，僧乃携詩軸求公爲序。正所謂「持布鼓過雷門」也，公戲題之曰：「大杜下有小杜，小杜下翹然傑出者，非吾師而誰？」大杜者，杜甫也。小杜者，乃杜牧之也。牧之工詩，時人謂之小杜。「杜」字與「肚」同音，公以此譏之。不知狀詩僧爲何物耶？

題像

東坡一日爲佛印題真，贊云：「佛相佛相，把來倒掛，只好擂醬。」別一日，佛印却與東坡題云：「蘇鬍蘇鬍，比上不足，比下有餘。」蓋以子瞻乃薄薄鬍也。

聯松詩

東坡過天竺謁佛印，款語間因言牕前兩松，昨爲風折其一，悵恨成一聯，竟未得續其後，舉以示坡云：「龍枝已逐風雷變，減却虚牕半日涼。」坡續云：「天愛禪心圓似月，故添明月伴清光。」佛印喜而歌，嘆服不已也。

遊藏春塢

東坡居西山，探徐都尉於所居之處。面山闢一花園，廣植奇花異果，名曰「藏春塢」。時值芳春，名花競秀，盛稱一時。東坡同佛印相訪之，值徐都尉出外，兩人不遇，洞門鎖鑰，無得啓扃，俱各悵然，見樓頭有一女子美貌，凭欄凝望。東坡遂索筆題一首于門上，詩曰：「我來亭館寂寥寥，鎮鎖朱扉不敢敲。一點好春藏不得，樓頭半露杏花梢。」佛印借東坡韻又題一首，云：「門掩青春春自饒，未容取次老僧敲。輸他蜂蝶無情物，相逐偷香過柳梢。」各人題訖回去。忽日徐都尉回，見所題詩在門。明日乃約二人再來，久而不至，因用前韻自作一首，云：「藏春日日春如許，門掩應防俗客敲。准擬款爲花下飲，莫教明月上花梢。」須臾間，佛印東坡又至，徐都尉又出去。家姬女侍宴，遍賞紅紫，真勝集也。酒各半酣，坡即席間贈一詞與姬女，詞名《帶人嬌》：「滿院桃花，盡是劉郎未見。于中更，一枝纖軟。仙家日日，笑人間春晚。濃醉起，驚落亂紅千片。密意難窺，羞容易見。平白地，爲伊腸斷。問君終日，怎安排心眼。須信道，司空自來見慣。」徐都尉既歸見，即和坡詩，付姬歌此以勸，坡大醉而去。徐詞云：「小苑藏春，❶信道遊人未見。花臉嫩、柳腰嬌軟。停觴緩引，正夕陽將晚。鶯誤入，蹴損海棠花片。只悵春心，當時露見。小樓外、曾勞目斷。燈前料想，也饑心飽眼。從此去，縈心有人可慣。」

❶「苑」，底本作「死」，據紅葉山文庫本改。

聯句嘲僧

東坡與子由、佛印同飲於水閣，偶見一婦人洗衣，脚白，東坡曰：「玉筯插銀河。」佛印云：「紅裙蘸碧波。」子由大笑，咏後二句云：「再行三五步，浸入老僧窠。」

辨虱

東坡一日與秦少游夜宴，忽得身上虱，爲少游曰：「此垢膩生成。」少游曰：「不是，綿絮毛污成矣。」相辨久而不決，東坡曰：「明日同問佛印，若輸，作一宴席。」酒散，少游私去佛印處，謂佛印曰：「適與東坡辨虱來歷，坡説『垢膩』，我説『綿絮毛污生成』。他來問，只説我的真，當作餺飥會爲席。」少游密囑去。旋坡至，爲佛印曰：「前與少游辨虱來歷，我説『垢膩生』，他説『綿絮生』，等他來，只説我是，當作冷淘會爲席。」言訖，兩下到詰辨。印曰：「易曉耳，是垢膩成身，綿絮爲脚，先吃冷淘，後吃餺飥。」衆大笑。

忙令

東坡、佛印、黄魯直三人飲酒，至數盃，佛印去小遺。坡曰：「那去？」印曰：「忙，片時即至。」❶及來，坐行一忙令，坡曰：「我有百畝田，全無一葉秧。❷夏已相將半，問君忙不忙。」黄魯直曰：「我有百筐蠶，全無一葉桑。春已相將半，問君忙不忙。」佛印曰：「和尚養婆娘，相率正上床。夫主門外立，問君忙不忙。」

兩意對

東坡之妹，少游之妻也，一日妹歸集宴，因食焙栗，妹謂坡曰：「栗破鳳凰見。」借意言内中黄見。坡思天下未嘗無對。數日，竟未能。佛印來訪，問坡有何著述。坡曰：「欲作一對，未能也。」因舉前事，佛印應聲曰：「何不言『藕斷鷺鷥飛』。」言藕斷節出絲飛也。佛印復曰：「正如『無山得似巫山聳』，此亦同音兩意。」坡即對曰：「何葉能如荷葉圓。」子由曰：「不若云『何水能如河水清』，以水對山，最爲的對。」

❶「時」，底本作「詩」，據紅葉山文庫本改。
❷「秧」，底本作「柍」，據紅葉山文庫本改。

佳對

東坡與子由夜雨對床，子由曰：「嘗見鬻術者云『課賣六爻，内卦三爻，外卦三爻』，思之亦未易對。」一日同出，坡見戲場有以棒呈戲者，云：「棒長八尺，隨身四尺，離身四尺。」坡曰：「此語正可還前日枕上之對。」子由曰：「觸機而發，誠佳對也。」

千字文謎

佛印持二百五十錢示東坡曰：「與你商此一個謎。」東坡思之，少頃，謂佛印曰：「一錢有四字，二百五十個錢，乃一千個字。莫是千字文謎乎？」佛印笑而不答。

月素撞席

東坡謫官黄州，一日佛印來訪，居佛印于雪堂而寢食焉。官妓月素者，坡嘗喜其吟詩，凡會席必命至焉。坡方宴佛印，月素適從外來，坡問：「汝來何爲？」對曰：「適過門聞宴客，敢來求一盆酒。」坡曰：「汝來掇坐，我作一令，汝能還之，令汝與坐。要一物不唤自來，下用兩句詩。」坡出令曰：「『酒既清，殽又馨，不唤自來是青蠅。』詩云：『不識人嫌生處惡，撞來筵上敢營營。』」佛印即還令曰：「『夜向晚，睡思濃，不唤自來是蚊蟲。』詩云：『吃人嘴臉生來慣，枵腹貪圖一飲充。』」月素曰：「只將自身還令得否？」坡曰：「人亦天地間一物，爾何害？」乃還令曰：「『綺筵張，日將暮，不喚自來是月素。』詩云：『紅裙一醉又何妨，未飲便論文與字。』」東坡大喜其以己自喻，因命入坐同飲焉。

取笑行者

东坡與佛印最厚。一日去訪佛印，語言投合，不覺坐久。東坡倉皇登厠，有一行者會意，便隨後送些茅紙與之。東坡喜其會事，次日以本度牒捨與披剃。一寺僧行駭然，纔知其因送茅紙之有功也。後東坡又訪佛印，因而再至厠所，衆行者喧鬧厠中，各將茅紙進前。東坡在厠所，聞外面嘈雜作聲，遂問其故。左右以實對，東坡笑曰：「行者們自去腹上增修，以「福」字代「腹」字。不可專靠那屙屎處。」

四物令

東坡與佛印同飲，要行一令，即一處有四物，或潔淨，或齷齪，不許差韻。東坡曰：「美妓房，象牙床，玻黎盞，百合香。」佛印曰：「推豬水，癩瘡腿，婦人陰，鬍子嘴。」

鳩虱對

東坡與佛印同飲，偶一班鳩在上啼叫。坡出對云：「班鳩無禮，老僧頭上叫姑姑。」佛印答曰：「白虱有情，小姐胸前叮奶奶。」

夫人對

佛印訪東坡，偶值出外，蘇夫人卧于紗帳中。佛印出對曰：「緑紗帳裏睡佳人，烟籠芍藥。」夫人聞之對曰：「青草池邊洗和尚，水浸葫蘆。」佛印嘆曰：「和尚得對佳人，寔出望外。」

數目令

東坡、山谷、佛印同飲，坡與谷密約，止買肉三片，行一令以困佛印。乃謂印曰：「要説數目令，能者方許食肉。」坡先言曰：「二八一十六，且吃一塊肉。」遂取一片食之。山谷曰：「二九一十八，兩片一齊夾。」遂取二片食之，止遺醋一碟。佛印還令曰：「貧僧不識數，且吃一碟醋。」

東坡戲刺獄官

蘇東坡自元祐初爲獄官挫，未幾，以禮部員外郎召入。偶遇獄官，甚有愧色。東坡戲之曰：「有蛇螫殺人，爲冥府所追，議法當死。蛇前訴曰：『誠有罪，然亦有功，可以自贖。』冥曰：『何功也？』蛇曰：『某有黄可治病，所活已數人矣。』遂免。良久，牽一牛至，云：『觸殺人亦當死。』牛曰：『我亦有黄，可治病，所活數人矣。』亦得免。久之，獄吏牽一人至，曰：『此人生常殺人，今當還命。』其人妄言：『亦有黄。』冥官大怒，詰之曰：『蛇黄牛黄皆入藥，天下所共知。汝爲人黄，何功之有？』其人窘甚，曰：『某别無黄，但有些慚惶。』」

六眼龜號

一日東坡謁微仲，微仲方晝寢，久而不出，東坡不能堪。良久見于便坐。有一菖蒲盆畜緑毛龜，東坡云：「此龜易得，若六眼龜則難得。」微仲問六眼龜出何處，東坡曰：「昔唐莊宗同光中，林邑國嘗進六眼龜，時伶人敬新磨在殿下，進口號曰：『不要鬧，不要鬧，聽取這龜兒口號，六隻眼兒分明，睡一覺抵别人三覺。』」

嘲郭祥正詩

郭功甫諱祥正。過杭州，出詩一軸示蘇東坡。先自吟誦，聲振左右，既罷，謂蘇曰：「祥正此詩幾分？」蘇曰：「十分。」功甫喜，又問之。蘇曰：「七分來是讀，三分來是詩。豈不是十分耶？」

受屈鼈相公

子瞻云：「予一日醉卧，有魚頭鬼身者，自海中來，云廣利王請端明。予披褐黄冠而去，亦不知身入水中，但聞風雷聲。有頃，豁然明目，疑入水晶宫。其下驪目夜光，文犀尺璧，南金火齊，不可仰視，間以珊瑚瑪瑙。廣利佩劍冠服而出，從二青衣。予曰：『海上逐客，重勞邀命。』有頃，東華真人、東溟夫人亦至，出鮫綃丈餘，命予賦詩。予寫竟，進廣利。諸仙迎看稱妙，獨廣利旁一冠簪者，謂之鼈相公，進言：『蘇軾不謹，祝融字犯王諱。』王大怒，斥出。予退而嘆曰：『某到處被鼈相公厮壞。』」

嘲吕微仲

蘇東坡以吕微仲豐碩，每戲之曰：「公真有大臣體，此『坤』六二所謂『直方大』也。」及拜相，東坡制其詞曰：「果藝以達，有孔門三子之風；直大而方，得『坤』爻六二之動。」

調司馬

蘇東坡登禁林，以高才狎侮諸公卿，率有標目殆遍也，獨于司馬温公不敢有所重輕。一日相與共論免役差利害，偶不合。及歸舍，方卸巾弛帶，乃連呼曰：「司馬牛！司馬牛！」

隱刺荆公

東坡一日會客坐，客舉令，欲以兩卦名證一故事。一人云：「孟嘗門下三千客，大有同人。」一人云：「光武兵渡滹沱河，既濟未濟。」一人云：「劉寬婢羹污朝衣，家人小過。」東坡云：「牛僧孺父子犯罪，先斬小畜，後斬大畜。」蓋指荆公父子也。

嘲貢父惡疾

劉貢父晚年得惡疾，鬚眉墜落，鼻梁斷壞，苦不可言。一日與蘇東坡會飲，蘇引古人一聯相戲曰：「大風起兮眉飛揚，安得猛士兮守鼻梁。」坐中大噱，貢父默然。

子瞻答元章

蘇子瞻在維揚，一日設客，皆一時名士，米元章亦在坐。酒半，元章忽起立自贊曰：「世人皆以芾爲顛，願質之子瞻。」公笑答曰：「吾從衆。」

子瞻還姜至之令

子瞻與姜潛字至之。飲，姜舉令云：「坐中各要一物是藥名。」乃指子瞻曰：「君藥名也，紫蘇子。」子瞻應聲曰：「君亦藥名也，君若非半夏，定是厚朴。」衆請其故，曰：「非半夏，非厚朴，何故姜制之？」

謝復宗儒簡

黄魯直戲蘇東坡曰：「昔王右軍書爲『换鵝字』，近日韓宗儒得公一帖，于殿帥姚麟家换羊肉數斤，可名公書爲『换羊書』矣。」蘇在翰苑，一日以生辰製撰紛冗，宗儒繼作簡以圖報。來人督索甚急，蘇笑曰：「傳語本官，今日斷屠。」

搽粉虞候

東坡有歌舞妓數人，每留賓客飲酒，必云：「有數個搽粉虞候，欲出來祇應也。」

贈李琪書

先生在黄日，每有燕集，醉墨淋漓，不惜與人。至於營妓供侍，扇書帶畫，亦時有之。有李琪者，小慧而頗知書札。坡亦每顧之，始終未嘗獲公之賜。至公移汝郡，將祖行，酒酣，奉觴再拜，取領巾乞書。公顧視久之，令琪磨墨。墨濃，取筆大書：「東坡七歲黄州住，何事無言及李琪。」即擲筆袖手，與客笑談。坐客相謂：「語似凡易，又不終篇，何也？」至將徹，其琪復拜請。坡大笑曰：「幾忘出場。」繼書云：「恰似西川杜工部，海棠雖好不留詩。」一座擊節，盡歡而散。

雪詩代謔

東坡云：「西南地温少雪，余及壯年，止一二年見之。自退居天國豁堂，山深氣嚴，陰嶺叢薄，無夕而不雪。每一賞玩，必命諸子賦詩爲樂。既而襲蹈剽略，不免涉前人餘意。因戲取聲、色、氣、味四字，離爲四章，止四句，以代一日之謔。且知余之好不在於世俗所爭，而在於雪也。仍效歐陽公體，不以鹽、玉、隺、鷺爲比，不使皓、白、繁、素等字。聲。石泉凍合竹無風，夜色沉沉萬境空。試向靜中閑側耳，隔牕撩亂撲春蟲。色。閑來披氅學王恭，姑射羣仙邂逅逢。只爲肌膚酷相似，遶庭無處覓行縱。氣。半夜欺凌范叔袍，更兼風力助威豪。地爐火暖猶無奈，怪得山村酒價高。味。兒童龜手握輕明，漸碾槍旗入鼎烹。擬欲爲將修水記，惠山泉冷釀泉清。」

戲子厚腹

章子厚與蘇子瞻少爲莫逆交。一日子厚坦腹而卧，適子瞻自外來，摩其腹以問子瞻曰：「公道此中何所有？」子瞻曰：「都是謀反底家事。」子厚大笑。

贈魯生句

韓康公絳謝事後，自潁入京，看上元。至十六日，私第會從官九人，皆門生故吏，一時名德如傅欽之、胡寬夫、錢穆父、蘇東坡、劉貢父、顧子敦皆在坐，出家妓十餘人侍讌。後有新寵魯生者，舞罷，爲遊蜂所螫。公意不喜，久之呼出，以白團扇從東坡乞詩。坡書一絶：「㯭摇細浪魚吹日，手弄黄花蝶透衣。不覺春風吹酒醒，空教明月伴人歸。」上句記其姓，下句記其事。康公大喜。坡曰：「但恐他姬廝賴，故云耳。」

嘲陳季常懼内

陳慥，字季常，公弼之子，居於黄州之岐亭，自稱「龍丘先生」，又曰「方山子」。好賓客，喜蓄聲妓，然其妻柳氏絶兇妬。故東坡有詩云：「龍丘居士亦可憐，談空説有夜不眠。忽聞河東獅子吼，拄杖落手心茫然。」❶河東獅子，指柳氏也。坡又嘗醉中與季常書云：「一絶乞秀英君。」想此其妾小字。

二相公廟

韓子華、玉汝，兄弟相繼命相。未幾，持國又拜門下侍郎，甚至爰立之望，其家構堂，欲榜曰「三相」。俄持國罷政，遂請老。東坡聞之曰：「既不成『三相堂』，可只名『二相公廟』耳。」

牛醫兒

東坡在黄即坡之下，種稻爲田五十畝，自牧一牛。一日牛忽病，幾死，呼牛醫療之，云「不識證狀」。王夫人多智多經涉，謂坡曰：「此牛發豆班，療法當以青蒿作粥啖之。」如言而効。嘗舉似章子厚云：「我自謫居後，便作老農，更無樂事，豈知老妻猶能接黑牡丹也。」俗呼牛爲「黑牡丹」。子厚曰：「我更欲留君與語，恐人又謂從牛醫兒來，姑且去。」遂大笑而别。

❶「拄」，底本作「在」，據紅葉山文庫本改。

謔荆公語

東坡聞荆公《字説》新成，戲曰：「以竹鞭馬爲『篤』，不知以竹鞭犬，有何可笑？」公又問曰：「『鳩』字從九從鳥，亦有證據乎？」坡云：「《詩》曰『鳲鳩在桑，其子七兮』，和爺和娘，恰是九個。」公欣然而聽。久之，始悟其謔也。

調章子厚

蘇子瞻任鳳翔府節度判官，章子厚爲商令，同試永興軍進士，劉京父爲帥，❶皆以國士遇之。二人相得歡甚，同游南山諸寺，寺有山魈爲祟，客不敢宿。子厚宿，山魈不敢出。招仙游潭下，❷臨絶壁萬仞，岸甚狹，横木如橋。子厚推子瞻過潭書壁，子瞻不敢過。子厚平步以過，用索繫樹，躡之上下，神色不動，以漆墨濡筆大書石壁上，曰「章惇、蘇軾來游」。子瞻拊其背曰：「子厚必能殺人。」子厚曰：❸「何也？」子瞻曰：「能自拚命者，能殺人也。」子厚大笑。

❶ 「京」，《高齋漫録》作「原」。
❷ 「招」，《高齋漫録》作「抵」。
❸ 「子」字底本殘損，據紅葉山文庫本補。

巧答貢父

劉貢夫觴客，子瞻有事欲先起，劉調之曰：「幸早裏，且從容。」子瞻曰：「奈這事，須當歸。」各以三果一藥爲對。

子瞻赴獄調妻

子瞻曰：「余在湖州，坐作詩追赴詔獄，妻子不能送，見余出門，皆哭。余無以語之，顧妻曰：『子獨不能如楊朴處士妻，作一詩送我乎？』老妻不覺失笑，余乃去。」

坡字巧對

東坡常舉「坡」字問荆公曰：「『坡』字何義？」公曰：「『坡』者，土之皮。」東坡曰：「然則『滑』者，水之骨乎？」荆公默然。

小詩寓謔

東坡在黄州時，嘗赴何秀才會。食油果甚酥，因問主人：「此名爲何？」主人對以無名。東坡又問：「爲甚酥？」坐客皆曰：「是可以爲名矣。」又潘長官以東坡不能飲，每爲設醴。坡笑曰：「此必錯着水也。」它日忽思油果，作小詩求之云：「野飲花前百事無，腰間唯繫一葫蘆。已傾潘子錯着水，更覓君家爲甚酥。」李端叔嘗爲余言：「東坡云：『街談市語，皆可入詩，但要人鎔化耳。』」此詩雖一時戲言，觀此亦可以知其鎔化之功也。

戲迎合宰相

熙寧初，有人自常調上書，迎合宰相意，遂擢御史。蘇長公戲之曰：「有甚意頭求富貴，没些巴鼻便姦邪。」「有甚意頭」「没些巴鼻」，皆俗語也。

杭州判投牒

蘇子瞻通判杭州，權領郡事。新太守將至矣，有營妓投牒乞從良。子瞻判曰：「五日京兆，判狀不難。九尾野狐，從良任便。」又有周妓，色藝超絶，爲一郡之魁，聞判亦來投牒，欲援例脱籍。子瞻惜其去，不許。

判云：「慕《周南》之化，此意誠可嘉。空冀北之羣，所請宜不允。」其敏捷善謔如此。

儋耳醉書

東坡在儋耳，因試筆嘗自書云：「吾始至南海，環視天水無際，悽然傷之曰：『何時得出此島耶？』已而思之，天地在積水中，九州在大瀛海中，中國在少海中，有生孰不在島者？覆盆水於地，芥浮於水，蟻浮於芥，茫然不知所濟。少焉水涸，蟻即徑去，見其類，出涕曰：『幾不復與子相見。』豈知俯仰之間，有方軌八達之路乎？念此可以一笑。戊寅九月十二日，與客飲，薄酒小醉，信筆書此帋。」

謔晁美叔

東坡性不忍事，嘗云：「如食中有蠅，吐之乃已。」晁美叔每見，以此爲言。坡云：「某被昭陵擢在賢科，一時魁舊往往爲知己。上賜對便殿，有所開陳，悉蒙嘉納。已而，章疏屢上，雖甚剴切，亦終不怒。使其不言，誰當言者？某之所慮，不過恐朝廷殺我耳。」美叔默然。坡浩嘆久之曰：「朝廷若果見殺我，微命亦何足惜？只是有一事，殺了我後好了你。」遂相與大笑而起。

嘲子厚詩

章子厚，人言初生時，父母欲不舉，已納水盆中，爲人救止。其後朝士頗聞其事。蘇子瞻嘗與子厚詩，有「方丈仙人出淼茫，高情猶愛水雲鄉」之語。子厚謂其譏己，頗不樂。

刺荆公字説

王荆公在熙寧中，作《字説》行之天下。東坡在館，一日因見而及之曰：「丞相摉微窅，窮制作，某不敢知，獨恐每每牽附，學者承風，有不勝其鑿者。姑以『犇』『麤』二字言之，牛之體壯於鹿，鹿之行速於牛，今積三爲字，而其義皆反之，何也？」荆公無以答，迄不爲變。黨伐之論，於是浸開。黄岡之貶，蓋不特坐詩禍也。

謔參寥詩料

子瞻在黄州，參寥子自錢塘訪之。酒中，子瞻令官妓馬娉娉乞詩於參寥子。參寥口占云：「多謝尊前窈窕娘，好將幽夢惱襄王。禪心已作粘泥絮，不逐春風上下狂。」子瞻喜曰：「予嘗見柳絮落泥中，謂可入詩料，不意此老收得，可惜也。」

點悟琴操

蘇子瞻守杭日，有妓名琴操，頗通佛書，解言辭，子瞻喜之。一日遊西湖，戲語琴操曰：「我作長老，汝試參禪。」琴操敬諾。子瞻問曰：「何謂湖中景？」對曰：「落霞與孤鶩齊飛，秋水共長天一色。」「何謂景中人？」對曰：「裙拖六幅湘江水，髻挽巫山一段雲。」「何謂人中意？」對曰：「隨他楊學士，鼈殺鮑參軍。」「如此究竟何如？」子瞻曰：「門前冷落車馬稀，老大嫁作商人婦。」琴操言下大悟，遂削髮爲尼。

子瞻從權食肉

黄魯直爲子瞻曰：「『鳥之將死，其鳴也哀。』某適到市橋，見生鵝繫足在地，鳴叫不已，得非哀訴於我耶？」子瞻曰：「某昨日買十鳩，中有四活，即放之，餘者幸作一盃羹。今日吾家常膳，買魚數斤，以水養之，活者放而救渠命，殪者烹而悦吾口。雖腥羶之慾未能盡斷，且一時從權耳。」魯直曰：「吾兄『從權』之説，善哉！」魯直因作頌曰：「我肉衆生肉，名殊體不殊。元同一種性，只是别形軀。苦惱從他受，肥甘爲我須。莫教閻老判，自揣看何如。」子瞻聞斯語，愀然嘆曰：「我猶未免食肉，安知不被閻老之責乎？」

蘇小妹相嘲詩

東坡與妹戲言曰：「脚音皎。踪未出香房内，額頭先到畫堂前，好個衝頭。」妹答坡云：「去年一點相思淚，今日方流到嘴邊，好個長面。」《女史》亦云：「東坡有小妹，善詞賦，敏慧多辨。其額廣而如凸，東坡嘗戲之曰：『蓮步未離香閣下，梅妝先露畫屏前。』妹即應歌曰：『欲扣齒牙無覓處，忽聞毛裏有聲傳。』以坡公多鬚髯，遂亦戲答之耳。」

劉蘇嘲語

劉貢父滑稽辨捷，世推無對。晚年雖得末疾，乘機決發，亦不能忍。一日擁爐於惠林僧寮，語東坡曰：「吾之鄰人，有一子稍長，使之代掌小解。不逾歲，誤質盜物，資本耗折殆盡。其子引罪請曰：『某拙於運財，以敗成業，今請從師讀書，勉赴科舉。』其父大喜，擇日具酒肴遣之，既別且囑之曰：『吾老矣，恃子以爲窮年之養，今子去我而游學，儻或僥倖，改門換户，固吾之大幸。然切有一事，不可不記，或有交友與汝唱和，須子細看，莫便和却賊詩，狼狽而歸。』」蓋譏東坡前逮詔獄，王晉卿、周開祖之徒，皆以和詩爲累也。貢父語始絶口，東坡即曰：「某聞昔夫子自衛反魯，會有召夫子食者，羣弟子相與語曰：『魯，吾父母之邦。我曹久從夫子轍環四方，今幸俱還鄉里，伺夫子之出，當共尋訪親舊，因閱市肆。』衆欣然許之。始過闤闠，未及縱觀，而稠人中望見夫子巍然而來，惶懼相告，由、夏之徒奔踔越逸，無一留者。獨顏子拘謹，不能遽爲闊步，顧市中石塔似可隱蔽，即屏伏其旁，以俟夫子之過。羣弟子因目之爲避孔子塔。」蓋譏貢父風疾之劇，以報之也。北音謂「鼻」爲「避」。

山中一夕話下集　卷二

楚娘矜姿色悔嫁

開封葛楚娘，頗有姿色，矜己擇人，近地議親，皆不肯與。一日，有村夫謀于媒婦曰：「聞楚娘有色，能爲我得之，當謝子以千金。」媒往詒楚娘以佳壻求婚，楚娘許之。及嫁，乃一村夫，鬢鬍滿面難尋口，眉目巑屼不似人。❶ 楚娘心不悦。有風流少年嘲之曰：「可惜白米攙稗子，可惜羊肉伴冬瓜。忒煞冰人没些眼，泥中淹鬱一叢花。」楚娘聞之，怨恨求去。其夫詣府陳之，尹判曰：「夫有出妻之條，妻無退夫之理。糟糠古不下堂，買臣之妻可恥。且饒根究私情，二人押回本里。」

伴喜私犯張嬋娘

張寅伯家富，有女名嬋娘，年十六，買得一妾，欲隨嫁，名曰伴喜。嬋娘留在房内，令伴寢處。伴喜所爲

❶「目」，底本作「自」，據紅葉山文庫本改。

稱意，甚愛重之。或沐浴，亦令侍側。伴喜由是遂啓非心。一夕睡後大叫曰：「見一鬼青面掩其身。」嬋娘駭畏，亟令就床共睡。久乃玩狎，每以異事嚇之。一夕共枕，伴喜問曰：「小娘子行嫁在即，羅幃中事識之否？」答曰：「女工之外，一無所識。」伴喜曰：「也要知些大綱。妾雖女身，二形兼備。遇女則男形，遇男則復成女矣。」因以實教之，嬋娘既爲所犯，情竇一開，不能自已。

花仲胤寄妻情詞❶

花仲胤爲伊川令，久不歸。妻寄詞云：「西風昨夜穿簾幕，閨院添消索。最是梧桐零落，❷教奴獨自守空房，淚珠與燈花共落。」胤拆簡見「伊」字作「尹」字，遂回寄云：「頓首啓情人，即日恭惟問好音。接得綵箋詞一首，堪驚，❸寄與音書不志誠。不寫伊川題尹字，無心，料想伊家不要人。」妻答曰：「奴啓情人勿見罪，閑將小書作尹字。情人不解其中意，共伊間別幾多時？身邊少個人兒。」❹

❶「花仲胤」，《古今詞統》卷四作「范仲胤」。
❷本句下《花草稡編》卷五有「迤邐秋光過却，人情音信難托」兩句。
❸本句下《花草稡編》卷五有「題起詞名恨轉生，展轉意多情」兩句。
❹《古今詞話》詞辨卷上「兒」下有「睡」字。

徐軍校兩妻復舊

軍校徐信，與妻子出市，少憩茶肆傍。一人竊睨其妻，目不暫釋，信怪問之。其人曰：「君妻非某州縣某姓氏耶？」信愕然曰：「是也。」其人泣曰：「是吾妻也。吾家鄭州，方娶二年，而值金戎之亂，遂成乖張，豈意今在君室。」信亦爲之感愴曰：「信，陳州人也，亦遭亂失妻。偶至一村店，逢婦人露坐地上，自言爲潰兵所掠到此，不能行。吾乃解衣饋食，遂與之俱。初不知爲故婦，奈何？」其人曰：「吾已别娶，無由復尋舊盟。得暫會一面，敘述悲苦，雖死不恨。」信許之，約明日令偕新妻同至。其人懽拜而去。明日，夫婦登信門，信出迎，望見長慟，則客所携乃信妻也。四人相對驚惋。是日，各復其故。通家往來，如婚姻云。

唐明皇嗤助情花

明皇與妃子晝寢水殿，宫嬪爭看雌雄二鸂鶒戲於水中。帝曰：「爾等愛水中鸂鶒，爭如我被底鴛鴦。」正寵妃子，安禄山進助情花。香滿寢處之際，含香一粒，筋力不倦。帝曰：「此漢之謹卹膠也。」

山陰主戲褚彦回

宋文帝山陰公主適駙馬都尉何戢。淫恣，嘗謂帝曰：「妾與陛下男女雖殊，俱托體先帝。陛下六宫數百，而妾惟駙馬一人，太不均。」帝乃爲置首面左右三十人。吏部郎褚彦回貌美，公主窺見悦之，白帝召彦回。西上閤宿，公主夜就之。彦回不爲移志，公主曰：「公鬚髯如戟，何無丈夫意？」彦回曰：「回雖不敏，何敢首爲亂階。」

賈皇后喜洛南吏

晉惠帝賈后荒淫放恣。洛南尉部小吏端麗美容止，忽有非常衣服，衆疑其竊，尉嫌而辨之。小吏云：「行逢一嫗，説家有疾病者，云宜得城南少年厭之，欲暫相煩，即隨上車内簏箱中。行可十餘里，過六七門限，開簏箱，見樓闕好屋。問此是何處，答云是天上。即以香湯見浴。將入，見一婦人年三十五六，短形青黑色，眉後有疵，共寢數夕，贈此衣物。」聽者知是賈后，慚笑而去。時它人入者，皆死。此吏后愛之，得全而出。

梁武獲鶬鶊置膳

梁武平齊，盡有其内。獲侍兒十餘輩，頗娱於目，爲郄后所察，動止皆有隔拗。帝憤恚，殆將成疹。左右識其情者進言曰：「臣嘗讀《山海經》，云以鶬鶊爲膳，可以療其妬。陛下盍試諸？」帝從之。郄茹之後，妬減大半。帝愈神其事。左右復言曰：「陛下廣羞諸以偏賜羣臣，使不才者無妬於有才，挾私者不妬其奉公，濁者不妬其清，貪者不忌其廉。俾其惡去善勝，忌者皆知革心，此助化之一端也。」帝深然其言，將詔虞人廣捕之。會方崇内典，誡於血生，其議遂寢。

敦順卿善調參政

郭順卿姿態閑雅，襍劇最高。劉時中嘗以金簧玉管、鳳吟鸞鳴擬其聲韻。平生與王元鼎密，偶疾，思得馬板腸，王即殺所騎駿馬以啗之。阿魯温參政屬意之，一日戲曰：「我如何王元鼎？」郭曰：「參政宰臣也，元鼎文士也。經綸朝政，致君澤民，則元鼎不及參政；嘲風弄月，惜玉憐香，則參政不敢望元鼎。」阿魯温一笑而罷。

劉婆惜巧合監郡

劉婆惜頗通文墨，滑稽歌舞，迥出其流，時貴多重之。時有全普菴撥里字子仁，爲贛州監郡，文章政事，剔歷臺省，但未免躭於花酒。公餘，即與士夫酣歌賦詩，帽上嘗喜簪花。一日，劉之廣海過贛，謁全公。時賓朋滿座，全帽上簪青梅一枝，行酒，全口占《清江引》，曲云：「青青子兒枝上結。」令賓朋續之，衆未有對者。劉歛袵進前曰：「能容妾措辭乎？」全曰：「可。」劉應聲曰：「青青子兒枝上結，引惹人攀折。其中全子仁，就裏滋味别。只爲你酸留意兒難棄捨。」全大稱賞，納爲側室。後兵興，全死節。劉克守婦道，善終於家。

宋玉辨己不好色

大夫登徒子侍楚襄王，因短宋玉：「爲人體貌閑麗，口多媺辭，又性好色，願王勿與出入後宫。」王問玉，玉曰：「體貌閑麗受於天也，口多媺辭受於師也，至於好色，臣無有也。」王曰：「子不好色，亦有説乎？」玉曰：「天下佳人之麗也，莫若臣東家之子，增一分則太長，減一分則太短。着粉則太白，施朱則太赤。眉如翠羽，肌如白雪，腰如束素，齒如含貝。然此女登牆窺臣三年，至今未許也。登徒子則不然。其妻蓬頭攣耳，缺唇歷齒，膀行踽偻，又疥且痔，登徒子悦之，使有五子。王熟察之，誰爲好色者矣。」於是楚王稱善。

崔女怨盧郎年幾

盧家有子弟，年暮而爲校書郎。晚娶崔氏女，崔有詞翰，結褵之後，微有嫌色。盧因請詩以述懷爲戲，崔立成曰：「不怨檀郎年幾老，不怨檀郎官職卑。自恨妾身生較晚，不及盧郎年少時。」

陳居士暫寄師叔

淮南處士陳貺有詩名，五十方娶。自喜得偶，謂人曰：「僕少處山谷，莫預世事，不知衣裾之下有此珍美。」未幾，王以幣帛召之。或問：「處士赴召將行，細君宜置之何地？」對曰：「暫寄於師叔寺中。」或曰：

「婦人年少何？」答曰：「鎖之矣。」或曰：「其如水火。」既曰：「鎖匙已付之矣。」❶

史君實贈尼還俗

詩人史君實見一老尼還俗，贈詩曰：「脱却羅裙着綉裙，仙凡從此路歧分。蛾眉再畫當時緑，蟬鬢重梳昔日雲。玉貌緩將鸞鏡照，錦衣更把麝香薰。屏幃乍得輝光寵，更没心情戀老君。」

陳沆嘲道士啗肉

廬山道士體貌魁偉，飲酒啗肉，居九天使廟。一日，有鶴因風所飄，憩於庭。道士大喜，自謂當赴上天命，令山童控而乘之。羽儀清弱，不勝其載，毛傷骨折而斃。次日，馴養者知，訴于公府。處士陳沆嘲之曰：「啗肉先生欲上升，黄雲踏破紫雲崩。龍腰鶴背無多力，傳語麻姑借大鵬。」

蔣氏嘲和尚戒酒

唐湖州參軍陸蒙妻蔣氏善屬文，然嗜酒，姊妹勸節酒强食，蔣應之曰：「平生偏好飲，勞汝勸我飡。但

❶ 「匙」，底本作「題」，據申報館本改。

得尊中滿，時光度不難。」僧知業有詩名，一日訪蒙談玄，蔣使婢奉酒勸知業。知業曰：「受戒不飲。」蔣氏嘲之曰：「祇如上人詩云『接壘橋通何處路，倚欄人是阿誰家』。觀此風韻，得不飲乎？」業慚怍，遂起而退。

大壯作補闕燈架

冀時儒李大壯，畏服小君，萬一不遵號令，則叱令正坐，爲綰匾髻，中安燈盌，燃燈火。大壯屏氣定體，如枯木土偶。人諢目之曰「補闕燈檠」。又一日妻偶病，求烏鴉爲藥。而積雪未消，難以網捕。妻大怒，欲加捶楚。大壯畏懼，涉泥出郊，用粒食引致之，僅獲一枚。友人戲之曰：「聖人以鳳凰來儀爲瑞，君獲此免禍，可謂黑鳳凰矣。」

扈戴被水香勸盞

扈戴畏内特甚。未仕時，欲出則謁假於細君。細君滴水於地，指曰：「不乾，須前歸。」若去遠，則燃香印掐至某所，以爲還家之驗。因筵聚，方三行酒，戴色欲逃遁。朋友默曉，諢曰：「扈君恐砌水隱痕、香印過界耳，是當罰也。」吾徒人撰新句一聯，勸請酒一盞。」衆以爲善，乃俱起，一人捧甌吟曰：「解稟香三令，能遵水五申。」逼戴飲盡。別云：「細彈防事水，短爇戒時香。」❶別云：「戰兢思水約，匍匐赴香期。」別云：「出佩

❶ 「爇」，底本作「褻」，據申報館本改。

香三尺，歸防水九章。」別云：「命繫逡巡水，時牽決定香。」戴連沃六七巨觴，吐嘔淋漓。既上馬，羣譟曰：「若夫人怪遲，但道被水香勸盞留住。」

全遊善詞調恢諧

陳全遊乃金陵妓也，高於詞章，多有題咏，俱是俏語。《題睡鞋》詞云：「新紅睡鞋三寸，正不着地偏乾淨。燈前換晚妝，被底勾春興，醉人兒幾回輕薄醒。」一日與鄰妓何瓊仙者同飲，適見雄雌雞相交者。仙請咏之，其詞曰：「女靈禽，非走獸，風流事，誰不有。只好背地偷情，那許當埸弄醜。若是依律問罪，應該笞杖徒流。更加一等强論，殺來與我下酒。」咏妓新浴，曰：「華清宴罷新浴起，帶濕裙拖地。單嫌月色明，偷向花陰立。悄東風，悄東風，有心兒輕揭起。」見一妓就地小遺，咏曰：「緑楊深鎖誰家院，佳人急走行方便。揭起綺羅裙，露出花心現。衝破緑苔痕，滿地真珠濺。」那小娘兒不見牆兒外馬兒上有人見，後爲士夫所娶，生三子俱顯。

陸宅之贈妓爲尼

連枝秀姓孫氏，京師角妓也。後爲女道士，浪遊湖海間。欲於東門外化緣造菴，陸宅之爲造疏，語多寓譏謔，其中有「不比尋常鉤子，曾經老大鉗搥，百煉不回，萬夫難敵」之句。孫於是飄然入吳，遇醫人李恕齋，乃欲尋舊好，遂從俗嫁之。

陳無損題姬再適

會稽馬生以入粟得官，號「馬殿幹」。有姬美麗善歌，時出佐客。客有梁縣丞竊爲歆之。馬生殂，梁計得焉。他日亦以觴客，陳無損在座，舉杯屬梁曰：「昔居殿幹之家，爰喪其馬。今入縣丞之室，無逝我梁。」一座大笑。

李端端被譽得名

崔崖、張祐齊名，每題詩倡肆，譽之則車馬盈門，毀之則杯盤失錯。嘲李端端云：「黄昏不語不知行，鼻似烟囱耳似鐺。」端遂往見二子，乞憐請更之，乃更贈曰：「覓得黄騮被繡鞍，善和坊裏取端端。愛把薑芽梳掠鬢，崑崙山上月初生。揚州近日渾成異，一朵能行白牡丹。」於是賓客競臻其户。或曰：「李家娘子，纔出墨池，便登雪嶺，何其一日黑白不均？」

謝師厚嘲胥宿妓

元微之貶江陵士曹。少年氣俊，過襄陽，夜召名妓劇飲。將别，作詩云：「花枝臨水復臨池，也照清江也照泥。寄語東風好擡舉，夜來曾有鳳凰棲。」謝師厚作襄倅，聞營妓與二胥相好，此妓乞書扇，遂改下句云：「寄語東風好擡舉，夜來曾有老鴉棲。」

詹蘇諧語

詹侍御事講、蘇大行雨，二公五鼓行長安街，將入朝，呵導聲相近。蘇問前行爲誰，從者曰：「道裏詹爺。」即曰：「瞻之在前。」詹聞，問後來爲誰，從者曰：「行人司蘇爺。」即回首曰：「後來其蘇。」詹叔正談。

芝蔴通鑑

吴人韋政者，腹枵然，而好談詩書，語常不繼。或嘲之曰：「此非出芝蔴《通鑑》上乎！」蓋吴人好以芝蔴點茶，市肆鬻者必裹以紙，一家紙爲零殘《通鑑》，一人頻買蔴，積至數張，而以其中語掉舌，人問始末輒窮，曰：「我家芝蔴《通鑑》上止此耳。」

祝給舍

南吏科祝公石林，嘗爲黄陂博士。有某邑令心易之，而嗔其抗直，曰：「有一破，其題曰『大哉堯之爲君一節』，曰『以齊天之大聖，極天下之無狀焉』。」祝公曰：「吾亦有一破，其題曰『不得已而之景丑氏宿焉』，曰『處無可奈何之地，遇大不相干之人』。」聞者轟然大快，是年公登第。

河洛人幻術

鄂城有人自河洛來，善幻術，皆可駭愕。婦擊金忽謂其夫曰：「可上天取仙桃，與衆看官吃。」始來其夫負有繩一大束，因拋繩，繩直立，天忽開一門，晴霞絢雲，閃灼擁簇。繩與門接，夫緣繩而上，從天宫擲桃下，葉猶帶露，人人皆徧食之，甘美異人間。久之，俱聞天上作喧詬聲，忽擲其人首足肢體片段而下，鮮血淋漓。婦伏地泣曰：「頻年作法，不逢天怒，今日乃爲天狗所食，亦是衆官所使。事關人命，今但多得錢治棺殮可去也。」❶衆皆驚怪膽落，且傷且懼，醵金兩餘給之。婦合肢體成人形，盛以篠籧，謂肢體曰：「可起矣。」篠籧中應聲曰：「錢足否？」曰：「足。」夫忽起，仍負其繩去，衆人無不灑然絶倒。

秦府伶戲術❷

秦王宴藩臬諸司，伶人演戲，以一童子扮貂蟬，一人扮雲長。扮雲長者，故作誤持大鍈刀出，將童子斬訖，身首異處，流血滿地。諸閹撤尸去，王故作怒，諸司大愕，罷酒辭出。王留欵笑，令前童子出，童子復出侑觴。私問童子：「汝何復活？」曰：「此府中戲術，其時去首，我昏不知，徐加頭頸上。以手抹之，無痕，而

❶「棺」，底本作「官」，據紅葉山文庫本改。
❷「術」字底本原缺，據目録補。

我始甦耳。」一日宴客，有侍酒童子盜酒飲醉，王覺而怒，即命殺之。客爲解，王曰：「汝以箕盛米一斗，立高臺上，倒身聯翻而下，一粒不撒則赦汝。」童子故求解於客，曰：「容我撒數十粒，何如？」❶王曰：「不可。」於是聯翻下，一粒不撒。客爲絶倒。諸戲劇皆奇怪若是。

張妓諧語

吴中妓張好兒，婉麗而貌已是徐娘。一日爲人携遊登舟，客杜君者，望見即誚曰：「他老便老，也是箇小娘。」杜本無籍，借太醫籍入貲成吏目。張即應聲曰：「你小便小，也是箇老爺。」衆皆鼓掌。朗哉談。

太倉庫偷兒

太倉庫於萬曆中有偷兒從水竇中入，竇隘，攢以首，無完膚矣。幸得一大竇，置頂際，如前出。至竇之半，不意復有偷兒入，俱不能以縮退，兩頂相抵槁死，而竇在其中。久之，擁水不流，治瀆始見。但不知兩人抵首時有何知己話？

❶「何如」，紅葉山文庫本作「如何」。

李文達公試餘姚

大學士李文達公，先任浙省督學使，❶微行至餘姚，有兩生當門對弈。或曰：「大宗師至，❷尚弈乎？」兩生曰：「我何書不讀，豈憚試？大宗師能作百人名題目試我乎？」及試餘姚論題，曰「用兵最精」，策題曰「孔門七十二賢，賢賢何德；雲臺二十八將，將將何功」。諸生茫然，齊起跪問。公曰：「《千字文》且不能記，百人名亦不省，何謂讀書？」

王文成公謔語

王文成公封新建伯，戴冕服，有帛蔽耳。方入朝，某公笑之曰：「先生耳冷耶？」公曰：「我不耳冷，先生眼熱。」

❶「先」，底本作「光」，據《耳談類增》卷三十二改。
❷「大」，底本作「太」，據《耳談類增》卷三十二改。下「大宗師」同。

桐城女

安慶桐城縣東門西門各有女中痘死，年皆十餘歲。東門之女謁冥司，冥司檢簿曰：「汝禄壽尚未應死。」遣之還，而尸已焚毀，復以告冥司。冥司曰：「奈何？」鬼卒謂西門之女尸未毀也。冥司檢簿於西門之女，曰：「是宜死者。」因令借其尸還魂。西門之女死久復活，其家喜過望。而女羞阻，不知爲誰，惟憶其父母於東門，欲往從之。東門之家聞之，迎以歸，宛然故情，而非其女兒。❶西門之家亦不欲棄女也，以訟於邑。景陵周諫議時爲邑令，判曰：「西家女身，東家女魂，二家收養而共女之，情理其安矣。」于是二家女之。及其于歸，爭治奩具，而壻腹兩坦焉。

胡泰母

河間衛千户胡泰母死十年，父再娶。弘治己酉，忽夢母曰：「我已托生爲雌鷄，毛色黪黄。明日爲屯軍之贄，來汝家也。」及旦，泰外出，果有屯軍携鷄來者。家欲烹以享軍，鷄作人語曰：「毋烹我，待泰兒還。」家人以爲怪。俄而，泰還，鷄遶泰喃喃敘其家事甚悉。泰涕泣，告父畜之。既久，飛啄後妻，詬訾不已。泰出，後妻逐入炕下，撲殺之。豈人鷄尚相妬乎？

❶「兒」，《耳談類增》卷九作「貌」。

韓清

韓清者，洛陽諸生而抱異術。守趙公喪妾憂甚，思得清雅士與談博，未遂也。重門皆閉，忽一士歷堦而上，曰：「韓清上謁。」公亦耳其名，曰：「汝從何來？」曰：「公心欲爲平原，故不佞請爲毛遂。不干典謁，正發公一笑耳。」公大笑，與談博累日夜，憂頓解。然清之父，掾也，窃邑藏金無算，并其母置囹圄。清一日來別，且道其事。公曰：「可爲公解否？」曰：「正恐累公，可搴裳而就之乎！」遂去。長揖謁其令朱公，公怒曰：「汝籍博士，又父扞文罔，何傲若是？固知汝術勝，可爲我作術，不然受朴。」清呼袖中二妹子出，明媚艷麗絶倫，清歌妙舞亦極。傴向令，令止之，復歸於袖中。曰：「技止此乎？」清復探襟内出一龍一虎，龍吟甲動，虎吼風生，勢甚可畏。又傴向令，令止之，復納入襟内。曰：「技止此乎？」清索水，授水一盂。噀之平地，邑堂成河，波流汹湧。拾樹葉作舟浮之，而身登焉，父母皆在其上，回首揖令曰：「累公矣。」而刺舟冉冉入雲，莫可極視。而藏金莫可償。

感孕

鄞縣民某出賈，妻與其姒同處。夫久不歸，見夫兄私心慕之，成疾阽危。家人知所以，且憐之，計無所出。强伯氏從帷外以手少拊其腹，遂有感成孕。及産，惟一掌焉。

陳大司馬謔語

大司馬陳公汝言與太子洗馬劉公定之友善。一日謂曰：「君業洗馬，日洗幾馬？」公曰：「厩馬皆洗過，獨大司馬洗不得。」陳公大笑。

不解書意

陸澄，南齊人。欲撰《宋史》不成，讀《易》三年，不解意義。王儉戲云：「書廚。」

性好各別

石林老人會客，食鷄頭，因論古今人嗜好不同，及屈到嗜芰，曾晳嗜羊棗。因言歐文忠嗜鯽魚，京師無能斫鱠，梅聖俞有婢獨能之。文忠公、劉元甫諸人，每提鮮活鯽魚數尾過聖俞，聖俞得鱠材，亦必儲以速諸人。蔡君謨亦每以鮮鯽遺之。至于崔鉉喜看水牛鬭，則又可笑也。

米芾謝硯

崇寧初，召書學博士米芾書大屏。芾至，顧左右，乞宣取筆硯。上指御案間端研，使就用之。書成，捧硯跪請曰：「此研經賜臣芾濡染，不堪復以進御。」上大笑賜之，芾蹈舞以謝。即抱負趨出，餘墨漬袍袖，而喜見顏色。上顧蔡京曰：「顛名不虛也。」京奏曰：「芾人品誠高，所謂『不可無一，不可有二』。」

元章清賞

元章得一硯，謂周仁熟曰：「此非世間物，殆天地秘藏，待我識之。」答曰：「公雖名博識，所得之物，真僞居半，特善誇耳。」芾起取于笥，❶周亦索巾滌手者再，作敬觀狀。芾喜出硯，周稱賞不已，且云：「誠爲尤物，未知發墨何如？」命取水。未至，亟以唾點磨墨。芾變色曰：「公何先恭後倨？硯污矣，不可用。爲公贈。」

槐膠彈子

李少微子女頗多。每朝退，于亭榭散槐膠彈子數百枚，令諸小兒爭取之，以爲戲笑，終日不倦。戲已，

❶「笥」，底本作「笥」，據《靳史》卷二十改。

復收于篋。

虱念阿房宫賦

揚州蘇隱夜卧，聞被下有數人齊念《阿房宫賦》，聲緊而小。急開被視之，無他物，惟得虱十餘，其大如豆。

翻綽入水

玄宗嘗令左右提翻綽入池水中，復出曰：「向見屈原笑臣：『爾遭逢聖明，何亦至此？』」

副急淚

宋世祖謂劉德願曰：「卿哭貴妃悲者，當厚賞。」德願應聲慟哭，撫膺擗踊，涕泗交流。上甚悦，故用豫州刺史以賞之。上又令醫術人羊志哭貴妃，志亦嗚咽極悲。他日，有問志者曰：「卿那得此副急淚？」志曰：「我爾日自哭亡妾耳。」

之才聰辨

徐之才聰辨强識，尤好劇談。常嘲王昕姓云：「有言則訌，近犬則狂，加頸足爲馬，施角尾成羊。」盧元明因戲之曰：「卿姓未入人名，是字之誤。」之才應聲曰：「卿姓在亡爲虐，在丘爲虛，生男則爲虜，配馬則爲驢。」

巧妓齊雅秀

三楊學士當國時，有一妓名齊雅秀，性最巧慧。一日被喚，衆謂之曰：「汝能使三閣老笑乎？」對曰：「我一入，就令笑也。」進見，問何以來遲，對曰：「在家看些書。」問何書，對曰：「《列女傳》。」三閣老聞之果大笑，乃戲曰：「我道是齊雅秀，乃是臍下臭。」蓋因其姓名之聲而譏之。應聲曰：「我道是各位老爹是武職，原來是文官。」以文爲聞也。三公曰：「母狗無禮。」又答曰：「我是母狗，各位老爹是公猴。」猴者猴也。

銀以鼓文趣

常熟桑思玄，曾有人求文，託以親昵，無潤筆。思玄謂曰：「平生未嘗白作文，最敗興。你可暫將銀一錠四五兩置吾前，發興後，待作完，仍還汝可也。」唐子畏曾在孫思和家，有一巨本録記所作，簿面題二字，曰

「利市」。都南濠至不苟取。常有疾，以帕裹頭强起，人請其休息者，答曰：「若不如此，則無人來求文字矣。」馬懷德言：「曾爲人求文字於祝枝山，問曰：『是見精神否？』俗以取人髓爲精神。❶曰『然。』又曰：『吾不與他計較，清物也好。』問何清物，則曰：『青羊羢罷。』」

考功自調

夏考功愈清介而貧。錢學士溥在京時，除夜同沈粲在夏宅，嘗作一春聯，❷求沈寫之，曰：「座上無氊，且喜身安心内樂。」方構思下句，夏遽云：「吾已得之矣。」對曰：「門前有粟，誰憐眼飽肚中饑。」蓋其家對倉而居故也。錢至新正三日，送米六十石。

犯姦盜牛獲免罪

蘇州月舟和尚犯姦。長洲令聞其能詩，以鶴爲題。詩曰：「素身潔白頂圓朱，曾伴仙人入太虛。昨夜藕花池畔過，鷺鷥冤却我偷魚。」釋之。又一婦以夫盜牛事犯，上縣尹詩云：「洗面盆爲鏡，梳頭水當油。妾身非織女，夫倒會牽牛。」免其罪。

❶「髓」，《戒菴老人漫筆》卷一作「錢」。
❷「嘗」，底本作「當」，據《靳史》卷二十六改。

賣骨董對

賣骨董金克和嘗求春聯于沈石田翁，遂索紙筆，親書一對云：「小門面，正對三公之府；大斧頭，專打萬石之家。」蓋其家對俞尚書上悦住云。

外任京職相謔

外任官與京職官相遇，外任官曰：「我愛京官有牙牌。」京官曰：「我又愛外任有排衙。」

郭戴二奇才

江西郭希顔十三歲鄉舉，在場屋作文甚捷，監場布政見其遞卷尚早，呼前出一對云：「紙糊屏風千箇眼。」對曰：「油澆蠟燭一條心。」福建戴大賓十三中鄉舉，十一二時出考科舉。同輩見其少年，謂曰：「小朋友如此年就要做官，做到何官？」答曰：「做閣老。」衆戲出一對云：「未老思閣老。」應聲云：「無才做秀才。」衆哄然大笑，知反爲所傷也。

崔來鳳子

翰林崔來鳳子，五歲甚聰慧，善屬對。曾有送桃棗者，急欲取之，父曰：「汝能作此二果破題，則許。」答曰：「有食其内而棄其外者，有食其外而棄其内者。」一日謂父曰：「我亦出一破題。」指炕爲題。父故效其體爲之曰：「有所以眠乎人者，有所以烘乎人者。」曰：「教父親做官哩。『眠』『烘』，二字忒俗，我替你改之，作『卧』字、『暖』字。」

輕狂舉子

隆慶五年辛未科，張太岳居正以大學士爲正主考，王荆石錫爵以右中允爲第二房考。荆石得一奇卷，進之太岳，欲薦爲魁列，再三言之。太岳曰：「此必輕狂淫蕩之士，當非令器。」隨抹兩三行，荆石不獲己，袖而藏之。至填四十名外，又固請，乃填中四十八名。拆出，乃休寧人曹誥也。曹赴會試，行囊不挾書册，惟携戲鑼鬼面頭子一箱耳。與諸舉子宴寓舍，席間作僵尸，令人擡身，走數遍以爲樂。不知有何者堪樂也，其輕狂大約類此，殊可發一笑。

噴嚏

今人噴嚏，必唾曰：「好人説我常安樂，惡人説我齒牙落。」《終風》之詩云：「寤言不寐，願言則嚏。」東坡有詩曰：「白髮蒼顔誰肯記，晚來頻嚏爲何人？」《隨筆》亦載：「噴嚏不止者，必噀唾祝云：『有人説我。』婦人尤甚信之」。嘗聞唐玄宗友愛昆季，❶呼寧王爲大哥，每與同食。食次，寧王錯喉噴上髭，王驚慚，上顧欲安之。黄翻綽曰：「不是錯喉。」上曰：「何也？」對曰：「是噴帝。」上大悦，則固以噴嚏爲佳事矣。

釋稱父母

佛家稱父爲富樓那，母爲彌多羅尼。

字謎

「目」字加兩點，不作「貝」字看。上有「加」字，下增二點，是「賀」字。「貝」字欠兩點，不作「目」字看。上有「欠」字，又增二點，是「資」字。出荆公。木了又一口，不作「杏」字猜，若作「困」字猜，便是呆秀才。木旁着「了」字、「又」字、「一」

❶「唐」，底本作「康」，據《戒菴老人漫筆》卷五改。

字、「口」字，是「極」字。

煮粥詩

煮飯何如煮粥强，好同兒女熟商量。一升可作二升用，兩日堪爲六日糧。有客只須添水火，無錢不必問羹湯。莫言淡薄少滋味，淡薄之中滋味長。

鐵舍大腹

江陰侯孫名鐵舍者，腹大善啖，平生未嘗自見其足。永樂間至京乞恩，太宗命光禄寺茶飯計食六十斤，謝恩拜，不能起。命兩衛士挾之，因不得襲蔭。後家不給，食饅頭又食炟茄，俱成籮以充饑。

老人十拗

宋郭功父有老人十拗語，謂：「不記近事，記遠事。不能近視，能遠視。哭無淚，笑有淚。夜不睡，日裏睡。不肯坐，只好行。不肯食軟，要食硬。子不惜，惜孫子。大事不管，碎事健問。少飲酒，多飲茶。煖不出，寒即出。」昔人稱爲切中老人之病。

山中一夕話下集　卷三

少延清歡

陶淵明得太守送酒，多以舂秫水雜投之，曰：「少延清歡數日。」

杜鵑喚歸

石誼未娶，聞杜鵑喚歸，歎曰：「此物催人使歸，使我何所歸耶？」

孫山答書

孫山應舉，綴名榜末。朋儕以書問山得失，答曰：「解名盡處是孫山，餘人更在孫山外。」覽者大笑。

鄭光辭表

宣宗舅鄭光鎮河中，上封其妾爲夫人。不受，表辭曰：「白屋同愁，已失鳳鳴之侶；朱門自樂，難容烏合之人。」上笑曰：「誰教阿舅作此好事。」

同生戊子

程文惠與龐公同戊子生，程已貴，龐尚爲小官。嘗戲龐曰：「君乃小戊子也。」龐後大拜，程曰：「今日大戊子都爲小戊子矣。」

王宰相施設

王及善後爲右相，無甚施設，惟不許令史輩將驢入堂。終日驅逐，號驅驢宰相。

孫丁甲第

王禹偁稱丁謂與孫何可比韓柳。既而孫冠多士，丁登第四，自以爲與孫齊名，恥居其下。臚傳之後，殿下有言，太宗曰：「甲乙丙丁，合居第四，復何言？」衆大笑。

吏部機警

吏部侍郎李安期，隋内史德林之孫，安平公百藥之子，性機警。嘗有選人被放，訴云：「羞見來路。」安期問：「從何關來？」曰：「從蒲津關來。」安期曰：「取潼關路去。」選者曰：「恥見妻子。」安期曰：「賢室本自相諳，亦應不笑。」又一選人引銓，安期看判曰：「第書稍弱。」對曰：「昨墜馬損足。」安期曰：「損足何廢好書？」爲讀判曰：「向看書判，非但傷足，兼似内損。」其人慚而去。

偷狗賦

馮京未第時，讀書于灊山僧舍。僧有犬，京烹之，僧訴于縣，縣命作《偷狗賦》，有警聯云：「團飯引來，喜掉續貂之尾；索綯牽去，驚回顧兔之頭。」令嘆賞。

秦魏二使善嘲

李茂貞子從儼爲鳳翔節度使。因生辰，秦鳳持禮使陋而多髯，魏博使少年如美婦人。❶魏博戲云：「今日不幸，與水草大王接坐。」秦鳳曰：「夫人無多言。」四座皆笑。

好色自迷

唐司空圖有詩云：「昨日流鶯今日蟬，起來又是夕陽天。六龍飛轡長相窘，更忍乘危自着鞭。」戒以色戕者也。楊誠齋善謔，嘗謂好色者曰：「閻羅王未曾相喚，子乃自求押到，何也？」

省闈蠢問

歐文忠公諱修。知貢舉。省闈故事，士子有疑，許上請。至日午，猶有喋喋弗已者。過晡稍閑，與諸僚方酌酒賦詩，士又有扣簾者。公出，士忽問曰：「諸生欲用堯舜字，而疑其爲一事、或二事，惟先生教之。」觀者閧然笑。公徐曰：「似此疑事，或恐其誤，但不必用可也。」内外又大笑。

❶「博」，底本作「摶」，據紅葉山文庫本改。下「魏博」同。

訴事口給

尚書宗如周，有人訴事，謂其曾作如州官也，乃曰：「某有屈滯，故來訴如州官。」如周曰：「爾何人？敢呼我名！」其人慚謝曰：「祇言如州官作如州，不知如州官名如周。早知如州官名如周，不敢喚如州官作如州。」宗大笑曰：「令卿自責，見侮反深。」衆咸服其雅量。

祿山胡習

楊貴妃中酒，微露其乳。帝捫之曰：「温柔新剥雞頭肉。」安祿山在旁曰：「滑膩凝如塞上酥。」帝笑曰：「信是胡兒，只識酥耳。」

洛中新聞

王拱辰太師即洛之道德坊，營第甚侈，中嘗起屋三層，最上曰「朝元閣」。時司馬君實亦在洛，于私第穿地深丈餘，作秘室。邵堯夫見富鄭公，諱弼。富問洛中有何新事，邵曰：「近有一巢居者，一穴處者。」遂以二公對，富爲發笑。

王皓失馬得馬

王皓，字季高，少立名行，性懦緩。嘗從文宣北伐，乘赤馬，且蒙霜氣，遂不復識。自言失馬，虞候爲求，不得。須臾日出，馬體霜盡，繫在幕前。方云：「我馬尚在。」

逆風張帆

唐杭州參軍獨孤守忠，領租船赴都。夜半急追集船人，更無他語，乃曰：「逆風必不得張帆。」衆大哂焉。

羲獻自任

王獻之善隸書，變王羲之法爲今體，字畫秀媚，妙絶時倫，與父俱得名。其章草疎弱，殊不及父。有問羲之云：「世論卿書不逮獻之。」答曰：「殊不爾也。」他日見獻之，問：「尊君書何如？」獻之不答。又問：「論者云，君固當不如。」獻之笑而答曰：「人那得知之也。」

方池詩

錢昭度《詠方池》詩云：「東道主人心匠巧，鑿開方石貯漣漪。夜深若被寒星映，恰似仙翁一局棋。」有嘲之者曰：「此正謂『一局黑全輸』也。」

遥宗雅嘲

有一故相遠泒在姑蘇，因嬉遊書其壁曰：「大丞相再從姪孫某至此。」後有士人李章好訕謔，題其旁曰：「混元皇帝三十七代孫李章繼至。」

人參澡豆

王介甫病喘，藥用紫團山人參不可得。時薛師政自河東還過，贈王數兩，不受。人勸曰：「公之疾非此不可活，何辭爲？」王曰：「平生無紫團參，亦活到今日。」竟不受。王面黄黑，問醫。醫曰：「此垢汙，非疾也。」進澡豆，令王頮之。工曰：「天生黑于予，澡豆其如予何！」

調慳主人

李章赴鄰人小集。主人素鄙，會次章適坐其傍。既進饌，主人前一魚，特大于衆客者。章即請于主人曰：「某與君俱蘇人，每見人書蘇字不同，其魚不知合在左邊者是，右邊者是？」主人曰：「古人作字，不拘一體，移易從便也。」章即引手取主人之魚示衆云：「領主人指揮，今日左邊之魚亦合從便，移過右邊。」一座輟飯而笑。

魏收嘲屈

徐之才嘗以劇談調魏收，收熟視之，曰：「面是小家方相。」之才答曰：「若爾，便是卿之葬具。」

也不礙諺語

宋時吏部有一胥，好滑稽。有董公邁參選，失去官誥，但存紙印，遂投狀給據。一日，侍郎問其胥曰：「此事無礙否？」胥曰：「朝公大夫董公邁，失一官誥印紙在，也不礙。」侍郎覺其謔侮，杖一百，罷之。蓋俗有《舞十般癩》云：「一般癩來一般癩，渾身爛了肚皮在，也不礙。」如是，凡十首，語言相類，故應聲爲戲云。

分司御史

杜牧爲御史，分司洛陽，時李司徒愿罷鎮閑居，聲妓豪侈，洛中名士多謁之。李高會朝客，以杜持憲，不敢邀致。杜遣坐客達意，願預會。李邀之，既至，獨坐南行，瞪目注視。問云：「聞有紫雲者，孰是？」李指之，杜凝睇良久，曰：「名不虛得，宜以見惠。」李俯而笑，諸妓亦回首破顔。杜乃自飲，起吟曰：「華堂今日綺筵開，誰遣分司御史來。忽發狂言驚滿座，兩行紅粉一時迴。」意氣閑逸，旁若無人。

衛玠丰姿

衛玠美容儀，驃騎王武子濟其舅也，見玠輒嘆曰：「珠玉在側，覺我形穢。」後從豫章至都下，都下人久聞其名，觀者如堵牆。玠先有羸疾，體不堪勞，遂病死。時人謂「看殺衛玠」。

謝郎中女

謝郎中有女能詩，長嫁王元甫。元甫調官京師，送別云：「此去惟宜早早還，休教重起望夫山。君看湘水祠前竹，豈是男兒淚染斑？」

償博太守

陳遵祖父遂，宣帝微時與有故，相隨博弈數負。及帝即位，遂爲太原太守，乃賜璽書曰：「太守官尊禄厚，可以償博矣。」

石裕酒沐

石裕方明造酒數斛，忽解衣入其中，恣沐浴而出。告子弟曰：「吾平生飲酒，恨毛髮未識其味。今日聊以設之，庶無厚薄。」

郭文洗花

郭文在山間，有石榴、楊梅等花，爲樵牧所傷。郭賣簪沽酒以澆之，人問何故，曰：「爲二子洗瘡止痛。」衆大笑。

鄭泉快飲

鄭泉博學，有奇姿，而性嗜酒。閒居嘗曰：「願得美酒滿五百斛船，以四時肥甘置兩頭，反覆没飲之，憊即住而啖肴膳，酒有升斗減，隨即益之，不亦快乎！」

平康妓

平康妓瑩娘，玉淨花明，尤善梳掠，畫眉日一作樣。康斯立戲之曰：「西蜀有《十眉圖》，汝眉癖若是，可作《百眉圖》。更假歲年，當邀同志爲修《眉史》。」妓大悅。

季玄酒

西門季玄造二色酒，白酒中有黑花，斟於器中，花亦不散，中有肝石故也。崔道旅以金銀銅錢來酤，曰：「以我三樣錢，買君二色酒，欲辭得乎？」玄笑而與之。

何佟之潔癖

何佟之，字士威，一日之中，洗滌十餘遍，猶恨不足，時嘲之曰「水淫」。

方棠陵翻天人案

浙省下飛來峰石上佛像，是勝國楊漣僧雕琢，下天竺後壁，是王叔明畫，剥落處，近孫宰子補之。方棠陵爲秋官郎，❶慮囚江南，見而索筆題曰：「飛來峰，天奇也，自楊總統琢之，天奇損矣；王叔明畫，人奇也，自孫宰子補之，人奇索矣。二者乃山中不平之疑案，予法官也，不翻是案，何以服人！」衆傳以爲笑。

楊玠盜書

楊玠娶崔季讓女，崔家富圖籍，玠婚後頗游其書齋。既而告人曰：「崔氏書爲人盜盡，曾不之覺。」崔遽令檢之。玠叩腹曰：「已藏經笥矣。」崔一笑。

❶「郎」，底本作「即」，據《四友齋叢説》卷二十九改。

晦堂點悟

黄龍寺晦堂老子嘗問黄山谷以「吾無隱乎爾」之義，黄詮釋再三，晦堂不答。時暑退凉生，秋香滿院，晦堂因問曰：「聞木犀香乎？」黄曰：「聞。」晦堂曰：「吾無隱乎爾。」山谷笑而服。

張氏雀鼠

張士簡名率，嗜酒疎脱，忘懷家務。在新安，遣家童載米二千斛還吴，耗失大半。張問其故，答曰：「雀鼠耗也。」張笑曰：「壯哉！雀鼠。」

晋公術數不爲動

裴晋公名度，不信術數。每語人曰：「雞豬魚蒜，逢着則喫；生老病死，時至則行。」

王夷甫不言錢

王夷甫雅尚玄遠，常嫉其婦貪濁，口未嘗言「錢」字。婦欲試之，令婢以錢遶床，不得行。夷甫晨起，見錢閿行，呼婢曰：「舉却阿堵物！」

岳柱巧詰

岳柱字止所，年八歲時，觀畫師何澄畫《陶母剪髮圖》，指陶母手中金釧詰之曰：「有此可易酒，何用剪髮？」何驚，笑易之。

蘇舜卿酒佐

蘇子美名舜欽，豪放不羈，好飲酒。在外舅杜祁公家，每夕讀書以一斗爲率，公欵密覘之。❶蘇讀《漢書·張良傳》至「良與客徂擊秦皇帝」，❷撫掌曰：「惜乎擊之不中！」遂滿引一大白。又讀至「良曰：『始臣起下邳，與上會于留，此天以授陛下。』」❸又撫案曰：「君臣相遇，其難如此！」復舉一大白。公笑曰：「有如此下酒物，一斗不足多也。」

❶「欵」，《堅瓠集》六集卷一作「疑」。《四友齋叢説》卷三十三：「公深以爲疑，使子弟密覘之。」
❷「徂」，《漢書》卷四十作「狙」。
❸「以授」，《漢書》卷四十作「以臣授」。

解學士題道士像

壽春道士以小像乞解學士題咏，解書「賊賊賊」。道士愕然。續云：「有影無形拿不得，只因偷却吕仙丹，而今反作蓬萊客。」

令掾確對

秦興令胡遥嬖一門子，忽見一掾挑之與密語，以爲嫌，問掾何語，掾急遽曰：「渠是小人表弟，語家事耳。」令即出一對曰：「『表弟非表兄表子。』汝能對，免責。」掾即應聲：「丈人是丈母丈夫。」令笑，觴之以酒。

夏周二公謔語

夏公忠靖以工部尚書治水蘇州松江，與給事中周大有同事。一日，偕宿天寧寺。周早如厠，夏戲曰：「披衣靸履而行，急事急事。」周即應聲曰：「棄甲曳兵而走，常輸常輸。」衆大笑。

宗室子丐食不廢禮

吴明卿參知大梁時，有宗室子奪取民間豆腐食之，適鼓吹者在旁競奏其樂。人問之，曰：「殿下進膳，聊侑食耳。」

解學士應口對

解學士縉父諱筠澗。九歲時嘗帶公詣江沐浴，以衣覆老樹上，命對，云：「千年老樹爲衣架。」急應云：「萬里長河作浴盤。」歸見馬行草野，命對，云：「黑馬尾拖銀掃箒。」對云：「烏龍項帶玉絛環。」父珍愛之甚。

嘲六十而娶

王雅宜名寵。六十再娶，許青陽嘲曰：「六十作新郎，殘花入洞房。聚猶秋燕子，健亦病鴛鴦。戲水全無力，啣泥不上梁。空煩神女意，爲雨傍高唐。」衆聞而大笑。

嘲誤寫枇杷詩

莫廷韓過袁履善家，適村人獻枇杷果，誤書作「琵琶」字，相與大笑。屠令君續至，莫避去。令偶謂有莫君，不可得見也。袁曰：「正在此。」因出見，而笑容尚在面。令君以爲問，袁道其故。令君曰：「『琵琶』不是這『枇杷』。」袁曰：「只爲當年識字差。」莫即云：「若使琵琶能結果，滿城簫管盡開花。」令君賞譽再三，遂爲莫逆。

解大紳書影

解公字大紳。七歲時，一日友人持其父影而至，解横書「圖畫禽獸」。友甚不樂，于是續云：「圖公之象，畫公之形，禽中之鳳，獸中之麟。」友笑而奇之。

山中一夕話下集　卷四

李文正公隱謔

李文正公秉鈞時，觴客皆明經，諸君酒未半，以有他招皆辭去。公曰：「今有一題，『東面而征西夷怨』二句，是何主意？」諸君思未得，以問公。公曰：「待湯。」衆大笑。

解縉嘲衆吟[1]

解學士縉四歲時，出遊市偶跌，衆笑之。吟曰：「細雨落綢繆，磚街滑似油。鳳凰跌在地，笑殺一羣牛。」衆無不摇頭吐舌。

[1] 題目原缺，據目録補。

嚴高二相公善謔

嚴相君訥，蘇人，面麻，俚語於蘇有「鹽豆」之誚。高相君拱，河南人，作文常用腹稿，俚語于河南有「盜驤」之嘲。二公相遇，高笑嚴曰：「公豆在面上。」嚴笑高曰：「公草在腹中。」聞者爲絶倒。

解大紳對

洪武都金水河、玉闌干諸勝槩處，解大紳慨然有觀光之意，子祺乃命對，云：「金水河邊金線柳，金線柳穿金魚口。」解應云：「玉闌干外玉簪花，玉簪花插玉人頭。」此八歲時也，衆大奇之。

李文正公神童

李文正公幼舉神童。入朝行不能踰門限，帝嘲曰：「神童足短。」公應聲曰：「天子門高。」帝悦而置之膝上。

伯虎答訪

唐寅字伯虎。於三月三日浴澡，一客過之，見以浴辭，不悦。及六月六日，公往謁是客，亦辭以浴。公戲題其壁曰：「君昔訪我我沐浴，我今訪君君沐浴。君昔訪我三月三，我今訪君六月六。」蓋三月三乃浴佛之晨，六月六乃浴狗之日耳。

文正公對

帝置李文正公於膝上時，父伏於丹陛，命以對曰：「子坐父立，禮乎？」對曰：「嫂溺叔援，權也。」帝以爲奇確。

葉義問不解軍事❶

金主亮南侵，命葉義問字審言。視師江上。義問素不習軍旅，會劉錡捷書至，讀之，至「金賊又添生兵」，顧問吏曰：「生兵是何物？」聞者掩口。

❶「義」，底本作「乂」，據《宋史》卷三百八十四本傳改。本篇「義」字同。

王敦未諳貴家體❶

王敦初尚主，如厠，見漆箱盛乾棗，本以塞鼻。王謂厠上亦下果，❷食遂至盡。既還，婢擎金澡盤盛水，琉璃盤盛澡豆，因倒箸水中而飲之，謂是乾飯。羣婢莫不掩口而笑之。

支元獻高堂

支元獻罄産架高堂，堂成而養贍乏，適賓諫議過，曰：「堂甚好，只是欠二條梁。」主人問其故，答云：「一條是不思量，一條是不酌量。」

陽明賦詩

王陽明諱守仁。年十一時過金山寺，龍山公與客酒酣，賦詩未成，陽明從旁曰：「金山一點大如拳，打破

❶「諳」，底本作「緖」，據目録改。
❷「亦」，底本作「六」，林羅山本墨筆改爲「亦」，《世説新語・紕漏》作「亦」，據改。

維揚水底天。醉倚妙高樓上月，玉簫吹徹洞龍眠。」客大驚異，❶復使賦《蔽月山房》詩，隨應曰：「山近月遠覺月小，便道此山大於月。若人有眼大如天，還見山小月更闊。」客益奇之。

崔夫人獠語

唐杭州刺史裴有敞疾甚，令錢塘縣主簿夏榮看之，榮曰：「使君百無一慮，夫人早須崇福以禳之。」崔夫人曰：「禳須何物？」榮曰：「使君娶二姬以厭之，出三年則厄過矣。」夫人怒曰：「此獠狂語，兒在身無病。」榮退曰：「夫人不信，榮不敢言。使君合有三婦，若不更娶，於夫人不祥矣。」夫人曰：「乍可死，此事不相當也。」

土地錯配

温州有土地：杜十姨無夫，五髭鬚相公無婦。州人迎杜十姨以配五髭鬚，合爲一廟。杜十姨爲誰？杜拾遺也。五髭鬚爲誰？伍子胥也。若少陵有靈，豈不對子胥笑曰：「爾尚有『相公』之稱，我乃爲『十姨』，何雌我耶？」

❶「驚」，底本作「警」，據申報館本改。

楊大年狎老

楊大年弱冠，與周翰、朱昂同在禁掖。二老時已皤然矣，楊每論事則侮之曰：「二老翁以爲如何？」翰不能堪，正色謂曰：「君莫欺侮我老，老亦終留與君。」昂曰：「莫留與他，免得後人又欺侮他。」

西字臉

孝皇聖明，❶亦爲左右者所惑。有一川官得郡，陛辭，有宦者奏知：「來日有川知州上殿，官家莫要笑。」壽王問：❷「如何不要笑？」奏云：「外面有一語云『裹上幞頭西字臉』，恐官家見了笑，只得先奏。」所謂知州者，面大而横闊，故有此語。來日上殿，壽皇一見，憶得先語，便笑云：「卿所奏不必宣讀，容朕宫中自看。」愈笑不已。其人出外曰：「早來天顔甚悦，以某奏劄稱旨。」殊不知「西字臉」先入之言，所以動壽皇之笑也。

❶「孝」，《宋稗類鈔》卷二十五作「壽」。

❷「王」，《宋稗類鈔》卷二十五作「皇」，《貴耳集》卷下同。

太古碑

紹興九年，虜歸我河南地。商賈往來，携長安秦漢間碑刻，求售於士大夫，多得善價。故人王錫老貧甚，節口腹之奉而事此。一日語共遊：「近得一碑，甚奇。」及出示，顧無一字可辨，王獨稱賞不已。客曰：「此何代碑？」王不能答。客曰：「某知之，是名『没字碑』，宜乎公好尚之篤也！」一笑而散。

盛丁梅竇

盛文肅公諱度。豐肌大腹而眉目清秀，❶丁晉公諱謂。疎瘦如削，二公並以文辭知名于時。梅學士諱詢。每晨起將視事，必焚香兩爐，以公服罩之，撮其袖以出，坐定撒開，兩袖郁然，滿室濃香。有竇文賓爲館職，而不喜修飾，經時未嘗沐浴。時人爲之語曰：「盛肥丁瘦，梅香竇臭。」

即事詩

哲宗朝，宗子有好爲詩而鄙俚可笑者，嘗作即事詩云：「日煖看三織，風高鬬兩廂。蛙翻白出闊，

❶「度」字底本原缺。盛度，字公量，謚文肅，見《宋史》卷二百九十二本傳，今補。

蚓死紫芝長。潑聽琵梧鳳，饅拋接建章。歸來屋裏坐，打殺又何妨。」或問詩意，答曰：「始見三蜘蛛織網於簷間，又見二雀鬬於兩廂廊，有死蛙翻腹似『出』字，死蚓如『之』字。方喫潑飯，聞鄰家琵琶作《鳳栖梧》。食饅頭未畢，閽人報建安章秀才上謁。迎客既歸，見内門上畫鍾馗擊小鬼，故云『打死又何妨』。」

相公相婆

王和父守金陵，荆公退居半山，每出跨驢，從二村僕。一日入城，忽遇和父之出，公亟入編户家避之。老姥自言病痁，求藥。公隨行偶有藥，取以遺之。姥酬以麻線一縷，云：「相公可將歸，與相婆也。」公笑而受之。

顔回賈誼

陳和叔爲舉子，通率少檢，後舉制科，驟爲質朴，時號「熱熟顔回」。時孔仲舉對制策，言天下有可歎息慟哭者，既而被斥。和叔曰：「孔生真『杜園賈誼』也。」王平甫聞之曰：「『杜園賈誼』好對『熱熟顔回』。」

王翰林

王平甫學士軀幹魁碩，❶盛夏入館中，下馬流汗浹衣，劉貢父曰：「君真所謂『汗淋學士』也。」

海蛇何以嗜

王敏道食海蛇，曰：「人何苦嗜之哉！一響而已。」

錯認老子

弘治中，吾郡一豪子，以事官捕之急，竄匿不出，官百計索之，不能得。或言鄉耆某多智數，官延訪之。耆乞屏左右，乃曰：「欲得之須用老子。」官曰：「老子已在此矣。」耆意蓋用欲取先予之術，官所云謂已執其父也。耆曰：「不是這箇老子。」官曰：「正是這箇老子。」耆又白如前，官終不悟，即叱之退，曰：「這蠢物，尚謂一人有兩老子，何智術之有！」

❶「軀」，底本作「家」，據申報館本改。

陳令判老大成婚

陳晟知奉新縣，有士允升老而娶妻涂氏，爲諸寵所阻，當夜不成婚而成訟。晟判曰：「兩家老夫婦，方結同心；一夜惡姻緣，遽成反目。這場公案好入笑林。王允升白髮皤然，自謂力微而心壯。涂氏女青春過了，亦須華落而色衰。始焉草草婚姻，終也匆匆聚散。鴛鴦小小思珍偶，輸與少年；鳳凰寥寥不復聞，遂成一夢。」

檳榔酬報

劉穆之小時家貧，誕節不持檢操，常往妻江氏家乞食，多見侵辱，不以爲恥。一日食畢，求檳榔，江氏兄弟戲之曰：「檳榔消食，君乃常饑，何忽須此？」及穆之爲丹陽尹，召江氏兄弟食，令廚人以金拌檳榔一斛進之。

宋之問口過

宋之問，天后朝求北門學士，不許。作《明河篇》以見志，則天見其詩，謂崔融曰：「非不知宋之問有奇才，但恨有口過耳。」宋終身慚憤。「口過」謂「口臭」也。

崔杜相戲

唐華原令崔思海口吃，每共表弟杜延業遞相戲弄。杜嘗語崔云：「延業能遣兄作雞鳴，但有所問，兄即須報。」旁人云：「他口應須自由，何得遣人驅使。若不肯作，何能遣之？」杜即云：「能得。」既而旁人即共杜私賭。杜將一把穀來崔前，云：「此是何物？」崔云：「穀穀。」旁人大笑，因輸延業。

楊衡爲人盜文

楊衡初隱廬山，有盜其文登第者，衡因詣闕，亦登第，見其人，怒曰：「『一一鶴聲飛上天』，在否？」答曰：「此句知兄最惜，不敢偷。」衡曰：「猶可恕也。」

長髯無安頓處

蔡君謨美鬚髯，一日屬清閑之燕，上顧問曰：「卿髯甚美，長夜覆之於衾下乎？將寘之於外乎？」君謨無以對。歸舍，暮就寢，思聖語，以髯寘之内外，悉不安，一夕不能寢。蓋無心與有心異也。

梁趙調謔

唐初梁寶好嘲戲，曾因公行至貝州，憩客館中，閑問貝州佐史。云：「此州有趙神德，甚能嘲。」即令召之。寶顔甚黑，廳上憑案以待。須臾神德入，兩眼俱赤，至階前，梁寶即云：「趙神德，天上既無雲，閃電何以無准則？」答云：「向者入門來，案後唯見一挺墨。」寶又云：「官裏料朱砂，半眼供一國。」又答云：「磨公小拇指，塗得太社北。」寶更無以對，媿謝遣之。

幡綽善調文樹

唐安西牙將劉文樹，口辨善奏對，明皇每嘉之。文樹髭生頷下，貌類猴，上令黄幡綽嘲之。文樹切惡猿猴之號，迺密賂幡綽不言之。幡綽許而進嘲曰：「可憐好箇劉文樹，髭鬚共頦頤別住，文樹面孔不似猢猻，猢猻面孔强似文樹。」上知其遺賂，大笑。

歸皮相嘲

皮日休謁歸仁紹不遇，作《龜詩》嘲曰：「硬骨殘形知幾秋，屍骸終不是風流。頑皮死後鑽應徧，都爲平生不出頭。」歸亦嘲之云：「八片尖皮砌作毬，火中浸了水中揉。一團閑氣如常在，惹踢招拳卒未休。」

守忠滑稽

章聖朝春月，多召兩府兩制三館于後苑賞花、釣魚、賦詩。自元昊叛，西陲用兵，廢缺甚久，嘉祐末，仁宗修舉故事。時韓魏公諱琦。爲首相，在宴和詩，卒章云：「曾參二十年前會，今備台司得再陪。」内侍任守忠以滑稽侍上，從容曰：「韓琦譏陛下。」仁宗愕然，問故，守忠曰：「譏陛下錫宴太頻。」上大笑。

令夫人疑弄己

陽伯博任山南一縣丞，其妻陸氏，名家女也。縣令婦姓伍。他日會諸官之婦，既相見，縣令婦問贊府夫人何姓，答曰：「姓陸。」次問主簿夫人，答曰：「姓戚。」縣令婦勃然入内。諸夫人不知所以，欲却回。縣令聞之，遽入問其婦，婦曰：「贊府婦云姓陸，主簿婦云姓戚，以吾姓伍，故相弄耳。餘官婦賴吾不問，必曰姓八姓九。」令大笑曰：「人各有姓。」復令其婦出。

孫子荆誤語

孫子荆年少時好爲隱，語王武子當枕石漱流，誤曰「漱石枕流」。王曰：「流可枕，石可漱乎？」孫曰：「所以枕流，欲洗其耳，所以漱石，欲礪其齒。」

宋子京雪幕揮毫

宋子京修《唐書》，嘗一日大雪，添帟幕，然椽燭，左右熾炭兩巨鑪。諸姬環侍，方磨墨濡毫，以澄心堂紙，草一傳未成，顧諸姬曰：「汝輩俱曾在人家，頗見主人如此否？」皆曰無有。其間一人來自宗子家，子京曰：「汝太尉遇此天氣，亦復如何？」對曰：「只是擁鑪命歌舞，間以雜劇，引滿大醉而已。如何比得内翰？」子京點頭曰：「也自不惡。」乃閣筆掩卷，起索酒飲之，幾達晨。明日對賓客自言其事，後每讌集，必舉以爲笑。

老婢巧擬宣武

桓宣武自以容姿風氣是司馬宣王劉越石之儔，有以比王大將軍者，意甚不平。及北伐還於路中，得一巧作老婢，乃越石故妓也。見桓便潸然而泣，桓問其故，答曰：「公甚似劉司空。」桓大悦。出外整理衣冠，又呼問此婢，婢云：「面甚似，恨薄；眼甚似，恨小；鬚甚似，恨赤；形甚似，恨短；聲甚似，恨雌。」桓於是褫衣解帶，昏然而卧，不怡者數日。

周翰精敏

孫周翰自幼精敏，其父穆之携以見郡侯。時賞春作會，侯與座客簪花，侯因命周翰曰：「口吹楊柳成新曲。」翰曰：「頭帶花枝學後生。」侯笑曰：「何遽便戲老夫。」

盛度撰碑

石中立在中書，時盛度禁林當直，撰《張文節公知白神道碑》，進御罷，呈中書。石急問曰：「是誰撰？」盛卒對曰：「度撰。」對訖方悟，滿堂大笑。

趙伯翁孫兒

趙伯翁肥大，夏日醉卧，孫兒緣其肚上，戲以李八九枚内臍中。至後日，李大爛潰，翁乃泣謂家人曰：「我腸爛將死。」明日，李核出，乃知孫兒所納李子也。

荆公嘲湖陰先生

楊德建，號湖陰先生。丹陽陳輔，浙西佳士也，每清明過金陵上塚畢，即過先生之居，清談終日，率以爲常。元豐辛酉癸亥，頻歲訪之不遇，題一絶于門云：「北山松粉未飄花，白下風輕日脚斜。身是舊時王謝燕，一年一度到君家。」湖陰歸見其詩，吟賞久之。曾稱於荆公，公笑曰：「此正戲君爲尋常百姓耳。」湖陰亦大笑。

胡昉浙漕

胡昉，大言誇誕，當國者以爲天下奇才，力加薦引。未數年，爲兩浙漕。一日，語坐客云：「朝廷官爵是買吾曹頭顱，豈不可畏！」適聞人伯卿在座末，趨前云：「也買脱空！」衆大笑。

漢有三牲

漢有牛通，爲隴西主簿；馬文淵爲太守；羊喜爲功曹。涼部云：「三牲備身。」

許嘲林隱

林和靖號隱士，傲許洞，許嘲之云：「寺裏掇齋饑老鼠，林間咳嗽老獼猴。豪民送物鵝伸頸，好客臨門鱉縮頭。」

天怕老婆

《尚書》：「星有好風，星有好雨。」古注云：「箕星東方宿也，東木克北土，以土爲妻，土好雨，故箕星從妻所好而多雨也。畢西方宿也，西金克東木，以木爲妻，木好風，故畢星從妻所好而多風也。由此推之，則北宫好燠，南宫好暘，中央四季好寒。皆以所克爲妻而從妻所好也。」予一日偶述此義，座有善謔者應聲曰：「天上星宿亦怕老婆乎？」滿堂爲哄然一笑。

楊伯子束像歸山

楊伯子爲潮州守，治聲赫然，爲三輔冠。士民相與肖像祠于學宫，與工部尚書戴少望並祠。伯子意不悦。會除浙東庾節，將行，辭先聖禮畢，與諸生坐于講堂，命取所祠像來，題詩其上云：「面有憂民色，天知報國心。三年風月少，兩鬢雪霜侵。更莫留形迹，何須問古今。不如隨我去，相伴老山林。」遂卷藏而行。

時有戲綴其尾云：「可憐戴工部，獨樹不成林。」

裴贊侍女詩

裴慶餘佐李北門爲淮南幕。嘗同遊船，舟師悮以船篙水濺侍女衣上。李怒，裴請以詩曰：「滿額鵝黄金縷衣，翠翹浮動玉釵垂。從教水濺羅裙濕，知道巫山雲雨歸。」李笑而赦之。

苗振倒繃

苗振第四人及第，召試館職。晏丞相語曰：「宜稍温習。」苗曰：「豈有三十年作老娘，而倒繃孩兒者乎？」既試，不中選。晏笑曰：「苗君竟倒繃孩兒矣。」

侯白潛探使情

陳嘗令人聘隋，不知其使機辨深淺，乃密令侯白變形貌，著故敝衣，爲賤人供承。客謂是微賤，甚輕之，乃傍卧放氣與之言，白心不平。問白曰：「汝國馬價貴賤？」白云：「馬有數等，若從伎倆筋脚好，形容不惡，堪得乘騎者，直二十千已上。若形容粗壯，雖無伎倆，堪馱物，直四五千已上。若彌尾燥蹄，絶無伎倆，傍卧放氣，一錢不直。」使者大驚，問其姓名，知是侯白，方始愧謝。

髑髏受虧

吕與叔言：「長安有安氏，家藏唐明皇髑髏，作紫金色，其家事之甚謹，因爾家富達，遂爲盛族。後其家析居，爭髑髏，斧爲數片。」張文潛聞之，戲語曰：「明皇生死爲姓安人極惱。」合坐大笑。

山中一夕話下集　卷五

揚州司馬哭姊

李文禮累遷至揚州司馬，質性急躁。時在揚州，有吏自京還，得長史家書，云：「姊亡，請擇日發之。」李忽聞姊亡，乃大號慟。吏復白曰：「是長史姊。」李久而徐問曰：「是長史姊耶？」吏曰：「是。」李曰：「我無姊，向亦怪矣。」

笑矜門第

唐有姓方人，好矜門第，但有姓方爲官，必認云親屬。知識疾其如此，乃謂之曰：「豐邑方相是君何親？」曰：「是某再從伯父。」問者笑曰：「君既方相侄兒，只堪嚇鬼。」豐邑坊，造賣凶器所也。

櫻桃詩不成韻

安禄山叛，史思明繼逆，至東都，遇櫻桃熟，其子在河北，欲寄遺之，因作詩同去。詩云：「櫻桃一籠子，半赤半已黄。一半與懷王，一半與周至。」詩成，皆贊美之，曰：「明公此詩大佳，若能言『一半周至一半懷王』，即與『黄』字聲律稍穩。」思明大怒曰：「我兒豈可居周至之下。」❶至即其子傅也。❷

郝隆富腹❸

郝隆七月七日仰卧，人問其故，答曰：「我曬書。」

老嫗捷口

劉道真于河側自牽船，見一老嫗採枱，劉調之曰：「女子何不調機利杼而採枱？」嫗答曰：「丈夫何不

❶「居」，底本作「君」，據紅葉山文庫本改。
❷「傅」，各本同，據文意當作「傅」。《全唐詩》卷八百六十九注：「至當作贄，思明僭號，以子朝義爲懷王，周贄爲相。」相即傅。
❸「郝」字底本原缺，據紅葉山文庫本補。

跨馬揮鞭而牽船？」

顯微異饌

嘉興林叔大爲江浙行省掾，貪墨鄙吝，頗交名流，以沽美譽。其於達官顯宦，則品饌甚豐。若高人勝士，不過素湯餅而已。一日，延黄子久作畫，多士畢集，復以此供客，諸人不能堪，譏訕大作，叔大赧甚，揖潘子素求題其畫，子素援筆書一絶句云：「阿翁作畫如説法，信手拈來種種佳。好水好山塗抹盡，阿婆臉上不曾搽。」子久笑語曰：「好水好山，謂達官顯宦；阿婆臉不搽，言素面也。」言未已，子素復加一句云：「諸佛菩薩摩訶薩。」俱不解其意，子素曰：「此即僧家懺悔。」閧堂大笑而散。叔大數日不見客。

王鐸事急

唐中書令王鐸爲都統以禦黄巢，携姬妾赴鎮，而妻妬忌。忽報夫人離京在道，鐸謂從事曰：「黄巢漸以南來，夫人又自北至，旦夕情味，何以安堵？」❶

❶「堵」，紅葉山文庫本作「處」。

馭者罵相

則天朝，宰相楊再思晨入朝，值一重車將牽出西門，道滑，牛不前。馭者罵曰：「一羣癡宰相，不能和得陰陽，而令我匯行如此辛苦。」再思徐謂之曰：「爾牛亦自弱，不得嗔他『宰相』。」

女奴却要

李庚女奴名却要，美容止，善辭令。李有四子，長延禧，次延範、延祚、延祐，所謂大郎、二郎、三郎、五郎也，咸欲蒸之而不得。嘗遇清明之夜，大郎遇之于櫻桃花影中，乃持之求偶，却要取茵席授之曰：「可于廳中東南隅停待。」又遇二郎調之，曰：「可于廳中東北隅相待。」又逢三郎束之，曰：「可于廳中西南隅相待。」又遇五郎握手不可解，曰：「可于廳中西北隅相待。」四郎皆持所授茵席，各趣一隅。頃却要燃炬豁扉照之曰：「阿堵貧兒，爭敢向這裏覓宿處！」四子各并所携掩面而走。

李女可愛

桓司馬温以李勢女爲妾，南郡主拔刀率婢數十往李所，欲砍之。見李在牕前梳頭，髮垂委地，姿貌絶麗。徐乃結髮斂手向主曰：「國破家亡，無心以至今日，若能見殺，猶生之年。」神色閑正，❶辭旨悽惋。主乃擲刀，抱之曰：「我見猶憐，何況老奴。」

不能作無麵餅

晏景初請一僧住院，僧辭以窮陋不可爲。景初曰：「高才固易耳。」僧曰：「巧婦安能作無麵湯餅乎？」景初曰：「有麵則拙婦亦辦矣。」僧慚而退。

韓浦兄弟

韓浦韓洎皆有文辭，洎嘗輕浦，語人曰：「吾兄爲文譬如繩樞草舍，聊蔽風雨。予之爲文，是造五鳳樓手。」浦聞之，因親知寄局牋，❷題詩贈洎曰：「老兄得此全無用，助爾添修五鳳樓。」

❶「正」，底本作「王」，據《世説新語·賢媛》注引《妒記》改。申報館本作「靜」。
❷「局」，《白孔六帖》卷十四作「蜀」。

崔以戲動李夫人

崔鉉之在淮南，嘗俾樂工習其家僮以諸戲。一日，其樂工告以成就，且試焉。鉉命演于堂下，與妻李氏坐觀之。崔以李氏妬忌，即以數僮衣媜人衣，曰妻曰妾，列于旁側。一僮則執簡束帶，旋唯諾其間。張樂，命酒，笑語不能無屬意者。李氏未之悟也，久之，戲愈甚，悉類李氏平昔所爲。李氏雖少悟，以其戲偶合，私謂不敢然，且觀之。僮志在于發悟，愈益戲之。李果怒罵之曰：「奴敢無禮！吾何嘗如此！」僮指之，且叱曰：「咄咄，赤眼作而白眼諱乎！」鉉大笑，幾至絶倒。

范寺丞妻

撫州監酒范寺丞者，妻色美而妬，范寵憚之。同官每休暇招妓燕集，皆不得預。一夕，范輪次直宿，會有告宿釀者，范晨率吏卒徑往搜捕。其同事李供奉者，素知范妻之妬，戲取妓鞋密置范卧具中。須臾，務吏携衾褥歸，妻展衾得鞋，神色沮喪，詰所從來。吏言不知，於是泣怨良久，拊心而呼曰：「天乎有是邪！」乃入室闔户而寢。頃之，范還，排户入，則自經死矣。

李嘲陳越席

蔡君謨守福唐，會李太伯與陳烈于望海亭，以歌者侑酒，方舉板一拍，陳驚怖越席，攀木踰垣而去。李作詩曰：「山鳥不知紅粉落，一聲檀板便驚飛。」

党進怒咄畫工

党進命畫工寫真，寫成，大怒，詰畫師云：「我前時見畫大蟲，猶用金箔貼眼，我消不得一對金眼睛！」

江南驛吏

江南一驛吏，以幹事自任。典郡者初至，吏曰：「驛中已理，請一閲之。」刺史往視，初見一室，署云酒庫，諸醞畢熟，❶其外畫一神，刺史問是誰，言是杜康。刺史曰：「公有餘也。」又一室，署云茶庫，諸茗畢貯，復有一神，問是誰，云是陸鴻漸，刺史益善之。又一室，署云菹庫，諸菹畢備，亦有一神，問是誰，吏曰蔡伯喈，刺史大笑曰：「不必置此。」

❶ 「熟」，底本作「熱」，據《語林》卷三十改。

鬻餅不聞歌

劉伯芻侍郎所居巷日有鬻餅者，早過户，必聞謳歌當壚。召與萬錢，令多其本，曰：「取胡餅償之。」後過其户，寂不聞聲，❶呼問曰：「何輟歌之速乎？」曰：「本領既大，心計轉粗，不暇唱《渭城》矣。」

北方相禮

北方民家吉凶，輒有相禮者，謂之白席，多鄙俚可笑。韓魏公自樞密歸鄴，赴一姻家禮席，偶盤中有荔枝，欲啗之，白席者遽唱言曰：「資政喫荔枝，請衆客同喫荔枝。」魏公憎其喋喋，因置不復取，白席者又云：「資政惡發也，却請衆客放下荔枝。」

賈待詔侍太宗棋

宋太宗時，待詔賈玄者嘗侍上棋。太宗饒玄三子，嘗輸一路，太宗知玄詐，不盡其藝也，乃謂曰：「此局出，復輸我，當榜汝。」既而滿局，不生不死，太宗曰：「亦詐也，更一局，汝勝，賜汝緋，不則，投汝于水中。」局

❶「聲」字底本殘損，據紅葉山文庫本補。

既平，不勝不負。太宗曰：「我饒汝子而局平，是不勝也。」命左右投之水中，乃呼曰：「臣握中尚有一子。」帝大笑，賜以緋衣。

新郎阿婆

薛逢晚年厄于宦途，策羸馬赴朝，值新進士綴行而出，團司所由數十人。見逢行李蕭然，前導曰：「回避新郎君。」逢遣价語曰：「莫貧相！阿婆三五年時，也曾東塗西抹來。」

梁灝及第謝表

梁灝年八十二狀元及第，謝啓曰：「白首窮經，少伏生之八歲；青雲得路，多太公之二年。」

元章頗索右軍帖

米元章在真州，嘗謁蔡攸於舟中，攸出右軍《王略帖》示之，元章驚歎，求以他畫易之。攸有難色，元章曰：「若不見從，某即投此江死矣。」因大呼，據船舷，❶欲墮，攸遂與之，乃喜。

❶「舷」，底本作「船」，據《初潭集》卷十四改。

延之慚偃

何偃路值顔延之，遥呼曰：「顔公。」延之以其輕脱，答曰：「身非三公之公，又非田舍之公，又非君家阿公，何以見呼爲公？」偃慚而退。

捧硯監簿

石曼卿一日語僧秘演曰：「館俸清薄，恨不得痛飲！」演曰：「非久當引一酒主人奉謁。」不數日，引一納粟牛監簿來，以宫醪十擔爲贄，列醖於庭。演爲傳刺，曼卿愕然，延之乃問：「甲第何許？」生曰：「一別舍介繁臺之側。」曼卿閑語演曰：「繁臺寺閣虚爽可愛，久不一登。」其生曰：「學士與太師果欲登閣，當具酒簌迎候。」曼卿因許之。一日休沐，約演同登。演預戒生，生果陳具于閣，器皿肴核，冠於都下。石演高歌褫带，飲至落景。曼卿醉，喜曰：「此遊可紀。」乃以盆漬墨濡巨筆題云：「石延年曼卿同空門詩友老演登此。」生拜叩曰：「塵賤之人，幸獲陪侍，乞掛一名，以光賤迹。」曼卿大醉，握筆沉慮。目演佯聲諷曰：「大武生捧硯用事可也。」演以爲言，竟題云：「牛某捧硯。」永叔後以詩戲曰：「捧硯得全牛。」

女壻姨夫

歐陽修與王拱辰同爲薛簡肅公壻，歐先娶長女，王娶其次。後歐公夫人故，再娶其妹。人戲曰：「舊女壻爲新女壻，大姨夫作小姨夫。」

張司録夜殺豬

張端爲河南司録，府當祭社，買豬，已呈尹。其夜突入録廳，端即令殺之。吏以白尹，尹問端，對曰：「按律諸無故夜入人家，主人登時殺之勿論。」尹大笑，爲别市豬。

覩畫減疾

劉瑱妹爲鄱陽王妃，性極妬。王爲明帝所誅，妃追傷成疾，瑱不能止，乃令陳郡殷蒨畫鄱陽王與寵妃照鏡狀，如欲偶寢，以示妃，妃唾罵曰：「故宜早死。」于是病亦除差。

阮簡圍棋

阮簡爲開封尹，有劫賊，吏白曰：「甚急。」簡方客圍棋長嘯，吏曰：「劫急。」簡曰：「局上劫亦甚急。」

姊弟雙寵

苻堅初滅燕。慕容沖姊清河公主，年十四，有殊色，堅納之，寵冠後宫。沖年十二，亦有龍陽之姿，堅又幸之。姊弟專寵，宫人莫進。長安歌曰：「一雌復一雄，雙飛入紫宫。」咸懼爲亂，王猛切諫，堅乃出沖。後沖進逼長安，堅遺之錦袍曰：「朕於卿恩分如何？　而於一朝忽爲此變。」

伯益希孟題贊

陳伯益面黑而狹，多髯，希孟見寫真掛壁上，戲題云：「伯益之面，大無兩指，髭髯不仁，侵擾乎其旁而不已。于是乎伯益之面，所餘無幾。」希孟避寧宗諱，改名直，字古民。伯益咏其名曰：「炊餅担頭挑取去，白衣鋪上喝將來。」伯益又寫一真：「衣皂道服躡僧鞵。」希孟贊之曰：「禪鞵俗人鬅鬙，道服儒巾面皮。秋水長天一色，落霞孤鶩齊飛。」聞者笑倒。

死生無見

程師孟嘗請于王介甫曰：「公文章命世，某幸與公同時，願得公爲墓誌，庶傳不朽，惟公矜許。」王問：「先正何官？」程曰：「非也，某恐不得常侍左右，欲預求墓誌，俟死而刻之耳。」又王雱死，有張安國被髮藉草哭于柩前，曰：「公不幸未有子，今郡君妊娠，某願死，托生爲公嗣。」京師嘲曰：「程師孟生求速死，張安國死願托生。」

答須古玩

江夏王義恭性愛古物，❶常遍就朝求之。侍中何勗已有所送，而王徵索不已。何意不平，常出行于道中，見狗枷、敗犢鼻，乃命左右取之還，以箱擎送之，牋云：「承復須古物，今奉李斯狗枷、相如犢鼻。」

道民黥面

施道民爲孫威敏所黥，既而復得爲民，借小字軍人肩輿而出，曾子固見之曰：「好一隻夾註轎子。」

❶「義」，底本作「义」，據《宋書》卷六十一本傳改。

宋人戲破

宋末人戲作破題。古曲題云：「看看月上蒲萄架，那人應是不來也。最苦是一雙鳳枕，閒在繡緯下。」破云：「時至人未至，君子不能無疑心。物偶人未偶，君子不能無感心。」吴歌題云：「月子彎彎照幾州，幾家歡樂幾家愁。幾家夫婦同羅帳，幾家漂散在他州。」破云：「運於上者，無遠近之殊。形於下者，有悲歡之異。」小曲題云：「嫣嫣只要光光鏝，我苦何曾管，雪下去官賣酒，❶輪番幾曾得免。怎容懶，有客教奴伴。」破云：「吾親狥利而忘義，既不能以憂人之憂。吾身狥公而忘私，又强欲以樂人之樂。」

年少戲責

乾道中，衆客赴郡宴，伎樂甚盛，一年少勇于見色，甫就席，中一客以服辭，乃命徹樂，勸酬次。年少責此人曰：「敗一席之歡者爾也，真所謂不自殞滅，禍延過客者耶！」賓主爲之哄堂。

❶《堅瓠集》七集卷三「去」下有「當」字。

程尹識字未穩

程覃乃文簡公之子，尹京日有治聲，唯不甚知字。嘗有道民投詞牒，乞執狀造橋，覃大書「昭執」二字。斯人見其誤，遂白之：「合是『照執』，今是『昭執』，乃漏四點爾。」覃取筆，忽於「執」字下加四點，乃爲「昭熱」。庠舍諸生作傳以譏之。

曹東畝慰足詞❶

曹東畝赴省，陸行良苦，作詞自慰其足云：「春闈期近也，望帝鄉迢迢，猶在天際。懊恨這一雙脚底，一日廝趕上五六十里，爭氣扶持我，去博得一官歸。恁時賞你穿對朝靴，安排你在轎兒裏，更選弓鞋夜間伴你。」

關漢卿得還王譴

大名王和卿，滑稽挑達，傳播四方。中統初，燕市有一蝴蝶，其大異常，王賦《醉中天》小令云：「掙破莊

❶ 「畝」，《中興以來絶妙詞選》卷九、《後村集》卷一百二十三、《(萬曆)温州府誌》卷四作「畞」，《升菴集》卷六十一、《堅瓠集》卷一作「畂」。

周夢，兩翅駕東風，三百處名園，一采一箇空。難道風流種，誮殺尋芳蜜蜂。輕輕的飛動，賣花人搧過牆東。」由是，其名益著。時有關漢卿者，亦高才風流人也，王常以譏謔加之，關雖極意還答，終不能勝。王忽坐逝，而鼻垂雙涕尺餘，人皆歎駭。關來吊唁，詢其由，或對云：「此釋家所謂坐化也。」復問鼻懸何物，又對云：「此玉筯也。」關云：「我道你不識，不是玉筯，是嗓。」咸發一笑。或戲關云：「你被和卿輕侮半世，死後方纔還得一籌。」凡六畜勞傷，則鼻中常流膿水，謂之嗓。又慣愛訐人之短者，亦謂之嗓。故云爾。

羅隱嘲妓詩

羅隱與鍾陵妓雲英有舊，妓一日譏隱未第，隱嘲以詩曰：「鍾陵醉別十餘春，重見雲英掌上身。我未成名君未嫁，可能俱是不如人。」

處士生欲速死

謝敷隱居會稽山，初月犯少微，一名處士星，識者以隱士當之。時吳國隱士戴逵，名重于敷，時人憂之。俄而敷死，會稽士子嘲云：「吳中高士，便是求死不得。」

喜不識字

梅詢爲翰林學士，一日書詔頗多，屬思甚苦。操觚循階而行，忽見一老卒卧於日中，欠伸甚適。梅忽嘆曰：「暢哉！」徐問之曰：「汝識字乎？」曰：「不識字。」梅曰：「更快活也。」

舉世皆濁

李涉過九江，遇盜，問何人，從者曰：「李博士也。」其豪首云：「若是李博士，不用剽奪，久聞詩名，願題一篇足矣。」涉贈一絶曰：「春雨瀟瀟江上村，緑林豪客夜知聞。相逢不用相迴避，世上如今半是君。」

張觸僧怒

張逸密學知成都，僧文鑒求見。時華陽簿張唐輔同在客次，唐輔欲搔首，方脱烏巾，睥睨文鑒，置於其首。文鑒大怒，訴於張公。公問其故，唐輔曰：「某方頭痒，取下幞頭，無處頓放，見太師頭閑，遂權頓少時，不意其怒。」

嘲附會姓氏

令狐綯入相，自以姓氏少族人，有投者，不吝通族。由是遠近趨之，至有姓胡冒令者。温庭筠戲爲詞曰：「自從元老登庸後，天下諸胡悉帶令。」

鍾毓鍾會

鍾毓、鍾會小時，值父繇晝寢，因共偷服藥酒。其父假寐以觀之。毓拜而後飲，會飲而不拜。既而問毓何以拜，毓曰：「飲以成禮，不得不拜。」又問會何以不拜，會曰：「偷本非禮，所以不拜。」

相傳小號

吴人多謂梅子爲「曹公」，以其嘗望梅止渴也。又謂鵝爲「右軍」。有一士人遺人醋梅與燖鵝，作書云：「醋浸曹公一甏，湯燖右軍兩脚，聊備一饌。」

畏饅頭臘茶❶

讀書而不應舉則已矣，讀書而應舉，而望登科，❷登科而仕，仕而以進取，苟不違道與義，皆無不可也。而世有一種人，既仕而得禄，反嘐嘐然以不仕爲高，若欲棄之，此豈其情也哉！故其經營有甚於欲仕，或不得間而入，或故爲小宰以去，因以遲留，往往遂竊名以得美官不辭，世終不寤也。有言窮書生不識饅頭，計無從得。一日，見市肆有列而鬻者，輒大呼仆地。主人驚問，曰：「吾畏饅頭。」主人曰：「安有此理？」乃設饅頭百許枚，空室閉之，徐伺于外，寂不聞聲，穴壁窺之，則以手搏撮，❸食者過半矣。亟開門詰其然，曰：「吾見此，忽自不畏。」主人知其紿，怒而叱曰：「若尚有畏乎？」曰：「尚有畏臘茶兩碗爾。」此豈求不仕者耶？

劉將軍不識鳳毛

謝超宗與右衛將軍劉道隆同朝，武帝稱謝殊有鳳毛。劉出候謝曰：「聞君有異物，欲覓一見。」謝曰：「懸罄之室，何得異物耶？」劉曰：「方侍至尊，説君有鳳毛。」謝含笑還内。劉謂檢覓鳳毛，待久而去。

❶「臘茶」底本原缺，據目録補。
❷「而望登科」，《避暑録話》卷下作「應舉而望登科」。
❸「搏」，《避暑録話》卷下作「搏」。

山中一夕話下集　卷六

微諷關雎

謝安夫人劉性忌，不令公有別房。公欲立妓妾，❶兄子外甥輩微達此旨，共向劉稱《關雎》《螽斯》有不忌之德。夫人知以諷己，乃問：「誰撰此詩？」衆云：「是周公。」夫人曰：「周公是男子相爲耳，若使周婆撰詩，當無此言。」

公榮疎放

劉公榮與人飲酒，雜穢非類，人或譏之，答曰：「勝公榮者，不可不與飲；不如公榮者，亦不可不與飲；是公榮輩者，又不可不與飲。」故終日共飲而醉。

❶ 「妾」，底本作「接」，據《初潭集》卷一改。

李勣戲左司郎中臀

封道弘左司郎中，身大而臀闊，李勣戲曰：「封公，汝臀坐得即休，何須爾許大？」

娥秀妓聰慧過人

曹娥秀，京師名妓也，賦性聰慧，色藝具絶。一日，鮮于伯機開宴，座客皆名士。鮮于因事入内，命曹行酒。適遍，公出自内，曹曰：「伯機未飲。」客笑曰：「汝以伯機相呼，可爲親愛之至。」鮮于佯怒曰：「小鬼頭，敢如此無禮！」曹曰：「我呼伯機便不可，却只許爾叫王羲之也。」一座大笑。

鄭昌圖苦騎驢

鄭昌圖肥偉，咸通中登第，時以進士服用僭侈，不許乘馬，皆跨長耳。或嘲之曰：「今年勑下盡騎驢，短轡長鞦滿路衢。清瘦兒郎猶自可，就中愁殺鄭昌圖。」

王周二丞相嘲語

丞相王導枕周伯仁諱顗。膝，指其腹曰：「卿此中何所有？」周曰：「此中空洞無物，然容卿輩數百人。」

楊夫人送行詩

楊僕善詩，真宗召對，自言不能，上怪之，問：「行時亦有人作詩送卿否？」楊曰：「獨臣妻有詩一首，云：『更休落魄貪杯酒，亦莫猖狂愛作詩。今日捉將官府去，這回斷送老頭皮。』」上大笑放還。

尚書小字

陶尚書小字鐵牛，李濤嘗戲之曰：「每至海源，❶即思靈德。」

❶「海」，《堯山堂外紀》卷四十二作「河」。

賈盧隱嘲

賈黄中爲相，盧多遜作參。一日，府畿有蝗蟲，盧笑曰：「某聞所有乃假蝗蟲。」賈應聲曰：「亦聞不傷稼，但蘆多損耳。」

方張確對

方千里一日會張更生，方作一令，戲曰：「古人是劉更生，今人是張更生，手内執一卷《金剛經》，問爾是胎生、卵生、濕生、化生？」張答曰：「古人是馬千里，今人是方千里，手執一卷《刑法志》，問爾是五千里、三千里、一千里？」

滄浪捷口

潘滄浪者滑稽，坐有一人扣客姓字。客曰：「僕姓陸，字伯陽。」潘笑曰：「齊景公有馬千駟，民無得而稱焉，六百羊直甚鳥！」

粟監爲判

景泰中，一粟監不學，判蘇州，誤寫石人爲仲翁。滑稽者嘲之曰：「翁仲將來作仲翁，只因書讀欠夫工。馬金堂玉如何入，只好州蘇作判通。」

杜邠布袋

杜邠飲食洪博，既飽即寢。人諫非攝生之理，邠曰：「君不見布袋盛米耶？放倒即慢。」

索飲被嘲

李覯字泰伯。賢而有文章，素不喜佛，不喜孟子，好飲酒。一日，有達官送酒數斗，泰伯家釀亦熟。一士人知其富有酒，然無計得飲，乃作詩數首罵孟子。其一云：「完廩捐階未可知，孟軻深信亦還痴。嶽翁方且爲天子，女壻如何弟殺之。」李見詩大喜，留連數日，所與談莫非罵孟子也。無何，酒盡乃辭去。既而，聞又有寄酒者，士人再往。作仁義正論三篇，大率皆詆釋氏。李覽之笑云：「公文采甚奇，但前次被公吃了酒，後極索寞。今次不敢相留，留此酒以遺懷。」聞者大笑。

硬妓

北都有妓女，美色而舉止生梗，士人謂之「生張八」。因府會，乞詩于處士魏野，野贈之詩曰：「君爲北道生張八，我是西州熟魏三。莫怪尊前無笑語，半生半熟未相諳。」座中大噱。

豪逸進士

郭震、任介皆豪逸進士。一日，郭折簡召任食皛飯，任往乃設，曰：「飯一盂，白蘿蔔一碟，白鹽一碟。」蓋以三白爲皛也。後數日，任復召郭食毳飯，郭意必有毛物相戲。比至，並不設食。郭曰：「何也？」任曰：「飯也毛，蘿蔔也毛，鹽也毛，只此便是毳飯。」大噱而別。毛，去聲，俗呼無曰毛。

妻有三畏

裴談爲御史大夫，素奉釋氏。妻悍妬，談謂妻有可畏者三：少妙之時，視之如生菩薩，安有人不畏生菩薩耶！及男女滿前，視之如九子魔母，安有人不畏九子魔母耶！及五十、六十，薄施粧粉，或青或黑，視之如鳩盤茶，安有人不畏鳩盤茶耶！

卿卿始自安豐婦

王安豐婦，常卿安豐。安豐曰：「婦人卿婿，於禮爲不敬，後勿復爾。」婦曰：「親卿愛卿，是以卿卿。我不卿卿，誰當卿卿？」王笑聽之。

孫放佳兒

庾爰客詣孫盛，字安國。見齊莊諱放。在外，尚幼，而有神意。庾試之曰：「孫安國何在？」放曰：「庾稚恭爰客父字，諱翼。家。」❶爰客笑曰：「諸孫太盛，有如此兒。」放曰：「未若諸庾翼翼。」既而語人曰：「我故得重呼奴父也。」

邊孝先警門人

邊韶字孝先，陳留浚儀人也。以文學知名，教授數百人。韶口辯，曾晝日假卧，弟子私嘲之曰：「邊孝先，腹便便，懶讀書，但欲眠。」韶潛聞之，應時對曰：「邊爲姓，孝爲字。腹便便，五經笥，但欲眠，思經事。

---

❶「稚」，底本作「雅」。《世説新語・排調》作「穉」，《晉書》卷七十三，庾翼，字稚恭，據改。

寐與周公通夢，靜與孔子同意。師而可嘲，出何典記？」嘲者大慚。

張憑祖孫善謔

張憑年數歲極聰敏，其祖蒼梧語憑父曰：「我不如汝。」憑父未解所以，蒼梧曰：「汝有佳兒。」憑斂手曰：「阿翁詎宜以子戲父！」

太平宰相

康定中，西戎寇邊，王師失律。當國一相以老得謝，親知就第爲賀。飲酣，自矜曰：「某一山民耳，遭時得君，告老于家，當天下無一事之辰，可謂太平幸民也。」石中立曰：「只有陝西一夥竊盜未獲。」

日者目力

趙王李德誠鎮江西，有日者，自稱世人貴賤一見輒分。❶王使女妓數人與其妻滕國君同粧梳服飾，偕立庭中，請辨良賤。客俯躬而進曰：「國君頭上有黄雲。」羣妓不覺皆仰首，日者曰：「此是國君也。」王悦而

❶「自」，底本作「目」，據紅葉山文庫本改。

遣之。

賓主捷對

虞集未遇時，爲許衡門客。虞有所私，午後輒出館。許每往不遇，病之。因書于簡云：「夜夜出遊，知虞公之不可諫。」虞回即對云：「時時來擾，何許子之不憚煩。」

陳蔡互謔

陳亞滑稽，一日，蔡襄戲題曰：「陳亞有心終是惡。」陳即應聲曰：「蔡襄無口便成衰。」

褚歸以破見擯

褚歸應治平中省試，有《大舜善與人同賦》，破題云：❶「道雖貫于萬世，善猶同于衆人。」卒見黜，心甚不平。一友戲慰曰：「公以尿罐對油筒，宜見黜落。」

❶ 「題」，底本作「領」，據《堯山堂外紀》卷四十九改。

村學傳誤

曹元寵《題村學堂圖》云：「此老方捫虱，衆雛爭附火。想當訓誨間，都都平丈我。」語雖可笑，而曲盡社師之狀。杭諺言，社師讀《論語》「郁郁乎文哉」，訛爲「都都平丈我」。委巷之言，習而不悟。一日，宿儒到社中，爲正其訛，學童皆駭散，時人爲之語云：「都都平丈我，學生滿堂坐。郁郁乎文哉，學生都不來。」曹詩蓋取此也。

石動筩機辨

北齊高祖嘗宴近臣爲樂。高祖曰：「我與汝等作謎，可共射之：卒律葛答。」諸人皆射不得。或云：「是髐子箭。」高祖曰：「非也。」石動筩云：「臣已射得。」高祖曰：「是何物？」動筩對曰：「是煎餅。」高祖笑。動筩曰：「射著是也。」高祖又曰：「汝等諸人爲我作一謎，我爲汝射之。」諸人未作，動筩爲謎，復云：「卒律葛答。」高祖射不得，問曰：「此是何物？」答曰：「是煎餅。」高祖曰：「我始作之，何因更作？」動筩曰：「承大家熱鐺子，更作一箇。」高祖大笑。高祖嘗命人讀《文選》，有郭璞《遊仙詩》，嗟嘆稱善，諸學士皆云：「此詩極工，誠如聖旨。」動筩即起云：「此詩有何能？若命臣作，即勝伊一倍。」高祖不悦，良久語云：「汝是何人，自言作詩勝郭璞一倍，豈不合死？」動筩即云：「大家即命臣作，若不勝一倍，甘心合死。」即令作之，動筩曰：「郭璞《遊仙詩》云『青溪千餘仞，中有一道士』，臣作云『青溪二千仞，中有兩道士』，豈不勝伊一倍？」

高祖始大笑。又嘗於國學中看博士「孔子弟子達者七十二人」，❶動箭因問曰：「達者七十二人，幾人已着冠？幾人未着冠？」博士曰：「經傳無文。」動箭曰：「先生讀書，豈合不解？孔子弟子已着冠有三十人，未着冠有四十二人。」博士曰：「據何文以辨之？」曰：「《論語》云，『冠者五六人』，五六三十人也，『童子六七人』，六七四十二也。豈非七十二人？」坐中皆爲大悦，博士無以復之。

侯白令令宰狗吠

侯白初未知名，在本邑，令宰初至，白即謁，謂知識曰：「白能令明府作狗吠。」曰：「何有明府得遣作狗吠？誠如言，我輩輸一會飲食。若妄，君當輸。」於是入謁，知識俱門外伺之。令曰：「君何須得重來相見？」白曰：「公初至，民間有不便事，望諮公。公未到前，甚多盜賊，請命各家養狗，令吠自驚，庶賊盜止息。」令曰：「若然，我家亦須養能吠之狗。若爲可得？」白曰：「家中新有一羣犬，其吠聲與餘狗不同。」曰：「其聲如何？」答曰：「其吠聲㺜㺜者。」令曰：「君全不識好狗吠聲，好狗吠聲當作號號。㺜㺜聲者，全不是能吠之狗。」伺者聞之，莫不掩口而笑。白知得勝，乃云：「若覓如此能吠者，當出訪之。」遂辭而出。

❶《太平廣記》卷二百四十七「博士」下有「論云」二字。

戲中榜末

王十朋，正奏名第一；李三錫，副奏名第一。時居榜尾者不樂。或戲之曰：「舉頭雖不窺王十，伸脚猶能踏李三。」

鴻漸懼内

安鴻漸滑稽而懼内。婦翁死，哭于路。其婦性素嚴，呼入繐幕中，詬之曰：「路哭何因無淚？」漸曰：「以帕拭乾。」婦曰：「來日早臨棺須見淚。」漸自思計窘，來日以寬巾納濕紙于額上，大叩其顙而慟。慟罷，其婦又呼入，詬之曰：「淚出于眼，何故額流？」漸對曰：「豈不聞自古云『水出高原』。」

成郎中催粧詩

成郎中爲省官，貌不揚而多髭，再娶之夕，岳母陋之，曰：「我女如菩薩，乃嫁一麻胡。」命成作《催粧詩》，成乃摻筆書云：「一床兩好世間無，好女如何得好夫？高捲珠簾明點燭，試教菩薩看麻胡。」

丁稜箏聲

唐世進士及第，放榜訖須謁宰相，其導詞答語，一出榜元。時盧肇首冠，有故不至。次乃丁稜。稜口吃，迨引見致詞，意本言「稜等登科」，而稜頳然鞠躬，乃曰：「稜等登，稜等登。」竟不能發其後語而罷。翌日，友人戲之曰：「聞君善箏，可得聞乎？」稜曰：「無之。」友人曰：「昨日聞『稜等登，稜等登』，豈非箏聲耶？」

買履不自信

鄭有買履者，先自度其足而買之。及至市，得履乃忘度。急歸之，頃返，市罷，遂不得履。人曰：「何不試以足？」曰：「寧信度，無自信也。」

狄盧相謔

狄仁傑戲同官郎盧獻曰：「足下配馬乃作驢。」獻曰：「中劈明公乃成二犬。」傑曰：「『狄』字，『犬』傍『火』也。」獻曰：「『犬』邊有『火』，乃是煮熟狗。」

盧延讓一生得力詩料

盧延讓業詩，二十五舉方登第。卷中有「狐衝官道過，狗觸店門開」之句，租庸調張濬親見此事，每稱賞之。又有「賤猫臨鼠穴，饞犬舐魚砧」句，爲中書令成汭所賞。又有「栗爆燒氈破，猫跳觸鼎翻」，爲蜀王建所賞。盧謂人曰：「平生投謁公卿，不意得力于猫鼠狗子也。」人聞而笑之。

納粟監生

革車言三百兩也。買得截然高，言大帽也。周子憁前言草也。滿腹包。忽朝若遇高曾祖，言考也。焕乎其有言文章也。没分毫。

懼内圖

有某平日懼内，與妻畫一喜神，懸之于壁。一日，妻出，私以拳搥之曰：「我喫你虧，我喫你虧。」偶妻在後見之，喝云：「你做甚麽勢？」夫即雙跪倒曰：「我指這裏畫得像，那裏更畫得巧。」

壯健馬

岐山王生，循故事納粟三千斛，授本州助教。以厚價市駿馬騎乘，每不愜意。醫工李生故稱壯健，以爲價賤。王怪問之，李曰：「馱得三千石穀，豈非壯健耶？」

死未足恨

葉衡罷相歸。一日病，問諸客曰：「某且死，所恨未知死後佳否耳？」一姓金士人曰：「甚佳。」葉驚問曰：「何以知之？」金曰：「使死而不佳，死者皆逃歸矣。」滿座皆笑。

陳子朝妾

吴給事女敏慧，後歸名儒陳子朝，陳惑一妾，遂染風疾。一日，親戚來問，吴指妾曰：「此風之始也。」

李尚書故人子

周愿知江西鹽鐵，好諧謔。嘗謁尚書李巽，適李有故人子亦來謁，落拓不事。李公遍問舊别墅及家童有技者、圖書有名者，悉云賣却。李怒責曰：「郎君未官家貧，産業從賣，何至書籍古畫破除！」久之，復問曰：「有一本虞永興手寫《尚書》，在否？」其子不敢言賣，云：「暫將典錢。」愿忽言曰：「此《尚書》大屯。」李問曰：「《尚書》何屯？」愿曰：「已遭堯典、舜典，又被此兒郎典之。」李怒顏大開。

焯炫兄弟

隋劉焯與弟炫並有儒學，俱犯法被禁，縣吏不知其大儒也，咸與之枷。焯曰：「終日枷中坐而不見家。」炫曰：「終日負枷坐而不見婦。」

方朔大笑

漢武帝對羣臣云：「相書云『鼻下人中長一寸，年百歲』。」東方朔在側大笑，有司奏不敬。方朔免冠云：「臣不敢笑陛下，實笑彭祖面長耳。」帝問之，朔曰：「彭祖年八百歲，果如陛下言，則彭祖人中長八寸，面長一丈餘矣。」帝大笑。

李戴仁迂性

李戴仁性迂緩，娶閻氏，年甚少，與之異室，私約曰：「有興則見。」忽一夕，閻氏扣户，小竪報云：「院君欲見。」戴仁遽取《百忌曆》，燈下看之，大驚曰：「今夜河魁在房，不可行事。」傳語院君，謝到。閻氏慚而去。

妖賊大口

建平四年，妖賊王始聚於太山，自稱太平皇帝號，父冏爲太上皇，❶兄休爲征東將軍，❷弟爲征西將軍。慕容德討擒之，有人謂之曰：「何爲妖妄？自貽族滅！父及兄弟何在？」始曰：「太上皇蒙塵在外，征東、征西爲亂兵所害，如朕今日，復何聊賴。」其妻趙氏怒曰：「君止坐此口，以至於死，如何猶自不革？」始答曰：「皇后不達天命，自古迄今，豈有不亡之國哉！」

盛度胖體

盛度體豐肥。一日，自殿前趨出，宰相在後，盛初不知，忽見，即欲趨避，行百餘步乃得直舍，隱於其中。學士石中立見其喘甚，問之，盛告以故。石曰：「相公問否？」盛曰：「不問。」別去十餘步乃悟，罵曰：「奴乃以我爲牛。」

❶「冏」，《太平御覽》卷三百九十一作「固」。
❷「休」，《太平御覽》卷三百九十一作「林」。

張由古之博學

張由古有吏才而無學術，累歷臺省。嘗於衆中嘆班固字孟堅。有大才而文章不入《選》。或謂之曰：「《兩都賦》《燕山銘》並入《文選》，何爲言無？」由古曰：「此是班孟堅文章，何關班固事？」

陳東權州事❶

陳東通判蘇州而權州事，因斷流罪，命黥其面，曰：「特刺配某州牢城。」黥畢，幕中相與白曰：「凡言『特』者，罪不至是，而出於朝廷一時之旨，非有司所得行。」東大恐，即改刺「特」字爲「準條」字，❷再黥之。後有薦東之才於兩府者，右參政聞之曰：「得非權蘇州日於人面上起草者乎！」

王祚問卜

王祚爲周觀察使致仕，祚居富貴久，奉養奢侈，所不足者，未知年壽耳。一日，聞有瞽人善卜，令布卦推

❶ 以下《陳東權州事》《王祚問卜》《元發戲答廣淵》三篇底本原缺，據石渠閣本補。
❷ 「刺特字」，石渠閣本作「特刺字」，據申報館本改。

命。瞽大驚曰：「此命推有壽也。」祚喜，問曰：「能至七十否？」瞽曰：「更向上。」又曰：「可至八九十歲否？」瞽曰：「更向上。」又問：「可至百歲乎？」瞽曰：「此命至少亦須一百三四十歲也。」祚大喜曰：「其間莫有疾病否？」瞽曰：「並無之，祇是近一百二十歲之年，春夏間微苦臟腑，尋便安愈矣。」祚回顧子孫及侍立者曰：「兒輩切記，是年且莫教我喫冷湯水。」

元發戲答廣淵

司馬温公章奏王廣淵，乞誅之以謝天下。是時滕元發爲起居注，侍立殿陛。既歸，廣淵就元發問：「早來司馬君實上殿，乞斬某以謝天下，不知聖語如何？」元發戲曰：「我只聽得聖語云『依卿所奏』。」

山中一夕話下集　卷七

僧哥

昔一僧在歐陽公坐上，見公家小兒有小名「僧哥」者，戲謂公曰：「公不重佛，安得此名？」公笑曰：「人家小兒要易長育，往往以賤物爲小名，如狗羊牛馬之類是也。」聞者莫不絕倒。

畏婦變羊

京邑有士人耸，❶其婦大妬忌，於夫小則罵詈，大必捶打。常以长繩繫夫脚，有喚便牽繩。耸密與巫嫗爲計。因婦眠，入厠以繩繫羊，耸緣牆走避。婦覺，牽繩而羊至，大驚怪，召問巫。巫曰：「娘積惡，先人怪責，故郎君變成羊。若能改悔，乃可祈請。」婦因悲號，抱羊慟哭，自咎悔誓。巫乃令七日齋，舉家大小悉避於室中，祭鬼神師，祝羊復還本形。耸徐徐還，婦見耸，啼問曰：「多日作羊，不乃辛苦耶？」耸曰：「猶憶噉

❶《藝文類聚》卷三十五無「耸」字，義較長。

草不美，腹中痛耳。」婦愈悲哀。後復妬忌，䎶因伏地作羊鳴，婦驚起，徒跣呼先人爲誓，❶於是不復敢爾。

侯白雅謔

侯白好俳謔。一日，楊素與牛弘退朝，白語之曰：「日之夕矣。」素曰：「以我爲牛羊下來耶！」

義方妻僧詩消白晝

許義方妻劉氏以端潔自許。義方嘗出，經年始歸。語妻曰：「獨處無聊，得無與鄰里親戚往還乎？」劉曰：「自君之出，足未嘗履閾。」義方咨歎不已。又問：「何以自娱？」答曰：「惟時作小詩以適情耳。」義方欣然索詩觀之。開卷第一篇題云「月夜招鄰僧閒話」。

張丞相草書

張丞相好草聖而不工。一日得句，索筆疾書，滿紙龍蛇飛動。使其姪録之。當波險處，姪罔然而止，執所書問曰：「此何字？」丞相熟視久之，亦不自識，詬其姪曰：「胡不早問，致吾忘之。」

❶「徒」，底本作「徙」，據《藝文類聚》卷三十五改。

曼卿墮馬

石曼卿善戲。嘗出遊報寧寺，馭者失控，馬驚，曼卿墮馬。徐着鞭謂馭者曰：「賴我是石學士，若瓦學士，豈不跌碎乎！」

元帝笑洪喬之謝

元帝皇子生，普賜羣臣。殷洪喬謝曰：「皇子誕育，普天同慶，臣無勳焉，而猥頒厚賚。」帝笑曰：「此事豈可使卿有勳邪！」

劉伶誑飲

劉伶病酒，渴甚，從婦求酒。婦捐酒毁器，涕泣諫曰：「君飲太過，非攝生之道，宜斷之。」伶曰：「甚善！我不能自禁，唯當視鬼神自誓斷之耳，便可具酒肉。」婦曰：「敬聞命。」供酒肉於神前，請伶祝誓。伶跪而祝曰：「天生劉伶，以酒爲名。一飲一斛，五斗解酲。婦人之言，慎不可聽。」便飲酒進肉，隗然已醉矣。

袁正辭志在益錢

袁正辭積錢盈室，室中堂有聲如牛，人以爲妖，勸其散積以穰之。正辭曰：「我聞物之有聲，求其同類耳，宜益以錢，聲乃止。」

張思光誤謁尚書

張思光欲詣吏部尚書何戢，誤通尚書劉澄，融下車入門曰：「非是。」至户外望澄又曰：「非是。」既造席，視澄曰：「都自非是。」乃去。

婁師德叱庖人

婁師德好諧謔。則天朝大禁屠殺，師德因使至陜，庖人進肉，師德曰：「何爲有此？」庖人曰：「豺咬殺羊。」師德曰：「豺大解事。」又進鱠，復問之，庖人曰：「豺咬殺魚。」師德大叱之曰：「智短漢！何不道是獺？」遂不食。

虞嘯父獻替

虞嘯父爲孝武侍中，帝問曰：「卿在閣下，初不聞有獻替？」虞家富近海，❶謂帝望其貢獻，對曰：「天時尚暖，鮆魚鰕鮓未可致，尋有所獻。」帝撫掌大笑。

正德認水厄爲水難

蕭正德初入北，侍中元義欲爲設茗，先問正德：「卿於水厄多少？」北人謂茗飲爲酪奴，亦云水厄。正德初不知，答云：「下官雖生水鄉，立身以來，未遭陽侯之難。」舉坐大笑。

思光兄弟

張思光與弟寶積俱詣太祖，思光於御前放氣，寶積謝曰：「臣兄觸忤宸扆。」上笑而不問。須臾食至，思光排寶積，不與同食。上曰：「何不與賢弟共食？」思光曰：「臣不能與謝氣之口同餐。」

❶《世說新語·紕漏》「富」下有「春」字。

邵李的對

邵康節赴河南尹李君錫會，投壺，君錫末箭中耳。君錫曰：「偶爾中耳。」康節曰：「幾乎敗壺。」坐客以爲的對。

閔氏遠姓

梁何昌寓爲吏部尚書，有姓閔求官者，昌寓問曰：「君是誰後？」答曰：「子騫後。」昌寓掩口笑曰：「遥遥華胄。」

男子魘

諸葛令女，庾氏婦，既寡，誓不復重出。此女性甚正，必無有登車理。恢既許江彪婚，乃移家近之。誑女云：「宜徙於是。」家人一時去，獨留女在後。比其覺，已不復得出。江郎暮來，女哭詈彌甚。江觀其意轉帖，乃詐魘，良久不寤，聲氣轉急。女乃呼婢云：「唤江郎覺。」江於是躍來就之，曰：「我自是天下男子，魘何預卿事而見唤邪？」女默然而慚，情義遂篤。

艾子四臟

艾子好飲少醒日，門人謀曰：「此未可口舌爭，宜以險事怵之。」一日大飲而噦，門人密袖彘膈置噦中，持以示曰：「凡人具五臟，今公因飲而出一臟矣，何以生邪？」艾子熟視曰：「唐三藏尚活世，況四臟乎！」

製餛飩法

喬仲山官吏部郎中，好古博雅，仍喜諧謔，家製餛飩得法，每苦賓朋索食。一日，於食客前先各置一帖，且戒云：「食畢展卷。」既而客視，乃製造餛飩方法也。自後無復索者。

巢由進士

郭昱狹中詭僻，登進十，恥赴常選，獻書於宰相趙普，自比巢、由。朝議惡其矯激，故久不調。後復伺普，望塵自陳。普笑謂人曰：「今日甚榮，得巢、由拜於馬首。」

宋郊弟兄答語

宋郊居政府，上元夜在書院内讀《周易》。弟學士宋祁，點華燈擁歌妓，醉飲達旦。翌日，郊令人誚讓云：「相公寄語學士，聞昨夜燒燈夜燕，窮極奢侈，不知記得那年上元，同在州學喫齋煮飯時否？」祁答曰：「却須寄語相公，不知那年在州學喫齋煮飯，是爲甚的？」

丘浚打和尚

殿中丞丘浚謁釋珊，珊殊傲。頃之，有州將子弟來謁，珊降階接之，甚恭。丘不能平，問曰：「和尚接浚，甚傲；而接州將子弟，乃爾恭耶？」珊曰：「接是不接，不接是接。」浚勃然起，杖珊數下，曰：「和尚莫怪，打是不打，不打是打。」

李福畏妻腹痛

李福妻裴氏性妬忌。福欲私一女奴而未果，因囑裴之左右曰：「設夫人沐髮，遽來報我。」既而果有以沐髮來告者。福即詐言腹痛，且召其女奴往。左右告裴，裴以爲信然，出髮盆中，跣問。福既業以疾爲言，即若有不可忍狀。裴極憂，以藥投童溺中進之。明日，監軍使及將校悉來候問，福具以事告，因曰：「一事無成，固當有分。所苦者，虚咽一甌溺耳。」聞者大笑。

優人諧戲

優人李可及善諧戲，嘗因延慶節，緇黄講誦畢，❶次及優倡爲戲。可及褒衣博帶，攝齋升座，稱三教論衡。一人問曰：「既言博通三教，釋迦如來是何人？」對曰：「婦人。」問者驚曰：「何也？」曰：「《金剛經》云：『趺坐而坐。』非婦人，何須夫坐然後兒坐也？」又問：「太上老君何人？」曰：「亦婦人。」問者曰：「何也？」曰：「《道德經》云：『吾所大患，以吾有身。及吾無身，吾有何患？』非婦人，何患于有娠乎？」又問：「文宣王是何人？」曰：「亦婦人。」問者曰：「何也？」曰：「《論語》云：『沽之哉！沽之哉！我待賈者也。』非婦人，奚待嫁爲？」上大悦，厚賜之。

房夫人

房玄齡夫人至妬，太宗令皇后召夫人，告以媵妾之流今有常制，帝欲有所賜。夫人執心不迴，帝遣酌巵酒恐之曰：「若然，可飲此酖。」夫人一舉便盡，無所留難。帝曰：「我尚畏見，何況于玄齡。」

❶「黄」，底本作「簧」，據《堅瓠集》卷四改。

令史數驢罪

有御史臺令史將入室，值裏行御史數人聚立門内，令史下驢衝過，❶諸御史怒，將杖之。令史云：「今日之過，實在此驢，乞先數之，然後受罰。」御史許諾。令史指驢曰：「汝伎藝可知，精神極鈍，何物驢畜，敢于御史裏行！」衆笑而止。

子瑜以面得驢

諸葛子瑜諱瑾，恪父。面長似驢。孫權大會羣臣，使人牽一驢入，題其面曰「諸葛子瑜」。時恪在坐，請筆益兩字于下，曰「之驢」。舉坐歡笑，權以驢賜恪。

劉嫗相嘲

劉道真嘗與一人共索柈草中食，見一嫗將兩兒過，並青衣，劉調之曰：「青羊將兩羔。」嫗答曰：「兩豬共一槽。」

❶《太平御覽》卷九百一、《太平廣記》卷二百五十四「史」下皆有「不」字。

刁韓善謔

刁彝于桓公坐，嘲韓博口：「君是韓盧後？」博誤應曰：「卿是韓盧後。」桓公笑曰：「彝以卿姓韓，故相調耳。他自姓刁，那得復是韓盧後！」博曰：「明公未之思耳，短尾者則爲刁也。」一坐稱佳。

阮孚機辨

阮孚性機辨，好酒，貌短而禿。周文帝偏所愛重。常于室内置酒十瓶，瓶大一斛，上皆加帽，欲以戲孚。孚入室見即驚喜曰：「吾兄弟甚無禮！何爲入王家匡坐相對？宜早還宅。」盡持酒去。文帝大笑。

門人還謔文公

楊文公嘗戒門人爲文宜避俗語，既而公自作表云：「伏惟陛下德邁九皇。」門人鄭戩曰：「未審何時得賣生菜？」公笑而易之。以「九皇」音類「韭黄」。

大小鬍孫

孫莘老從劉貢父乞墨，吏誤送孫巨源。劉讓之，吏曰：「皆孫姓而同爲館職，莫能別。」劉曰：「何不取其髯爲別？」吏曰：「皆鬍而莫能別。」劉曰：「既皆鬍，何不以身之大小爲別？」於是館中以莘老爲大鬍孫學士，巨源爲小鬍孫學士。

貢父戲馬默

馬默爲臺官，嘗彈奏劉貢父輕薄，不當置在文館。劉曰：「既云『馬默』，豈合驢鳴？」

李彦古謁刺

王僧彦朝奉郎，父名師古，嘗自呼硯爲墨池，鼓爲皮棚。人或誤犯，輒以他事中之。知嶺南郡，有李彦古者，過郡請謁，遂題刺云：「永州司户參軍李墨池皮棚謹祇候參。」僧彦大喜，示其子弟曰：「奉人當如此矣。」

禹玉贈介甫虱頌

王介甫、王禹玉同在相府，同侍朝見，虱自介甫襦領而上，直緣其鬚。上顧之而笑，介甫不自知也。朝退，禹玉指以告介甫。介甫命從者去之，禹玉曰：「未可輕去，願獻一言以頌虱之功。」介甫曰：「如何？」禹玉曰：「屢遊相鬚，曾經御覽。」衆大笑。

王雱答獐鹿

王雱數歲時，客見一獐一鹿同籠，因問：「何者是獐？ 何者是鹿？」雱實未識，對曰：「獐邊是鹿，鹿邊是獐。」客大奇之。

傅正無心絶慾

蒲傅正知杭州，有術士請謁，年踰九十，而有嬰兒之色。傅正接之，因訪以長年之術。答曰：「某術甚簡，惟絶色慾耳。」傅正良久曰：「若然，則壽雖千歲，何益？」

貢父隱嘲諸帥

劉貢父爲中書舍人。一日朝會，幕次與三衛相鄰，時諸帥兩人出一水晶茶盂，傳玩良久，一帥曰：「不知何物所成，瑩潔如此！」貢父隔幕戲云：「諸公豈不識？此乃多年老冰耳。」「兵」「冰」同音。

侍郎御史

正統中，有一侍郎與一都御史同飲，適有犬繞卓行。左右叱之，侍郎云：「休叱，他在這裏巡按。」都御史答云：「你看他是狗也是狼？」

許敬宗誕傲

許敬宗性輕傲，見人多忘之。或病其不聰，許曰：「卿自難記，若遇何、劉、沈、謝，暗中摸索着亦可識。」

釀具淫具

蜀先主嘗因旱禁釀酒，吏于人家索得釀具，欲令與釀酒者同罪。時簡雍從先主遊，見一男子行道，謂先主曰：「彼人欲行淫，何以不縛？」先主曰：「卿何知？」雍曰：「彼有淫具，與釀具同。」先主笑，命原欲釀。

都憲通政寓嘲

侶鍾都憲與强珍通政在南都同飲，强自執壺，勸侶酒曰：「要你飲四鍾。」侶急應曰：「你莫要强斟。」

貢父戲嘲決湖

王介甫爲相，大講天下水利，一人獻策曰：「決梁山湖八百里水以爲田，其利大矣。」介甫喜甚，沉思曰：「策固善，決水何地可容？」劉貢父適在坐，徐曰：「自其旁別鑿八百里湖則可容矣。」介甫笑而止。

園外郎

石中立員外嘗與同列觀上南園所蓄獅子，主者曰：「縣官日破肉五斤飼之。」同列曰：「吾儕反不及此獅子。」石曰：「然，吾輩官皆員外郎，❶敢比園内獅子乎？」衆大笑。

❶ 「輩」，紅葉山文庫本作「倣」。

文舉巧捷

孔文舉年十歲，隨父到洛。時李元禮有盛名，爲司隸校尉，詣門者稱及中表親戚乃通。文舉至門，謂吏曰：「我是李府君親。」既通，前坐。李問曰：「君與僕有何親？」對曰：「昔先人仲尼與君先人伯陽有師資之親，是僕與君奕世爲通好也。」李及賓客莫不奇之。大中大夫陳韙後至，李以其語語之，陳曰：「小時了了，大未必佳。」孔曰：「想君小時，必當了了。」陳大踧踖。

晉文戲鄧艾

鄧艾口吃，語稱艾艾。晉文王戲之曰：「卿云艾艾，定是幾艾？」對曰：「鳳兮鳳兮，故是一鳳。」

盧狀元催粧詩❶

盧儲投卷謁李翶尚書。李長女及笄，見文尋繹數四曰：「此人必爲狀頭。」公聞乃慕爲婿。來年果狀元

❶「盧狀元」，目録原作「盧儲」。

及第，徑赴佳期。盧作《催粧詩》曰：「昔年將事玉京遊，❶第一仙人許狀頭。今日已成秦晉會，早教鸞鳳下粧樓。」

玄祖齒缺

張玄祖八歲齒虧，先達知其不常，戲之曰：「君口復何爲狗竇？」答曰：「正使君輩從此中出。」

瞿痴

瞿杲，字炳暘，自號醉漁，常熟五衢人。畫花鳥有名，蘆雁入高品。嗜酒落魄，喜謔嘯，人呼爲瞿痴。偶入邑城，遇一縣吏，手携海蛳。吏與瞿素習者，吏遽呼曰：「瞿痴自負詩才，能頃刻咏《海蛳》一首乎？」瞿即口占曰：「海錯何曾數着君，也隨盤饌入公門。千呼萬喚不肯出，直待臨時敲窟臀。」蓋常熟市井，春間食海蛳者必先敲開其尾，故用以謔吏云。

❶「事」字底本殘損，據紅葉山文庫本補。

附　録

開卷一笑序

卓吾子曰：「吾儕肖形宇宙，役役與世故相馳逐也，將認爲真乎？　假乎？　真假各半乎？　余思纏縛難解，第不施線索之木偶耳。即達叟大觀，能跳躍葫蘆外否也？　羣相習而罔悟，究竟不曉爲誰嘲弄。是不可大發一笑哉！　余特揭以醒世之汶汶者，敢云木鐸之警矣乎！　有謂余而哂世傲物也，聽之；有謂余而舞蹈之甚于悲涕也，亦聽之。」

一笑引

言而無禪乎世教，雖竊附班、馬，奚藉？　顯若越之，陰實翼之，即詼諧調笑，靡不至理存焉。彼甿隸之子、顓蒙之輩，稍語言艱阻，非駭以爲不可，入便掩口而笑，不識何所自出矣。太史公曰「談言微中」，又曰「道在稊稗」，夫苟足以引肌貫脉，安見滑稽之靡補也？　嗟嗟！　人縱習染最深，平旦真心自在，讀此而瞿然覺惕，烏識其無鑒此而不甘淪落？　烏識其無由此而触類旁達？　借以消鄙，借以祛罔，借以振起。愚昧沾滯之見，又烏識其無則？謂是編而繡虎雕龍角巧集技，以藻繢胜，非也；謂琢商刻呂敲審上下，以聲律胜，非也；謂取資譚笑悦目賞心，漫不底勸懲之效，收袞鉞之功，而亦非也。得言忘象、得意忘言，是在味旨者笑以心、不笑以頰，以不笑笑，不以笑笑，乃可。

一衲道人題

題辭

自古文人跅落不羈，非好以誕罔自居也。偏閲古今盛衰變故，反覆靡定，遂視世界如戲場、目人物如傀儡，適增可笑而已。矧卓吾先生身歷崎嶇者乎！先生讀書博青紫，而復以文章詼諧不滿于時。囚首械繫，一同下賤。嗟乎！世事如碁，信夫！故兹集大都以滑稽調笑之中含咨嗟太息之思，于坡公千載有神合焉。意深哉！試觀其集上而終之以呆，集下而終之以痴，明謂人間世無可商榷是非，以「痴」「呆」兩字塞白足矣。走生平酷嗜先生文，而此尤先生之心神血脉埋藏而寄情者也，敢不捧讀爲先生嘆，并以嘆世耶！雖不能提衆于清涼彼岸，曰火坑添薪則兹集庶幾其免矣。

海上髮僧慧顛書贈

例

卓老識見非可捉握定也，此亦特寄情而原無牽繫，讀者自當得于言外，不與時本譚詞並目。❶上集長篇琬琰，頗堪暢情；下集隨録，弗遺碎金也。似不瑣瑣別類，而分辨自在。所輯無能立異也，第不關意中語不録，則是編豈獨取資噴飯而已！吐罵嬉笑盡是文章，街談市語可入詩料。蘇長公實有之，集下鳩此公語居多。想卓老意氣相近邪？止用圈不用評者，正恐笑中索笑，渾然之味反緣着意掩真，是以不敢佛頭加糞。

一衲道人屠龍閱畢再識

開卷一笑附録

卓吾善罵，其徒懷林請曰：「罵人者，至禽獸、狗、奴、强盜止矣？」卓吾曰：「做强盜者，或爲官司逼迫，或是盛有氣力者。狗雖一畜，義性尤重。守護家中，逐亦不去。主貧無食，亦將就過度。至如人奴，特不足以使人者耳，豈可以此罵人？」林遂引數十種如蛇如虎之類，俱是罵人不得者。商量至夜分，卓吾嘆曰：

❶「本」，紅葉山文庫本作「大」，據林羅山本改。

「好看者人也，好相處者人也，衹是一付肚腸，甚不可看、不可處耳。」林曰：「果如此，人真難以形容矣！」相與一笑而睡。

幻生笑述

左丘明歌❶嘲右瞎眼

左丘明左丘明，君家自古稱聞人，尼父當年亦推讓，著成《國語》流芳聲。左丘明左丘明，懊恨天公賦不均，人皆雙眼明如電，爾獨一目若晨星。在其右者如厥陰，石女橫睡吳山岑。豈是渾家好縫紉，將合上下縫數針。就中一點相思淚，今世今生流不成。在其左者猶鶺伶，遥峰之下明月生。中有元精貫炯炯，張弛開合隻無朋。大舜曩時明四日，❷爾去其三何所因？左丘明左丘明，克用前身爾化生，左慈當年眇一目，君家豈是慈轉身？右乾畢左突兀，一般稱號兩般別。右邊不見左來人，左邊儘覷身畔客。左明眸右瞎鰍，當空紅日鳴鵂鶹。一邊可比閻別駕，一邊酷似綸眼鳩。君看世人如苦海，獨眼單清觀自在。左摇銀海炫生花，右瞑金光悟三昧。君知誨人如大匠，高低平直須端相。雙眼朦朧視不明，常閉一目流嬌盼。有時得遇蕭有成，招來擺列君右肱，此時雙眸並日月，見者驚呼比目人；有時得遇傾城色，君在左旁伊右列，注睛瞪

❶ 紅葉山文庫本目録作「左丘明賦」。底本目録上集卷一「瞎子賦」後有「左丘明賦」，但有目無文。

❷ 「目」，紅葉山文庫本作「日」，據林羅山本改。

射問誰家，楊妃西子從人説。觀書卷牘不釋手，低昂却把頭來湊。若教遠去方寸餘，書中野馬紛紛走。看戲排行休在右，當塲苦欲頻回首。兩粒明珠耀一顆，一顆時把皮囊袖。左丘明左丘明，绛帳春風足此生，今世被人嘲隻眼，來生滿願得雙明。

送疥文

程敏政

程子卧凝曦之榻，病，疥三月不愈。或曰：「疥有崇焉，❶宜禳之。」乃作《送疥文》：「卧滄居士，端居私室，心鬱志悒，若疢若疾。瘍發四肢，寔蕃且密，巨肖蜂屯，細如蟻集，蔓衍支分，薦經遍歷。療之愈熾，治之弗息。肉潰皮腐，伊名莫識。」乃召烏有先生，詢諸泰筮。❷去囊解韜，揲如古制，變及十八，遇「屯之萃」，其繇曰：「匪倪之疹，匪耄之癲，人而獲之罔有害。」烏有先生覿偶與奇，投策攘袂，俯而俛嘻曰❸：「是疥鬼也，爲痍爲瘍。有或罹焉，悔詎可當。❹載祆載禳，可以無殃。」居士曰：「唯請製告辭，速伻召走，崇羞薦卮，束芻載糗，餞而贐之。」❺其辭曰：「嗟爾疥鬼兮，勿窺我廬，牕明几淨有圖書，壘在楹兮茶在樞，❻爾宜遠遁莫

❶「祟」，紅葉山文庫本作「崇」，據林羅山本改。
❷「泰」，紅葉山文庫本作「秦」，據《篁墩程先生文集》卷五十八改。
❸「而」，《篁墩程先生文集》卷五十八作「哂」。
❹「詎」，底本作「懼」，據《篁墩程先生文集》卷五十八改。
❺「餞」，紅葉山文庫本原缺，據《篁墩程先生文集》卷五十八補。
❻「茶」，紅葉山文庫本作「荼」，據《篁墩程先生文集》卷五十八改。

踟蹰。❶ 嗟爾狝鬼兮，莫慿我身，佩有韋兮書有紳，嚮福威極於惟神，爾宜遠遁莫我親。嗟爾狝鬼兮，勿依我腹，經藏笥兮玉韞匵，中有虀鹽匪粱肉，爾宜遠遁莫我逐。嗟爾狝鬼兮，勿戕我手，干將莫邪繫兩肘，❷誓殲大懟斮羣醜，爾宜遠遁莫我守。嗟爾狝鬼兮，莫殘我足，遊有方兮出必告，履芳蹈烈踵前躅，爾宜遠遁莫需促。」告畢，乃爇楮幣，❸乃奠漿水。有獰其鬼來自燈底，倏隱忽顯，西徙東倚，初遐漸邇，可辨形體。頳髮紺顔，含悲茹喜，欲止載趨，將進復已。鼓掌而歌曰：「悵夫子兮見尤，我何之兮廣陸脩，霾深嵐重兮山木樛，別夫子兮我心憂。」言竟歌闋，跳梁而前謂：「既我譴，我復何言？」赧然而逝，焱然而休，聲消影滅，欲見無由。越及明日，居士疾瘳。

❶「宜」，紅葉山文庫本作「且」，據《篁墩程先生文集》卷五十八改。
❷「干」，紅葉山文庫本作「于」，據林羅山本改。
❸「爇」「幣」，紅葉山文庫本作「爇」「帛」，據《篁墩程先生文集》卷五十八改。